中外論壇

SINO-FOREIGN FORUM

2021 年第 3 期

（季刊）

法源與刑制專號

上海古籍出版社

中外論壇

2021年第3期(季刊)·法源與刑制專號

✲ 專論

✲ 譯文

✲ 書評

✲ 動態

專　論

《中外論壇》2021年第3期
2021年9月,第3－43頁

《史記集解》所引“律有故乞鞫”的再解析

李　力

提　要: 沈家本《漢律摭遺》卷6“故乞鞫”條,源自杜貴墀《漢律輯證》卷1,爲誤解“故乞鞫”一語所致。《史記集解》引“鄧展曰: 律有故乞鞫”之“有故乞鞫”是漢律佚文,其最初源頭爲清人惠棟《九經古義》卷8。王先謙《漢書補注》所引劉攽之説,可補“高祖戲而傷嬰”案相關記載中被省略的“乞鞫”環節。《史記集解》引用“乞鞫”資料的目的亦在注釋其中“告故不傷嬰”一句。

關鍵詞:《史記集解》;乞鞫;沈家本;漢律;鄧展

一、序　言

沈家本在《漢律摭遺》卷 6《囚律》之"鞫獄"目下,設有"故乞鞫"一條,爲討論方便,特抄録如下:①

故乞鞫　《史記·夏侯嬰傳》集解:"鄧展曰:律有故乞鞫。高祖自告不傷人。"索隱:"案《晉令》云,獄結竟,呼囚鞫語罪狀,囚若稱枉欲乞鞫者,許之也。"

按:《唐律》,諸獄結竟,徒以上,各呼囚及其家屬具告,仍取囚服辯,若不服者,聽其自理,更爲詳審。此即乞鞫之法。索隱引晉令,漢法當亦如是。

在此,關於《集解》所引"鄧展曰"一句,有必要先略作討論的,是如下兩個問題。

其一,在"律有故乞鞫"之下,應該如何標點?

關於此,有句號之説與逗號之説。前者,《歷代刑法考》商務印書館點校本作句號,②與《歷代刑法考》中華書局 1985 年點校本相同。後者,張積主張逗號之説,③《沈家本全集》中國政法大學出版社 2010 年點校本亦作逗號。④

哪一種標點更爲妥當?查中華書局點校本《史記》,可見在《集解》所引"鄧展曰"之"律有故乞鞫"句下,使用的是句號。⑤ 或可推測,句號之説參考的是該《史記》點校本的標點。若從《集解》所引"鄧展曰"的上下文來推敲,則"律有故乞鞫"與"高祖自告不傷人",當爲二事。如後所述,作爲結論可以先指出的是,"律有故乞鞫"一句與漢律佚文有關聯,在其句末使用"。"號是比較準確的。因此,"律有故乞鞫"此處的標點,當從《歷代刑法考》中華書局 1985 年點校本。

① 沈家本撰,鄧經元、駢宇騫點校:《歷代刑法考》第 3 册《漢律摭遺》卷 6《囚律·鞫獄》"故乞鞫"條,北京:中華書局,1985 年,第 1493 頁。

② 沈家本著,商務印書館編輯部整理:《歷代刑法考》下册,北京:商務印書館,2011 年,第 492 頁。

③ 徐世虹主編:《中國法制通史》第 2 卷《戰國秦漢》,北京:法律出版社,1999 年,第 628 頁。案:此部分作者爲張積教授。

④ 徐世虹主編:《沈家本全集》第 4 卷,北京:中國政法大學出版社,2010 年,第 247 頁。

⑤ 《史記》卷 95《樊酈滕灌列傳·夏侯嬰傳》,北京:中華書局,1959 年,第 2664 頁。

關於注家鄧展，顔師古云："鄧展，南陽人，魏建安中爲奮威將軍，封高樂鄉侯。"①如後所述，《集解》所引"鄧展曰"之"律有故乞鞫"，應是鄧展在注《漢書》時摘録的漢律之文。

其二，該"律有故乞鞫"之"鞫"字與"鞫"字，二者是什麽關係？

在傳世文獻中，仍可見不少與"鞫"字相關的文例。例如，《史記》卷87《李斯列傳》"於是群臣諸公子有罪，輒下高，令鞫治之"，②卷122《酷吏列傳》"縱一捕鞫，曰'爲死罪解脱'"。③《漢書》卷17《功臣表》"太始三年，坐爲太常鞫獄不實"，④卷23《刑法志》"今遣廷史與郡鞫獄"⑤"及孕者未乳，師、朱儒當鞫繫者"，⑥卷76《趙廣漢傳》"鞫獄故不以實"，⑦同卷《張敞傳》"鞫獄故不直"。⑧《後漢書》卷3《肅宗孝章帝紀》"而無鞫獄斷刑之政"，⑨卷16《鄧騭傳》有"獄不訊鞫"，⑩卷45《袁安傳》《袁敞傳》有"然未曾以臧罪鞫人""廷尉鞫遣"。⑪

另外，在秦漢簡中也不乏該"鞫"字的用例。例如，嶽麓秦簡可見"其鞫(鞫)曰"(174簡正)、"其鞫曰"(176正)。⑫居延漢簡(14.28簡)有："賀未有鞫繫，時毋它坐。謁報。敢言之。"⑬

---

① 《漢書・漢書叙例》，北京：中華書局，1962年，第4頁。
② 《史記》卷87《李斯列傳》，第2552頁。
③ 《史記》卷122《酷吏列傳》，第3146頁。
④ 《漢書》卷17《景武昭宣元成功臣表》，第661頁。
⑤ 《漢書》卷23《刑法志》，第1102頁。案：沈家本《漢律摭遺》卷6"鞫獄故不直"條，未引用《刑法志》此條資料，但引有王先謙《漢書補注》對"鞫""鞫"二字通假之注釋。沈家本撰，鄧經元、駢宇騫點校：《歷代刑法考》第3册《漢律摭遺》卷6《囚律・鞫獄》"鞫獄故不直"條，第1494—1495頁。
⑥ 《漢書》卷23《刑法志》，第1106頁。
⑦ 《漢書》卷76《趙尹韓張兩王傳・趙廣漢傳》，第3205頁。
⑧ 《漢書》卷76《趙尹韓張兩王傳・張敞傳》，第3225頁。
⑨ 《後漢書》卷3《肅宗孝章帝紀》，北京：中華書局，1965年，第152頁。
⑩ 《後漢書》卷16《鄧寇列傳・鄧騭傳》，第617頁。
⑪ 《後漢書》卷45《袁張韓周列傳・袁安傳》，第1518頁；《後漢書》卷45《袁張韓周列傳・袁敞傳》，第1524頁。
⑫ 朱漢民、陳松長主編：《嶽麓書院藏秦簡》(叁)，上海：上海辭書出版社，2013年，第197頁。
⑬ 謝桂華、李均明、朱國炤：《居延漢簡釋文合校》上册，北京：文物出版社，1987年，第23頁。簡牘整理小組編：《居延漢簡》(壹)，臺北：中研院史語所，2014年，第50頁。案：《合校》14.28簡改釋"鞫"作"鞫"字，並按："鞫"Z、K、T作"鞫"。較之2014年的最新圖版，仍當釋作"鞫"字。Z=《居延漢簡甲乙編》(中國社會科學院考古研究所編，北京：中華書局，1980年)，K=《居延漢簡甲編》(中國社會科學院考古研究所編，北京：科學出版社，1959年)，T=《居延漢簡考釋》釋文之部(勞榦著，臺北：中研院史語所，1960年)。

應該如何看待“鞠”與“鞫”二字的關係呢？《史記》卷122《酷吏列傳》注使用的是“鞫”字。① 又，《漢書》卷17《功臣表》注引如淳曰：“鞠者以其辭決罪也。”王先謙補注：“《説文》‘鞫，窮理皋人也’，作‘鞠’者，假字。本書作鞫作鞠，爲例不一。”②《漢書》卷23《刑法志》注引如淳曰：“廷史，廷尉史也。以囚辭決獄事爲鞠，謂疑獄也。”李奇曰：“鞠，窮也，獄事窮竟也。”師古曰：“李説是也。”③再者，王符《潛夫論·述赦篇》：“而被冤之家，乃甫當乞鞠告故以信直，亦無益於死亡矣。”汪注：“經典通用‘鞠’。”④孫詒讓《周禮正義》引《潛夫論》此條，並案：“乞鞫即乞鞠，字同。”⑤

此外，日本京都大学人文科学研究所簡牘研究班所編《漢簡語彙》“鞠”字條，其第二義項②爲“取り調べる”，同“鞫”。所舉文例有二，典《韓非子·揚權》：“因天之道，反形之理，督参鞠之，終則有始。”簡居延漢簡14.28簡（前揭，略）。⑥

由此可知，“鞠”“鞫”二字通假，鞠=鞫。該“律有故乞鞠”之“乞鞠”，即“乞鞫”。

實際上，今日學者已在其研究中觸及到該“律有故乞鞠”之問題所在。例如，張積曾指出：“鄧展所云之‘律’，自是漢律。不過，鄧氏所言太簡，漢代‘乞鞫’的内容究竟如何，還是不能明白。司馬貞引《晉令》之文爲況，則頗爲詳明。”⑦指明“鄧展所云之‘律’”爲“漢律”實屬卓見，但其見解僅到此爲止，關於鄧展所引該漢律存有不甚明確之處。

---

① 《史記》卷122《酷吏列傳》，第3146頁。案：即，《集解》引《漢書音義》曰：“一切皆捕之也。律，諸囚徒私解脱桎梏鉗赭，加罪一等；爲人解脱，與同罪。縱鞫相贍餉者二百人爲解脱死罪，盡殺也。”

② 班固撰，王先謙補注，上海師範大學古籍整理研究所整理：《漢書補注》（貳），上海：上海古籍出版社，2012年，第797頁。

③ 《漢書》卷23《刑法志》，第1102頁。

④ 王符著，汪繼培箋，彭鐸校正：《潛夫論箋校正》卷4《述赦篇》，北京：中華書局，1985年，第174、176頁。

⑤ 孫詒讓撰，王文錦、陳玉霞點校：《周禮正義》卷68《秋官·朝士》，北京：中華書局，1987年，第2826—2827頁。

⑥ 京都大学人文科学研究所簡牘研究班編：《漢簡語彙 中国古代木簡辞典》，東京：岩波書店，2015年，第83頁。

⑦ 徐世虹主編：《中國法制通史》第2卷《戰國秦漢》，第628頁。

另外,楊振紅也專門討論過該"故乞鞫"條,其説如下:①

沈家本設"故乞鞫"條而不是"乞鞫"條,或本於鄧展所引律。但秦漢及以後文獻特别是出土簡帛資料中均稱"乞鞫",而無稱"故乞鞫"者。鄧展説或以高祖案爲據,但高祖案中也不見此提法。

並在引用《史記》《漢書》所載"高祖戲而傷嬰"案的原文及其相關注釋之後,再次針對"告故不傷嬰",强調説:

文中的"告故",應以顔師古所引蘇林説爲是,即"自告情故",自陳事情原委的意思。顔師古注没有采《集解》所引鄧展説及《索隱》所引晉令,或許就是因爲他認爲兩説不當。因此,"故"與"乞鞫"不應連讀構成一個法律術語。

楊振紅在此指出"故乞鞫"不是一個法律術語。此看法相當有見地。唯鄧展説與"高祖戲而傷嬰"案之間存在怎樣的關係,仍有再作進一步討論的空間。

在此,本文關注的問題如下:沈家本爲什麽要在《漢律摭遺》卷6《囚律》之"鞫獄"目下設置該"故乞鞫"條?"故乞鞫"條出現的源頭何在?如何理解"鄧展曰:律有故乞鞫"這一句?《史記集解》爲何要在此引用與"乞鞫"相關的資料呢?

以下,在學者先行研究的基礎上,本文嘗試就這幾個問題再作考察、分析,以便尋找到比較穩妥的、具有説服力的答案。

二、"故乞鞫"條的設置及其源頭

沈家本爲什麽在《漢律摭遺》卷6《囚律》之"鞫獄"目下設置該"故乞鞫"一

① 楊振紅:《秦漢"乞鞫"制度補遺》,復旦大學出土文獻與古文字研究中心編:《出土文獻與古文字研究》第6輯《復旦大學出土文獻與古文字研究中心成立十周年紀念文集》下册,上海:上海古籍出版社,2015年,第500頁。案:關於"告故"一詞,楊氏在注釋④説:"《潛夫論·述赦》也有'乞鞫告故'的説法,其意當亦如蘇林説。"(第500頁)

條呢？該“故乞鞠”條出現的源頭究竟在哪裏？

在《漢律摭遺》“自序”中，沈家本寫道：①

惜《漢律》久亡，其散見於史傳者百不存一。然使搜羅排比，分條比類，按律爲篇，其大凡亦可得而攷見焉。同治、光緒之間，長安薛大司寇曾纂《漢律輯存》一書，業經寫定，將付手民，庚子之變，爲某舍人所得，匿不肯出，百計圖之，竟未珠還，良可惋惜。巴陵杜貴墀有《漢律輯證》六卷，頗稱詳備，然尚有闕遺。近富平張大令鵬一有《漢律類纂》一書，編次亦未分明。壬子之春，鍵户養疴，斗室枯坐，因取杜、張二書重爲編次，以律爲綱，逐條分入，目之可攷者取諸《晉志》，事之可證者取諸《史記》及班、范二書，他書之可以相質者，亦采附焉。

據此“自序”以及沈家本日記所載可知，《漢律摭遺》二十二卷最終完成於 1912 年 6 月 29 日，②並且是在杜貴墀《漢律輯證》、張鵬一《漢律類纂》二書的基礎上，重新整理而編成的。該書“綱目、事例爲：律目來自晉志，事例取諸《史記》、兩《漢書》及其他，表明此書的體例是以晉志所見漢律律目爲綱，其下再繫連相關事例的”。③ 其後，至 1913 年 6 月沈家本去世，《漢律摭遺》都未能得以刊刻印行，直到 1920 年代，纔作爲《沈寄簃先生遺書》甲編的組成部分之一，最終刊行面世。④

根據沈氏“自序”，知其《囚律》之“鞫獄”一目，來自《晉書・刑法志》所保存

① 沈家本撰，鄧經元、駢宇騫點校：《歷代刑法考》第 3 册《漢律摭遺・自序》，第 1366 頁。

② 徐世虹主編：《沈家本全集》第 7 卷，第 866 頁。徐世虹：《秦漢法律研究百年（一）——以輯佚考證爲特徵的清末民國時期的漢律研究》，氏主編：《中國古代法律文獻研究》第 5 輯，北京：社會科學文獻出版社，2011 年，第 10 頁。

③ 徐世虹：《秦漢法律研究百年（一）——以輯佚考證爲特徵的清末民國時期的漢律研究》，氏主編：《中國古代法律文獻研究》第 5 輯，第 11 頁。

④ 參見張偉仁主編：《中國法制史書目》第 3 册，“沈寄簃先生遺書甲編”條，臺北：中研院史語所，1976 年，第 1232—1233 頁；中國社會科學院歷史研究所編：《（1900—1980）八十年來史學書目》，北京：中國社會科學出版社，1984 年，第 313 頁。案：據以上兩書可知，《沈寄簃先生遺書》甲編的刊印者及刊印年分均不詳。推測應當是在 1920 年代刊印的。或以爲出版於 1929 年（曹全來：《〈寄簃文存〉與中國現代法學》，商務印書館編輯部整理：《寄簃文存》，北京：商務印書館，2015 年，第 261 頁），但不知其根據是什麼。

的漢律之律目,即“《囚律》有繫囚、鞫獄、斷獄之法”。① 但是,《晉志》僅存有“鞫獄”之目,不見其下到底存有哪些律條。今見《漢律摭遺》“鞫獄”之目下的若干律條,應該就是沈氏“自序”中所説的“取杜、張二書重爲編次,以律爲綱,逐條分入”的直接結果。正如楊振紅所評述的那樣:②

> 近代以前對“乞鞫”作系統考察的首推沈家本。清末沈家本在其著《歷代刑法考》三《漢律摭遺》卷六《囚律·鞫獄》中共列三條與“乞鞫”有關的條目:“故乞鞫”“家人乞鞫”“徒論決滿三月不得乞鞫”(鄧經元、駢宇騫點校本,中華書局 1985 年,第 1493 頁)。

的確,沈家本在此較系統地整理了有關“乞鞫”的資料,並將“故乞鞫”作爲其整理之“鞫獄”目下的第一條。這就是沈家本在《漢律摭遺》卷 6《囚律》之“鞫獄”目下設置該“故乞鞫”條的原因之一吧。

那麽,該“故乞鞫”條的源頭究竟何在? 就拙目所見,此前似乎並無人談及這個問題,因此有必要進一步申説。

杜貴墀《漢律輯證》、張鵬一《漢律類纂》這兩種漢律輯佚著作,是沈家本編纂《漢律摭遺》的基礎與依據。比較杜、張二氏的這兩種著作,③其編纂特點是:

---

① 《晉書》卷 30《刑法志》,北京:中華書局,1974 年,第 924 頁。

② 楊振紅:《秦漢律“乞鞫”制度補遺》,《出土文獻與古文字研究》第 6 輯《復旦大學出土文獻與古文字研究中心成立十周年紀念文集》下册,第 499 頁注釋①。

③ (1) 杜貴墀《漢律輯證》一書,自《周禮》《公羊傳》《史記》《漢書》《後漢書》等書及其注疏中,“輯出漢律百餘條,仿《漢官儀》體例編輯,並徵引本事,分注各條之下”。張偉仁主編:《中國法制史書目》第 1 册,“漢律輯證”條,第 1 頁。又,參見杜貴墀:《漢律輯證·自叙》,島田正郎主編:《中國法制史料》第 2 輯第 1 册,臺北:鼎文書局,1982 年,第 476—477 頁。(2) 張鵬一《漢律類纂》所輯佚漢律佚文,則以漢《九章律》之篇章爲基礎,重新按照總則、分則的架構排列。其結構具體爲:具律,户律,興律,厩律,盗律,賊律,囚律,捕律,雜律。張鵬一:《漢律類纂》(奉天格致學堂排印本,1907 年),《中國法制史料》第 2 輯第 1 册,第 595—599 頁。

關於這些漢律輯佚著作的體例,學者此前多有述及。例如,曹旅寧注意到:杜貴墀《漢律輯證》“是按遺文的内容性質來分類”的,張鵬一《漢律類纂》“是將漢律遺文按漢律九章分類”的,沈家本《漢律摭遺》“在體例上接近張著”,程樹德《九朝律考》“則分爲律名考、刑名考、律文考、律令雜考、沿革考、春秋決獄考、律家考”。“從體例看,杜、程二家接近,張、沈兩家雷同”。此外,徐世虹亦曾指出:“上述的李悝法經、秦法經、九章律以及正律、旁章等概念,在最初的漢律研究著述中,尚未成爲律典及漢律構造的指稱。如杜貴墀的《漢律輯證》(轉下頁)

在編輯體例上,確立分類編纂的原則,唯其分類標準不一。而且對本文這裏要考察的相關史料,這兩種著作均采取不同的處理方案。

經查閲杜貴墀《漢律輯證》一書,知其輯録有《史記集解》所引"鄧展曰"這條史料。尤其是,該書卷 1 即設有"故乞鞫"條,其下以雙行小字注曰:①

《史記・夏侯嬰傳》《集解》:鄧展云"刑律有故乞鞫"。《索隱》:"案晉灼云'獄結竟,呼囚鞫語罪狀,囚若稱枉欲乞鞫者,許之。'"按:"唐律諸獄結竟,徒以上,各呼囚及其家屬具告罪名,仍取囚服辯。"

據目前所掌握的資料,可推斷此處應是清代學者輯佚漢律之專書中設立"故乞鞫"條的最初出處。對照今見《史記集解》相應部分的文字,可見杜貴墀《漢律輯證》所輯録的"鄧展云'刑律有故乞鞫'"之處,其"律"字前多了一個"刑"字。不知爲何如此,待考。

雖然説沈家本系統地整理了有關"乞鞫"的資料,但是實際上此前杜貴墀《漢律輯證》卷 1 已經列有"故乞鞫""徒論決滿三月不得乞鞫"這兩條,②因此,可以説沈家本只不過是在此基礎上增列"家人乞鞫"一條而已。

杜貴墀《漢律輯證》一書,是將"刑律有故乞鞫"一句,作爲"鄧展曰"之内容來處理的。反復細讀揣摩,大致可以推斷,杜氏或許認爲其中包含有這樣的意思——"鄧展曰"所説的是:刑律 + 有 + 故乞鞫。即,若從語法結構上分析,則

(接上頁)(1897)認爲'無從强爲隸目',故其書分卷而不分篇;張鵬一的《漢律類纂》(1907)取九章律爲分類標準。沈家本的《漢律摭遺》(1912)'以律爲綱',同以九章爲序,程樹德的《漢律考》(1918)亦同。"曹旅寧:《薛允升〈漢律輯存〉稿本與漢律沿革》,氏著:《秦漢魏晉法制探微》,北京:人民出版社,2013 年,第 31 頁。徐世虹:《文獻解讀與秦漢律本體認識》,《中研院史語所集刊》第 86 本第 2 分,2015 年,第 231—232 頁。

① 杜貴墀:《漢律輯證》[六卷,清光緒二十五年(1899 年)湘水校經堂刻本,輯於輯注者輯刊植桐華閣叢書第 7 册],楊一凡編:《中國律學文獻》第 4 輯第 1 册,北京:社會科學文獻出版社,2007 年,第 22 頁。又,杜貴墀:《漢律輯證》(六卷,修訂法律館印刷,傅斯年圖書館藏本),《中國法制史料》第 2 輯第 1 册,第 497 頁。又,據前揭張偉仁《中國法制史書目》第 1 册(第 1 頁)知,杜氏該書有"【別本】一册,六卷。民國二十四年(1935)長沙中國古書刊印社據桐華閣叢書本影印,集於長沙葉啓倬輯刊、該社印行之郎園全書第一九五册"。

② 《中國法制史料》第 2 輯第 1 册,第 496—497 頁。《中國律學文獻》第 4 輯第 1 册,第 22—23 頁。

"刑律"爲主語,"故乞鞫"作爲一個專有詞爲"有"的賓語。因此,杜氏纔將"故乞鞫"設爲一條。

另外,張鵬一在《漢律類纂》"鞫斷"的類目之下,未直接抄録《史記集解》"鄧展曰"這條資料,也没有設置"故乞鞫"條。其中,僅其第二條關涉"乞鞫",即"徒論決滿三月,不得乞鞫"(即《周禮・朝士》注引律)。①

不過,也必須注意到,在《漢律類纂》"鞫斷"類目之前"告劾"類目之下,列有第三條(下劃綫爲筆者作):"囚不得告舉他事,其有故乞鞫者,聽。"其下有雙行小字注釋:②

> 《史記・夏侯嬰傳》注引律,謂:獄結竟,呼囚鞫語罪狀,囚若稱枉欲乞鞫者,許之。

因此,似乎可以體會到,張鵬一在此認爲:其所列第三條漢律佚文,就是"《史記・夏侯嬰傳》注引律"吧。但是,無論如何,在《史記》《漢書》《後漢書》甚至後來程樹德《九朝律考》之中,均未檢索到該第三條律文的文字,其具體出自何處,今已不詳。可以判定的只有一點:其雙行小字注釋所引的,實即《索隱》所引"案晉灼云"或者"案《晉令》云"之語。而其中"有故乞鞫者"一句,可能來自《集解》所引"鄧展曰'律有故乞鞫'"一句。不知這樣理解是否到位。姑且作爲臆測之説,暫記於此。

如此,或可大膽推定:就目前所見而言,張鵬一《漢律類纂》該第三條律文的文字來源不詳,是否漢律佚文,恐怕現在也難以最終確定。但是,不排除有這樣一種可能性:這是張鵬一根據《集解》所引"鄧展曰"以及《索隱》所引《晉令》整理後擬成的,即雜糅漢律與晉令而成。在前揭沈家本按語中,可見其引唐律並謂"此即乞鞫之法。索隱引晉令,漢法當亦如是"。③ 那麽,張鵬一《漢律類

① 《中國法制史料》第2輯第1册,第660頁。
② 《中國法制史料》第2輯第1册,第659頁。
③ 沈家本撰,鄧經元、駢宇騫點校:《歷代刑法考》第3册《漢律摭遺》卷6《囚律・鞫獄》"故乞鞫"條,第1493頁。

纂》也是以此邏輯整理出該第三條律文的嗎？亦未可知。

再查，今見薛允升《漢律輯存》稿本，在《周禮》"268.凡士之治有期日，期内之治聽，期外不聽"（編號268爲其整理者堀毅所加①）條之下，有注釋：②

> 鄭司農云："若今時徒論決，满三月不得乞鞫。"鄧展曰："漢律有故乞鞫。"司馬貞案晉令云："獄結竟，呼囚鞫語罪狀，囚若稱枉欲乞鞫者，許之也。"（新律序云："二歲刑以上，除以家人乞鞫之制，省所煩獄也。"二歲刑，謂耐以上，此魏世所改。）

該注釋所引"鄧展曰"一句即"漢律有故乞鞫"，當相類於前揭杜貴墀《漢律輯證》所見"刑律有故乞鞫"一句，尤其是"刑律"與"漢律"，似乎都是漢朝之後的用語。該"漢律"之"漢"字是哪個時代學者留下的遺迹呢？存疑待考。

日本學者堀毅，作爲《漢律輯存》稿本的整理者，是按照一般的讀法，連讀"漢律有故乞鞫"一句。這或許正體現出他對這條律文的理解，即根本没有讀破"故乞鞫"一語。③

至此，可以説今所見成書於同光之際的薛氏《漢律輯存》稿本，最早抄録《史記集解》鄧展曰"律有故乞鞫"這條史料，但是未將它作爲一條漢律律文輯佚出來，而僅在其所抄録的一條《周禮》資料的注釋中引到"鄧展曰：'漢律有故乞鞫'"這條資料。其原因或許在於，薛氏並不認爲這是一條漢律律文。儘管該稿本只是一個殘本，但是從其目録來看，其所輯漢律令部分大致都包括於此。④

---

① 曹旅寧：《薛允升〈漢律輯存〉稿本與漢律沿革》，氏著：《秦漢魏晉法制探微》，第30頁。

② 《中國法制史料》第2輯第1册，第415頁。又，關於薛氏該書的相關情況，詳見張偉仁主編：《中國法制史書目》第1册，第1頁。堀毅：《秦漢法制研究的歷史和現狀》，氏著：《秦漢法制史論考》，北京：法律出版社，1988年，第400頁。曹旅寧：《薛允升〈漢律輯存〉稿本與漢律沿革》，氏著：《秦漢魏晉法制探微》，第27頁。張忠煒：《〈漢律輯存〉稿本跋》，徐世虹主編：《中國古代法律文獻研究》第6輯，北京：社會科學文獻出版社，2012年，第445—446頁。

③ 此前，荷蘭學者何四維作"故乞鞫"，但將"故"解釋爲"故意地、有意地"，即有意地乞求展開新調查。A. F. P. Hulsewé, *Remnants of Han Law*, Vol. Ⅰ, Leiden: E. J. Brill, 1955, p.80. 案：何氏的這個解釋，承管笑雪同學提示，並幫助譯爲中文，謹此致謝。

④ 詳見堀毅：《秦漢法制研究的歷史和現狀》，氏著：《秦漢法制史論考》，第400、401頁。曹旅寧：《薛允升〈漢律輯存〉稿本與漢律沿革》，氏著：《秦漢魏晉法制探微》，第27—29頁。張忠煒：《〈漢律輯存〉稿本跋》，徐世虹主編：《中國古代法律文獻研究》第6輯，第440—442頁。

此外，必須要指明的一點就是，沈家本在撰寫《漢律摭遺》時，並未看過薛氏《漢律輯存》一書。徐世虹在論及薛允升《漢律輯存》時，已有這樣的論斷：①

> 據沈氏自序言，"同治、光緒之間，長安薛大司寇曾纂《漢律輯存》一書，業經寫定，將付手民。庚子之變，爲某舍人所得，匿不肯出，百計圖之，竟未珠還，良可惋惜"。可知至少在張、沈之前，薛允升已有漢律輯佚成果存世，惜無人得睹。

就目前所見而言，該"惜無人得睹"薛允升《漢律輯存》的推斷，是有説服力的。② 因此，可以推測：沈家本没有看到過薛氏《漢律輯存》這個注釋所引《史記集解》鄧展曰"漢律有故乞鞫"這條資料，否則就不會不在其《漢律摭遺》中提到此事。

這樣，就可以下一個判斷：《漢律摭遺》卷 6《囚律》之"鞫獄"目下所設"故乞鞫"條，是沈家本系統地整理漢律中有關"乞鞫"資料的結果。並且，"故乞鞫"條並不是沈家本所創設的，亦非直接"本於鄧展所引律"，而是源自杜貴墀《漢律輯證》卷 1 所初設的"故乞鞫"條。

簡言之，前揭沈家本《漢律摭遺》卷 6 有關"乞鞫"部分，只是承襲杜貴墀《漢律輯證》卷 1 所作相關輯録。而且其對"律有故乞鞫"的理解，恐怕亦同於杜氏，即：律 + 有 + 故乞鞫，將"有"的賓語"故乞鞫"作爲一個法律術語來處理。這可能就是導致沈氏誤讀"故乞鞫"一語的最主要原因。

---

① 徐世虹：《秦漢法律研究百年(一)——以輯佚考證爲特徵的清末民國時期的漢律研究》，氏主編：《中國古代法律文獻研究》第 5 輯，第 15 頁。

② 沈家本《薛大司寇遺稿序》云："公所著《漢律輯存》，庚子逸於京師，傳聞爲某舍人所獲，祕不肯出。"又據其《讀例存疑序》，知沈"家本嘗與編纂之役，爬羅剔抉，參訂再三。司寇復以卷帙繁重，手自芟削，勒成定本，編爲《漢律輯存》《唐明律合刻》《讀例存疑》《服制備考》各若干卷"。後"同人醵資，籌諸棗梨，甫議鳩工，適值庚子之變，事遂中輟。辛丑春仲，家本述職長安，時司寇在里，復長秋官，詢，知所著書惟《漢律輯存》一種存亡未卜，餘編無恙"。據此亦可確定，沈家本未見到《漢律輯存》定本。沈家本撰，鄧經元、駢宇騫點校：《歷代刑法考》第 4 册，第 2223、2222 頁。

三、如何理解“律有故乞鞫”一句?

應該如何理解《集解》“鄧展曰”所引“律有故乞鞫”一句？此句是否還有其他的解讀方案？以下，從兩個方面來考察討論。

首先，一方面，在孫詒讓《周禮正義》(1987 年“中華本”)“秋官”“朝士”之“凡士之治有期日”“期内之治聽，期外不聽”之“正義”中，有這樣的文字：①

> 注鄭司農云“謂在期内者聽，期外者不聽，若今時徒論決，滿三月，不得乞鞫者”，惠棟云:“《史記·夏侯嬰傳·集解》：鄧展曰‘律，有故乞鞫。’司馬貞案：《晉令》云：獄結竟，呼囚鞫語罪狀，囚若稱枉欲乞鞫者，許之也。”《晉書·刑法志》，陳群等《新律序》云:“二歲刑以上，除以家人乞鞫之制，省所煩獄也。”二歲刑謂耐以上，此魏世所改。

其中所引惠棟之説，出自惠氏《九經古義》卷 8《周禮古義下》之“朝士”條，即(末句下劃綫部分，其原字較前者小一號)：②

> 朝士，凡士之治有期日，期内之治聽，期外不聽。注：鄭司農云：若今時徒論決，滿三月，不得乞鞫。鄧展曰：漢律有故乞鞫。司馬貞案晉令云：獄結竟，呼囚鞫語罪狀，囚若稱枉欲乞鞫者，許之也。新律序云：二歲刑以上，除以家人乞鞫之制，省所煩獄也。二歲刑，謂耐以上，此魏世所改。

惠棟該書此處的文字，由以下四部分組成：(1)“朝士”至“期外不聽”，摘自《周禮》本文。(2)“注”至“不得乞鞫”，摘自鄭注所引“鄭司農云”。(3)“鄧展曰”至“許之也”，摘自《史記》之《集解》《索隱》。(4)“新律序云”至“此魏世所改

---

① 孫詒讓撰，王文錦、陳玉霞點校：《周禮正義》卷 68《秋官·朝士》，第 2826 頁。

② 惠棟：《九經古義》卷 8《周禮古義下》“朝士”條，上海：商務印書館，1937 年，第 95 頁。案：此處引文及其標點、字型大小，皆依該《叢書集成初編》本的原樣。

也",較前三部分文字爲小,應爲惠棟所加注之文,其中"新律序云"至"省所煩獄也",甚至"魏世所改"一語,均摘自《晉書·刑法志》。①

如果將惠氏所摘引《集解》和《索隱》的文字,與今見《史記》點校本的對照,可知惠氏書中的這段文字略有增添或變動,即:① 添"漢律"之"漢"字,② 將書名换成其作者之名——改"《索隱》案"爲"司馬貞案"。

如果將惠棟《九經古義》卷 8 的這段文字,再與前揭孫詒讓《周禮正義》之"正義"中所見那段文字對比一下,即可推知:孫氏那段文字,恐怕正是以惠氏這段文字爲本而略作細化而成的吧。

再回過頭來看一下,則可見前揭堀毅所整理薛允升《漢律輯存》之《周禮》"268"條下之注釋,與惠棟《九經古義》卷 8 這段文字,二者幾乎完全一樣。由此或可判定,薛氏輯存的這段文字,也很可能就來自於惠棟《九經古義》卷 8《周禮古義下》之"朝士"條。

如果此臆説可以成立的話,那麼前揭惠棟《九經古義》卷 8 之中這段文字,纔是清人輯佚"律有故乞鞫"這條漢律資料的最初源頭。

進而在前揭 1987 年"中華本"孫詒讓《周禮正義》"朝士"條之"正義"文字中,最引人注目的,就是"鄧展曰律有故乞鞫"這一句的讀法,再摘引如下(標以下劃綫部分):

惠棟云:"《史記·夏侯嬰傳·集解》:鄧展曰'律,有故乞鞫。'"

即,將"律有故乞鞫"一句,斷讀爲:"律,有故乞鞫"。這種斷讀與之前的理解有根本的區别。那麽,這一斷讀方案最初是从哪裏來的呢?

考察拙目所及孫詒讓《周禮正義》的兩個版本,②可知這樣斷讀的句讀方案,最早可能出現在民國時期王雲五主編的"萬有文庫"本之中。即(其句讀本

① 《晉書》卷 30《刑法志》,第 926 頁。

② 1987 年點校本之前,《周禮正義》有四個版本:乙巳本、楚學社本,萬有文庫本、《四部備要》本(孫詒讓撰,王文錦、陳玉霞點校:《周禮正義》第 1 册《本書前言》,第 4 頁)。拙目所及爲楚學社本、"萬有文庫"本,其中:楚學社本無句讀,"萬有文庫"本則有句讀。

爲圓點，置於中間。在此照録）：①

惠棟云：《史記·夏侯嬰傳》集解鄧展曰：律，有故乞鞫。

此處明顯可見將“律”字與“有故乞鞫”之間斷開的讀法。1987年“中華本”的標點斷讀方案，亦當是沿襲於此的吧。

其次，民國時期的法史學前輩程樹德，對此條資料早有不同的處理方式。具體説來，在程氏1918年成書、1919年出版的《漢律考》（七卷）卷3“律文考”之中，可以見到如下的結果：②

有故乞鞫。（《史記·夏侯嬰傳》注鄧展引律）

晉灼云，獄結竟，呼囚鞫語罪狀，囚若稱枉欲乞鞫者，許之。（《史記·夏侯嬰傳》注）

程樹德在1924—1925年完成、收入1927年初版《九朝律考》中的增訂本《漢律考》（八卷），仍然是如此處理的。③

很顯然，與前揭沈家本《漢律摭遺》“以律爲綱，逐條分入”的作法截然不同，程樹德《漢律考》所采取的處理方案，是把鄧展所引“有故乞鞫”作爲一條漢律佚文來輯録的。程氏曾在其“序”中自言“甲辰讀律扶桑，既有搜輯叢殘之志”，並“仿《文獻通考》之例，釐爲《漢律考》七卷”。④ 據此可知，在《漢律考》中設置《律文考》（乃至《律名考》）體例的作法，也許就是程氏1902年在日本法政大学留學時研習現代法律的成果之一。

① 孫詒讓：《周禮正義》第19册，北京：商務印書館，1933年，第81頁。

② 程樹德輯著：《漢律考》（七卷，民國八年京師刻本），《中國律學文獻》第4輯第1册，第296頁。案：此處標點從中華書局1963年版。

③ 程樹德：《九朝律考》（商務印書館，1927年），上海：上海書店，1989年影印版，第20—21頁。案：此後再版的標點本《九朝律考》，則一直沿用1927年初版（例如，北京：中華書局，1963年，第65頁；北京：商務印書館，2010年，第85頁）。

④ 程樹德：《漢律考序》，《中國律學文獻》第4輯第1册，第114頁。

據拙目所及，尚不能確定程氏是否讀到過前揭孫詒讓《周禮正義》那段文字，或者是否直接讀過惠棟此書的這段文字。但若以程氏的學術素養推測，則這兩本書似乎都應該在其閱讀範圍之中。無論如何，程氏《漢律考》卷3《律文考》，直接將“有故乞鞫”作爲一條漢律佚文來處理，確實是一個卓見。這就爲重新解讀“律有故乞鞫”一句，打開了一個嶄新的視野。

然而，令人遺憾的是，在半個多世紀之後，我們纔看到法制史學者高恒也提出過類似的讀法，即：裴駰《集解》引鄧展云：“《律》：‘有故乞鞫’。”[①]不過，高氏書中並没有説明將“有故乞鞫”作爲漢律律文處理的根據何在。他的這種讀法，是否來自程樹德《九朝律考》之《漢律考》，或者有無受到過程氏《漢律考》等的影響，亦未可知。

既然“有故乞鞫”爲一條漢律佚文，就應當考慮如何重新斷讀鄧展所曰“律有故乞鞫”一句。

由此，就可以再聯想到前揭楊振紅論文所作的那一個推測，即“鄧展説或以高祖案爲據”。以下，試著就此再作一些討論，以便解讀這條律文。

這條漢律佚文見於《史記》卷95《夏侯嬰傳》所載“高祖戲而傷嬰”案之“告故不傷嬰”句之注的《集解》中。爲方便討論，兹再抄録如下：[②]

> 《集解》鄧展曰：“律有故乞鞫。高祖自告不傷人。”《索隱》案：《晉令》云“獄結竟，呼囚鞫語罪狀，囚若稱枉欲乞鞫者，許之也”。

又查，二十四史點校本之修訂本《史記·夏侯嬰傳》在此處所作的補訂及校勘記如下：[③]

> 《集解》鄧展曰：“律有故乞鞫。高祖自告不傷人。”《索隱》注“乞鞫”〔一四〕。

① 高恒：《秦漢簡牘中法制文書輯考》，北京：社會科學文獻出版社，2008年，第462頁。
② 《史記》卷95《樊酈滕灌列傳·夏侯嬰傳》，第2664頁。
③ 《史記》（點校本二十四史修訂本）卷95《樊酈滕灌列傳·夏侯嬰傳》，北京：中華書局，2014年，第3229、3241頁。

案:《晉令》云〔一五〕"獄結竟,呼囚鞫語罪狀,囚若稱枉欲乞鞫者,許之也"。

〔一四〕注乞鞫。此三字原無,據《索隱》本補。

〔一五〕晉令。耿本、黄本、彭本、柯本、凌本、殿本作"晉灼"。

該修訂本在此所補訂的注釋〔十四〕、〔十五〕,對於理解"鄧展曰"這句話有著極爲關鍵的作用。此處《集解》與《索隱》二者之間原本不甚明瞭的關係,因此而變得明晰起來:《索隱》原本在該處注釋"鄧展曰"之中的"乞鞫"一詞,其"案"語所引則爲《晉令》之文。即,這是以《晉令》之文來注釋"乞鞫"一詞。由此可以推測,《索隱》的作者或已洞察到"故乞鞫"並不是一個術語。只是後來的輯佚者和研究者還没有體會到這一點吧。

拙見以爲,可以這樣斷讀:"律:有故,乞鞫。"如此,則鄧展所引"有故,乞鞫"這四個字就是漢律的佚文。因此,程樹德《漢律考》卷 3《律文考》將"有故乞鞫"作爲一條律文,是較爲扎實且有説服力的處理方案。若在此大膽揣測,則可以説杜貴墀、沈家本恐怕都没有讀懂"律有故乞鞫"之句吧。

這種"律:……"的格式是孤例嗎?其性質是什麽?在張家山漢簡、居延漢簡以及《史記》,可以檢索到如下 27 條漢律律文(摘録時將其標點略作調整):①

(1) 律:取(娶)亡人爲妻,黥爲城旦,弗智(知),非有減也。(30—31 簡)②

(2) 律:賊殺人,棄市。(93 簡)③

(3) 律:謀賊殺人,與賊同法。(94 簡)④

① 檢索《漢書》亦不乏這種文例,限於篇幅,不再一一列出。詳見《漢書》卷 5《景帝紀》(注引如淳曰)、卷 7《昭帝紀》(注引如淳曰)、卷 8《宣帝紀》(注引張晏曰、如淳曰)、卷 10《成帝紀》(注引如淳曰)、卷 12《平帝紀》(注引如淳曰)、卷 19《百官公卿表上》(注引如淳曰)、卷 36《楚元王傳》(注引如淳曰)、卷 50《張馮汲鄭傳》(注引應劭曰)、卷 60《杜周傳》(注引如淳曰)、卷 66《公孫劉田王楊蔡陳鄭傳》(注引如淳曰)、卷 71《雋疏於薛平彭傳》(注引如淳曰)、卷 79《馮奉世傳》(注引如淳曰)、卷 84《翟方進傳》(注引如淳曰),第 142、224、247、253、263、329、359、727、1928、2321、2662、2902、3051、3304、3416 頁。

② 張家山二四七號漢墓竹簡整理小組編:《張家山漢墓竹簡〔二四七號墓〕》(釋文修訂本),北京:文物出版社,2006 年,第 94 頁。

③ 張家山二四七號漢墓竹簡整理小組編:《張家山漢墓竹簡〔二四七號墓〕》(釋文修訂本),第 99 頁。

④ 張家山二四七號漢墓竹簡整理小組編:《張家山漢墓竹簡〔二四七號墓〕》(釋文修訂本),第 99 頁。

(4) 律：縱囚，與同罪。(95 簡)①

(5) 律：死置後之次；妻次父母；妻死歸寧，與父母同法。(185 簡)②

(6) 律：變告乃訊問辭。(E. P. T51：270)③

(7) 律：辭官移書人在所。在所以次。(E. P. T58：45A)④

(8) 律：年二十三傅之疇官，各從其父疇内學之。高不滿六尺二寸以下爲罷癃。⑤

(9) 漢律：吏二千石有予告、賜告。⑥

(10) 律：四馬高足爲傳置，四馬中足爲馳置，下足爲乘置，一馬二馬爲軺置，如置急者乘一馬曰乘也。⑦

(11) 漢律：皮幣率鹿皮方尺，直黄金一斤。⑧

(12) 律：年二十三傅之疇官，各從其父學。⑨

(13) 漢律：真二千石俸月二萬。⑩

(14) 律：郡卒史書佐各十人也。⑪

(15) 律：降敵者，誅其身，没其家。⑫

(16) 律：春曰朝，秋曰請。⑬

---

① 張家山二四七號漢墓竹簡整理小組編：《張家山漢墓竹簡〔二四七號墓〕》(釋文修訂本)，第 99 頁。

② 張家山二四七號漢墓竹簡整理小組編：《張家山漢墓竹簡〔二四七號墓〕》(釋文修訂本)，第 108 頁。

③ 甘肅省文物考古研究所、甘肅省博物館、文化部古文獻研究室、中國社會科學院歷史研究所編：《居延新簡——甲渠候官與第四燧》，北京：文物出版社，1990 年，第 196 頁。

④ 甘肅省文物考古研究所、甘肅省博物館、文化部古文獻研究室、中國社會科學院歷史研究所編：《居延新簡——甲渠候官與第四燧》，第 352 頁。

⑤ 《史記》卷 7《項羽本紀》，《集解》引如淳曰，第 324 頁。又，《漢書》卷 1 上《高帝紀上》，注引如淳曰，第 37 頁。

⑥ 《史記》卷 8《高祖本紀》，《集解》引孟康曰，第 346 頁。又，《漢書》卷 1 上《高帝紀上》，注引孟康曰，第 6 頁。

⑦ 《史記》卷 10《孝文本紀》，《索隱》引如淳云，第 423 頁。又，《漢書》卷 1 下《高帝紀下》，注引如淳曰，第 57 頁。

⑧ 《史記》卷 12《孝武本紀》，《索隱》案，第 457 頁。

⑨ 《史記》卷 26《曆書》，《集解》引如淳曰，第 1259 頁。

⑩ 《史記》卷 49《外戚世家》，《索隱》案，第 1984 頁。

⑪ 《史記》卷 53《蕭相國世家》，《索隱》如淳按，第 2014 頁。

⑫ 《史記》卷 68《商君列傳》，《索隱》案，第 2230 頁。

⑬ 《史記》卷 106《吴王濞列傳》，《集解》孟康曰，第 2823 頁。又，《漢書》卷 35《荆燕吴傳》，注引孟康曰，第 1905 頁。

(17) 漢律：卒更有三，踐更、居更、過更也。①

(18) 律：諸侯春朝天子曰朝，秋曰請。②

(19) 律：司空主水及罪人。③

(20) 律：近塞郡皆置尉，百里一人，士史、尉史各二人也。④

(21) 律：都軍官長史一人也。⑤

(22) 律：有罪失官爵稱士五。⑥

(23) 律：耐爲司寇，耐爲鬼薪、白粲。⑦

(24) 律：太守、都尉、諸侯内史史各一人，卒史書佐各十人。⑧

(25) 律：胡市，吏民不得持兵器出關。⑨

(26) 律：真二千石俸月二萬，二千石月萬六千。⑩

(27) 律：諸囚徒私解脱桎梏鉗赭，加罪一等；爲人解脱，與同罪。⑪

以上，(1)至(7)出於漢簡，(8)至(27)出自《史記》諸家之注。在此，特别要引起注意的是，(9)(11)(13)(17)之"漢律：……"這一格式。⑫ 這就不得不讓人聯想到前揭惠棟《九經古義》所引，以及薛允升《漢律輯存》稿本所輯"鄧展曰"之"漢律：……"的格式。

---

① 《史記》卷106《吴王濞列傳》，《索隱》案，第2824頁。
② 《史記》卷107《魏其武安侯列傳》，《集解》引，第2839頁。
③ 《史記》卷107《魏其武安侯列傳》，《正義》如淳云，第2854頁。又，《漢書》卷19上《百官公卿表上》，注引如淳曰，第731頁。
④ 《史記》卷110《匈奴列傳》，《索隱》如淳云，第2905頁。
⑤ 《史記》卷111《衛將軍驃騎列傳》，《正義》引，第2928頁。又，《漢書》卷55《衛青霍去病傳·衛青傳》，注引如淳曰，第2477頁。
⑥ 《史記》卷118《淮南衡山列傳》，《集解》如淳曰，第3078頁。又，《漢書》卷44《淮南衡山濟北王傳·淮南厲王劉長傳》，注引如淳曰，第2142頁。
⑦ 《史記》卷118《淮南衡山列傳》，《集解》如淳曰，第3092頁。
⑧ 《史記》卷120《汲鄭列傳》，《集解》如淳曰，第3106頁。
⑨ 《史記》卷120《汲鄭列傳》，《集解》應劭曰，第3110頁。
⑩ 《史記》卷120《汲鄭列傳》，《集解》如淳曰，第3111頁。
⑪ 《史記》卷122《酷吏列傳》，《集解》引《漢書音義》曰，第3146頁；又，《漢書》卷90《酷吏傳》，注引孟康曰，第3654頁。
⑫ 《漢書》亦有"漢律：……"格式，除了前揭與《史記》所見相同者之外，還有4例：《漢書》卷2《惠帝紀》(注引應劭曰)、卷4《文帝紀》(注引文穎曰)、卷87下《揚雄傳下》(注引應劭曰)、卷94上《匈奴傳上》(注引師古曰)，第91、110、3569、3766頁。

比較"律：……"與"漢律：……"，前者，更多保留了漢代摘引律文時的原貌，這種格式可以向上追溯到秦。[①] 後者，則爲漢以後《史記》諸家之注所引。所謂"漢律"之稱，不是漢代人當時的説法，而是漢以後學者對漢律的習慣稱法。[②] 因而，這個"漢"字，很可能就是諸注家所添加的。

若再對比一下"漢律：……"與"刑律：……"則"刑律"這種格式不見於《史記》《漢書》諸家注之中，僅有杜貴墀《漢律輯證》所見的這一孤例。"刑律"之稱，似乎反而倒更像是清人的習慣説法，不知是否爲杜貴墀輯佚漢律時改"漢律"爲"刑律"的結果。

毫無疑問，這 27 條律文的性質是漢律律文的摘引，在今天看來就是漢律佚文。特别是，《史記》注與《漢書》注所見的漢律佚文，有的明顯是摘引自同一條律文，但其各自在文字上却略有出入。由此證明，將這些漢律佚文作爲律文摘引的這一判斷，是可以成立的。而正如冨谷至所説的，"以上述方式引用律的做法如實地説明：律的條文不限於一個裁判、判決，而是有任何要求、主張，並獲得許可的時候，引用條文規定作爲根據。這正是律的實效性所在"。[③]

那麼，接著再討論一下如何理解"鄧展曰"所引該條漢律佚文之中的"有故"一詞。

與此類似的"有故"的用法，在睡虎地秦簡中有兩見，具體如下。

其一，《法律答問》154 簡："吏有故當止食，弗止，盡稟出之，論可(何)殹(也)? 當坐所贏出爲盜。"整理小組譯文："官吏因故應停止發給口糧，不加停止而仍全部發給，應如何論處? 應以其多發的作爲盜竊處罪。"[④]

陳公柔指出，"這裏所指'有故當止食'，亦見於《倉律》"(即《秦律十八種》46

---

① 《奏讞書》158 簡："律：儋乏不鬬，斬。篡遂縱囚，死罪囚，黥爲城旦，上造以上，耐爲鬼薪。"張家山二四七號漢墓竹簡整理小組編：《張家山漢墓竹簡〔二四七號墓〕》(釋文修訂本)，第 104—105 頁。

② 尤其是，《漢書》亦可見"秦律：……"的格式，即"秦律：敢有挾書者族"。(此引文標點略作調整)《漢書》卷 2《惠帝紀》，注引張晏曰，第 90 頁。案：所謂"秦律"，與所謂"漢律"一樣，都是漢代以後學者的習慣稱法。

③ 冨谷至著，薛夷風、周東平譯：《從漢律到唐律——裁判規範與行爲規範》，周東平、朱騰主編：《法律史譯評(2014 年卷)》，北京：中國政法大學出版社，2015 年，第 116 頁。

④ 睡虎地秦墓竹簡整理小組編：《睡虎地秦墓竹簡》，北京：文物出版社，1990 年，第 129 頁。

簡[①])。據此,"官吏公出,另有傳食,即當停發其按月原應領取的口糧"。因而,該 154 簡"所指的因種種原因本來應該停止發給口糧(即止食),但仍照舊如數發給,其發給的部分,應按盗律論處"。[②] 這個理解和整理小組的一樣,"故"即"原因"。

其二,《封診式》之"經死"條 72 簡:"自殺者必先有故,問其同居,以合(答)其故。"整理小組譯文:"自殺的人必先有原因,要詢問他的同居,使他們回答其原因。"[③]

這裏的"有故"與"其故"前後呼應,"故"亦即"原因"。如陳公柔所説的,這是"要求進一步就同居者多方調查,究其死因"。這段文字"與本節案情無關,或是録自另外材料",屬於"勘驗之道"。[④]

很顯然,可以將"有故"理解爲"因故",或"有原因",或"因種種原因"。"故",即理由、原因、緣故之義。"有故",亦當是秦漢律中的一個慣用語。

歸納一下,如果上述判斷都可以成立的話,就可以將《史記 • 夏侯嬰傳》之《集解》所引之文,重新斷讀爲:

> 鄧展曰:"'律:有故,乞鞫。'高祖自告不傷人。"

如此,可以更清楚地看到:"律:有故,乞鞫"一句,與"高祖自告不傷人"一句,其二者之間的關係。在"鄧展曰"中,"有故,乞鞫"爲鄧展所摘引的漢律律文,而"高祖自告不傷人"則爲鄧展對《漢書》所見"告故不傷嬰"一句所作的解釋。"鄧展曰"的這兩句,其間一定存在著某種關聯性,這是需要去研究的一個問題點。

這樣,在此就可以判定:鄧展已經注意到《漢書》所載"高祖戲而傷嬰"這個案子,並且知曉其中有"乞鞫"這個環節。而在今《史記》《漢書》所見該案的記載

---

① 睡虎地秦墓竹簡整理小組編:《睡虎地秦墓竹簡》,第 31 頁。

② 陳公柔:《雲夢秦墓出土〈法律答問〉簡册考述》,氏著:《先秦兩漢考古學論叢》,北京:文物出版社,2005 年,第 163 頁。

③ 睡虎地秦墓竹簡整理小組編:《睡虎地秦墓竹簡》,第 159、160 頁。

④ 陳公柔:《雲夢秦墓出土〈封診式〉簡册研究》,氏著:《先秦兩漢考古學論叢》,第 209、208 頁。

中,這個環節却被省略掉了。其摘引"有故,乞鞫"這條漢律的目的,大概就在於明示並補充此一"乞鞫"程序的環節。

四、《史記集解》引用有關"乞鞫"資料的原因

最後要討論的一個問題,就是《史記集解》爲何會在此處引用有關"乞鞫"的資料? 這恐怕就要涉及到如何理解"高祖戲而傷嬰"一案。

關於此案,《史記》卷 95《夏侯嬰傳》所載如下(下劃綫部分爲筆者所加):①

> 高祖戲而傷嬰,人有告高祖。高祖時爲亭長,重坐傷人,告故不傷嬰,嬰證之。後獄覆,嬰坐高祖繫歲餘,掠笞數百,終以是脱高祖。

關於該案,陳直《史記新證》按:②

> 居延漢簡釋文卷一,八十四頁,有宣帝時刑訟爰書簡文云:"戍卒東郡□□函何陽坐鬭,以劍擊傷同郡縣戍里靳龜右眼一所,地節三年八月辛卯械繫。"與本文可以互相參考。

在這裏舉出居延漢簡(118.18 簡)所見這個案例是否合適,值得重新考慮。因爲這是在"鬭"時以劍擊傷人的,而高祖則是"戲而傷嬰",二者的主觀心理狀態恐怕是不一樣的,當屬於兩個不同的罪。因而,不可以直接拿來作爲參照,以解讀"高祖戲而傷嬰"一案吧。

另外,該"高祖戲而傷嬰"案也被載於《漢書》卷 41《夏侯嬰傳》之中,具體如

① 《史記》卷 95《樊酈滕灌列傳·夏侯嬰傳》,第 2664 頁。

② 陳直:《史記新證》,天津:天津人民出版社,1979 年,第 154 頁。案:陳直書在此所引《史記》文"告故不傷嬰"作"告我不傷嬰","我"字恐當爲"故"字之誤排。而其中所引居延漢簡之勞榦書的釋文(即其所謂"刑訟爰書簡"釋文),在今天看來是有問題的。該 118.18 簡現已有最新釋文,具體詳見:(1) 謝桂華、李均明、朱國炤:《居延漢簡釋文合校》上册,第 192 頁。(2) 簡牘整理小組編:《居延漢簡》(貳),臺北:中研院史語所,2015 年,第 33 頁。

下(注意下劃綫部分):①

> 高祖戲而傷嬰,人有告高祖。高祖時爲亭長,重坐傷人,告故不傷嬰,嬰證之。移獄覆,嬰坐高祖繫歲餘,掠笞數百,終脱高祖。

其中,"告故不傷嬰",顔師古注引"蘇林曰:'自告情故,不傷嬰也。'"又,日本學者中井積德曰:"'言原來無傷人之事也。'"②

比較一下可知,《史記》《漢書》關於"高祖戲而傷嬰"案的兩種記載,在文字表達上有兩處不同。

第一處,《史記》作"後獄覆"→"後"字,《漢書》作"移獄覆"→"移"字。③ 暫時還不清楚的是,爲何會有如此不同的文字表達。④

第二處,"終以是脱高祖"→"終脱高祖"。因其没有什麼根本性的區别,故在此無需贅言。

長期以來,其相關解讀的分歧點,主要集中於第一處:"後獄覆"——"移獄覆"。這是須再作討論的。

關於"後獄覆"一語,《索隱》案:"韋昭曰'高帝自言不傷嬰,嬰證之,是獄辭

---

① 《漢書》卷 41《樊酈滕灌傅靳周傳·夏侯嬰傳》,第 2076 頁。

② 瀧川龜太郎:《史記會注考證》,臺北:樂天出版社,1973 年第 3 版,第 1088 頁。

③ 已有學者指出這一點。例如:(1) 陳邦懷:《居延漢簡考略》,《歷史教學》1964 年第 2 期,14."獄覆"條,第 40 頁。(2) 籾山明:《秦の裁判制度の復元》,林巳奈夫編:《戰國時代出土文物の研究》,京都:京都大學人文科學研究所,1985 年,第 537 頁,第 565 頁注(19)。其中文本,徐世虹譯:《秦代審判制度的復原》,劉俊文主編:《日本中青年學者論中國史·上古秦漢卷》,上海:上海古籍出版社,1995 年,第 258 頁。收入氏著:《中国古代訴訟制度の研究》,京都:京都大学学術出版会,2006 年,第 67 頁。其中文本,李力譯:《中國古代訴訟制度研究》,上海:上海古籍出版社,2018 年,第 60 頁。(3) 楊振紅:《秦漢律"乞鞫"制度補遺》,《出土文獻與古文字研究》第 6 輯《復旦大學出土文獻與古文字研究中心成立十周年紀念文集》下册,第 507 頁。

④ 楊振紅推斷:"顔師古將'後'改爲'移'應與前引《二年律令》簡 116—117"所規定的覆獄移廷而治的制度有關。氏著:《秦漢律"乞鞫"制度補遺》,《出土文獻與古文字研究》第 6 輯《復旦大學出土文獻與古文字研究中心成立十周年紀念文集》下册,第 507 頁。案:此説恐有誤。不知其根據何在? 顔師古只是注《漢書》,而該"移"字爲《漢書》本文所見,其改動者應是《漢書》的作者吧。至於是否與《二年律令》所見的規定有關,目前似乎没有證據可以坐實其間有關聯性。此問題待考。

翻覆也'。"[①]韋昭將"後獄覆"理解爲"獄辭翻覆",如此是可以貫通其文意的。這個"獄"字,與"移獄覆"之"獄"字一樣,當爲案件、案子之義。秦漢時期使用"辭"這個字,來表達審訊過程中的供辭、供述以及非審訊過程中的主動陳述與説明。[②] "覆",既有"翻覆"之義,也有"審"(審察,弄明白)之義。因此,"獄辭翻覆",即指這個案子的供述被推翻了。若按照韋昭的理解,則受害人夏侯嬰出面作證説:被告者高祖並没有弄傷自己。因此,告者控告高祖傷人之詞不實,其供述被推翻了,案情得以翻轉。

"移獄覆"之"移"字,即移送、移交之意。"移獄"一詞,亦見於居延漢簡之中,當是一個法律術語,[③]即指將該案從原來的審理者一方移交到新接手的審理者另一方。這個"覆"字,就是審察、調查弄明白的意思。"移獄覆",就是指將原案移交給另外的審理者重新展開調查審理,以搞清楚案情。

儘管這兩種表達均可貫通其文意,但因使用不同的詞語,故其要表達的意思應當是有不同側重點的。《史記》的"後獄覆",側重在告者一方,或者告者翻供了,或者案情有變。《漢書》的"移獄覆",側重於官府一方的行爲,即官方重新調查審理該案,以搞清楚案情。

關於前揭《史記》卷 95《夏侯嬰傳》這段文字,日本學者籾山明的理解如下

---

① 《史記》卷 95《樊酈滕灌列傳·夏侯嬰傳》,第 2664 頁。

② 關於此問題的主要研究成果有:(1) A. F. P. Hulsewé, *Remnants of Han Law*, Vol. Ⅰ, Leiden: E. J. Brill, 1955, p.77. A. F. P. Hulsewé, *Remnants of Ch'in Law*, Leiden: E. J. Brill, 1985, pp.144-145.(2) 于豪亮:《釋漢簡中的草書》,氏著:《于豪亮學術文存》,北京:中華書局,1985 年,第 247—248 頁。(3) 籾山明著,徐世虹譯:《秦代審判制度的復原》,劉俊文主編:《日本中青年學者論中國史·上古秦漢卷》,第 254 頁,第 284 頁注釋〔一七〕〔一九〕。(4) 宫宅潔:《秦漢時期的審判制度——張家山漢簡〈奏讞書〉所見》,籾山明主編:《中國法制史考證》丙編第 1 卷,北京:中國社會科學出版社,2003 年,第 316 頁注釋①。

③ 居延新簡(E. P. S4. T2:101):"移人在所縣道官,縣道官獄訊以報之,勿徵逮。徵逮者,以擅移獄論。"徐世虹主張:"擅移獄",就是擅自不受理、不審訊當受理審訊之案件,而將其移送他處。高恒認爲:從其行文語氣來看,這"明顯是法律條文。按其内容,很可能是關於審判管轄的律文"。"擅移獄",罪名。擅自將案件移交無權審理此案的機關。甘肅省文物考古研究所、甘肅省博物館、文化部古文獻研究室、中國社會科學院歷史研究所編:《居延新簡——甲渠候官與第四燧》,第 562 頁。徐世虹:《居延新簡漢律佚文考》,《政法論壇》1992 年第 3 期,第 75 頁。高恒:《秦漢簡牘中法制文書輯考》,第 156 頁。沈剛:《居延漢簡語詞彙釋》,"擅移獄"條,北京:科學出版社,2008 年,第 282—283 頁。案:沈剛書所引高恒之説,爲其 1996 年論文(第 233 頁)所見(即:"擅移獄",罪名,非法受理、審訊,不屬於該審判機關管轄的案件),2008 年收入氏著《秦漢簡牘中法制文書輯考》時有所修改。

(下劃綫爲筆者所加):[①]

> 高祖戲傷夏侯嬰,被人以此告發。高祖當時是亭長,擔心坐傷害罪,就申辯根本没有傷害夏侯嬰的事實,夏侯嬰對此也作了證言,此後案件"反覆",夏侯嬰爲此坐罪,拘禁一年多,遭笞打數百次,終於爲高祖開脱了罪行。

籾山明將"後獄覆"之"覆"字,訓爲"再審訊";並在注釋中强調説,"有關該事件的解釋,一般采用爲《漢書》卷四一《夏侯嬰傳》補注所引述的劉攽之説:'告故不傷嬰者,高祖抵言不曾傷嬰,故嬰證其實。然告者反坐榜,告者不服,故移獄覆矣。嬰以此坐繫掠笞也'(《史記會注》也沿襲此説),即告發者因不服誣告反坐,故請求再次調查"。[②]

該論文的貢獻之一,就是指出《漢書補注》所引劉攽之説中,保留有解讀該案的一個重要細節,並據此較爲準確地把握該案的案情,基本上貫通了這個案子的主要發展脈絡。可惜後來的研究者在討論該案時,並没有提這篇論文。但是,更爲引人注目的是,其引"劉攽之説"的文字與句讀,和中國學者一般通行的文字與句讀,有不同之處。特别是,筆者所標的下劃綫部分,是各家異議的焦點。因其關涉到如何理解劉攽之説,故有必要再討論一下。

爲了方便比較,特以上海師範大學點校本作爲參照的標本,抄録這段文字如下(下劃綫部分爲筆者所標,另將這段文字分爲三層①②③,以便分析):[③]

> 【補注】劉攽曰:① 告故不傷嬰者,高祖抵言不曾傷嬰,故嬰證其實然。

---

① 籾山明著,徐世虹譯:《秦代審判制度的復原》,劉俊文主編:《日本中青年學者論中國史・上古秦漢卷》,第258頁。

② 籾山明著,徐世虹譯:《秦代審判制度的復原》,劉俊文主編:《日本中青年學者論中國史・上古秦漢卷》,第286頁注釋〔二九〕。籾山明:《秦の裁判制度の復元》,林巳奈夫編:《戰國時代出土文物の研究》,第566頁注(29)。

③ 王先謙:《漢書補注》下册,北京:中華書局,1983年,第1003頁上。又,上海師範大學古籍整理研究所整理:《漢書補注》第7册,第3445頁。

② 告故者反坐榜,告者不服,故移獄覆矣,③ 嬰以此坐繫掠笞也。

此外,楊振紅論文也引用《漢書補注》劉攽之説,其相關的文字、句讀如下:①

告故不傷嬰者,高祖抵言不曾傷嬰,故嬰證其實然,告故者反坐榜。告者不服,故移獄覆矣。嬰以此坐繫掠笞也。

以上,是拙目所及三種不同版本“劉攽之説”的文字與句讀。籾山明所依據的底本不詳。上海師大點校本、楊振紅所依據的都是光緒二十六年王氏虚受堂刻本,唯其標點有異。

①的“告故不傷嬰”,顔師古注引蘇林曰:“自告情故,不傷嬰也。”②因此,“告故不傷嬰者”即指高祖本人。其“抵言”,即抵賴説,或者是拒不承認之意(楊振紅之説)。其文例,有《後漢書》卷22《劉隆傳》“帝詰吏由趣,吏不肯服,抵言於長壽街上得之”,注:“抵,欺也。”③

由此可見,①的主體人物是高祖,夏侯嬰爲其陪襯者。①所表達的意思相當明確:(自述事情原委,即没有弄傷夏侯嬰)的高祖抵賴説:雖戲而未曾傷著夏侯嬰,因此夏侯嬰爲其作證。上師大點校本在此標以句號,是準確的句讀方案。但是,比較而言,籾山明在此將“然”字從下讀,表示轉折關係,在語氣上顯得更爲順當,表示①②所説的是兩個截然不同的事情。

②是最令人感到費解的部分。尤其是,“告故者反坐榜”一句,究竟應該如何理解和斷讀,甚爲關鍵。

“告故者”,前揭籾山明的引文作“告者”,若“告故者”=“告者”,則文意豁然貫通。或許他以爲這個“故”字是衍文?但不知其依據何在,也不見其論文對此作具體討論。没有確鑿的證據,衍字之説就是輕易不可采用的處理方案。

---

① 楊振紅:《秦漢律“乞鞫”制度補遺》,《出土文獻與古文字研究》第6輯《復旦大學出土文獻與古文字研究中心成立十周年紀念文集》下册,第507頁。

② 《漢書》卷41《樊酈滕灌傅靳周傳·夏侯嬰傳》,第2076頁。

③ 《後漢書》卷22《朱景王杜馬劉傅堅馬列傳·劉隆傳》,第781頁。

又,楊振紅對此評判説:"劉攽將'告故'理解爲告發,采納了顔師古'移獄覆'的説法,但其關於'告故者反坐梈'推測成分較重。現代學者對此多未加詳考。"而"導致'獄覆'的原因,可能如劉攽所推測,即告發者因所告不實反坐,其不服,進行乞鞫。但也不排除其他可能,例如上級主管部門覆核此案時發現疑點,要求重審"。① 但問題是,劉攽恐怕並没有將該"告故"理解爲"告發"吧。

②這個"告故者"所指的到底是哪一位呢?如果不搞清楚,就會產生關於主體理解的混亂。在"告故者"三個字確實没有問題的情況下,②"告故者"=①"告故不傷嬰者"之省稱=高祖。如此,怎麽理解"告故者(高祖)反坐梈"呢?

該句的結構是:告故者+反坐+梈。"反坐",在此是動詞,即實施反坐。這個"梈"字,即"拷"字,也是動詞,拷掠、拷訊之意。"告故者反坐",應該是説告故者高祖實施反坐。而實施這個"反坐"行爲所針對的對象,就是那個"告者"。在①中可見,被人告者高祖(即②"告故者")拒不承認自己戲而傷了人,因此夏侯嬰也作證説確實没有受傷。其結果就是,高祖是被人"誣告"的。於是,高祖按照"誣告反坐"的原則,向審案者提出實施"反坐"行爲,即以誣告罪"反坐"那個"告者"。這樣子理解是没有問題的。但是,高祖在實施"反坐"之後,再"拷"或被"拷",如此將這兩個動詞連讀起來,似乎文脈也不够順暢。如果换個思路,即將"告故者反坐"與"梈"斷開讀——將"梈"字從下讀,斷作:梈告者不服=梈告者+(告者)不服。②的困惑全部解決,此句的文意由此徹底得以貫通。

②的主體人物仍是"告故者"高祖,而"告者"是作爲其對立面出場的,也是爲了突出"告故者"的中心位置。③的理解無争議,其主體人物雖爲夏侯嬰,但其目的仍是以此手法來反襯高祖。

實際上,陳邦懷早在 1960 年代就已在其論文"獄覆"條中引用過《漢書補注》劉攽之説,並將①②斷讀如下:②

告故不傷嬰者,高祖抵言不曾傷嬰,故嬰証其實。然告故者反坐,拷告

① 楊振紅:《秦漢律"乞鞫"制度補遺》,《出土文獻與古文字研究》第 6 輯《復旦大學出土文獻與古文字研究中心成立十周年紀念文集》下册,第 507 頁。
② 陳邦懷:《居延漢簡考略》,《歷史教學》1964 年第 2 期,第 40 頁。

者,不服,故移獄覆矣。

這樣斷讀下來,整個語句顯得更加通順,相關的困惑迎刃而解,其文脈亦格外清晰。即:由於"告者不服",因此最終引發啓動"乞鞫"程序這個環節,因此纔出現所謂"後獄覆"或"移獄覆"。

這是目前所見最準確無誤的斷讀方案。在現代研究者之中,陳氏真正讀懂了劉攽之説。其引文斷讀方案的學術價值,就在於讀破②"然告故者反坐,拷告者,不服"一句,由此揭示出有關該案一個重要細節——"乞鞫"的事實真相。

陳邦懷引文並未改動《漢書補注》所引的劉攽之説原文,由此推定他所依據的底本很可能也是光緒二十六年王氏虚受堂刻本。[①] 令人遺憾的是,後來諸位學者以及上師大點校本作者,都没有提到並引用陳氏的這個斷讀。因此,儘管他們都盡力作出種種猜想,但是也未能做到辭通義順。

北宋學者劉攽最早揭示出夏侯嬰犯有僞證罪,而且揭示被《史記》《漢書》省略了的該案的"乞鞫"環節。這就是在讀通②之後所獲得的最新的學術信息。

今日之秦漢史研究者,大多未捕獲到這一新信息。尤其是,在《史記》《漢書》有關這個案子記載的白話文翻譯成果中,亦明顯可見這一點。

在此,選三種《史記》譯文(ABC)和一種《漢書》譯文(D),以比較現代學者的理解,特别是兩種下劃綫的部分。

> A. 有一天,高祖開玩笑傷了夏侯嬰,有人就告發了高祖。高祖當時是亭長,官吏傷人,要加重治罪,高祖自白没有傷害夏侯嬰,夏侯嬰證實了高祖的自白。後來這個案子又翻了過來,夏侯嬰因爲高祖的牽連,被關押一年多,挨了幾百板,終究因此開脱了高祖。[②]
>
> B. 有一次他們二人嘻笑打鬧,高祖誤傷了夏侯嬰,被人告發。高祖這時身爲亭長,做官吏的打傷人要罪加一等。高祖申訴不曾傷害夏侯嬰,夏

① 因未見《漢書補注》之"萬有文庫"本,故不知陳氏的標點是否來自於此。待確定。

② 王利器主編:《史記注譯》第3册,西安:三秦出版社,1988年,第2098頁。此部分爲曹日升注譯。

侯嬰也證明没有受傷。由於案情翻覆,再加審理,夏侯嬰因故脱高祖之罪,被關押了一年多,還挨了好幾百板子,但終於替高祖開脱了罪責。[①]

C. 有一次高祖因嬉戲打鬧誤傷了夏侯嬰,有人告發高祖。高祖當時做亭長,打傷人要罪加一等,高祖申訴不曾傷害夏侯嬰,夏侯嬰爲他作證。後來翻案覆審,夏侯嬰因受高祖牽連被關押了一年多,挨了好幾百板子,但最終替高祖開脱了罪責。[②]

D. 高祖戲謔而傷了夏侯嬰,於是有人告高祖犯法。高祖當時作爲亭長,要加重判處傷人罪,但高祖告訴説根本没有傷害夏侯嬰,夏侯嬰爲高祖作證無此事。後翻案覆審,夏侯嬰犯了僞證罪而被關押一年多,鞭打數百下,最後還是開脱了高祖。[③]

其一,在"後獄覆"的理解上,雖無太大分歧,但恐怕還是有誤解的。例如,A譯文譯者特别注釋:"獄覆:獄辭翻覆。高祖説没有傷害夏侯嬰,夏侯嬰也證明高帝没有傷害自己,而法官認定夏侯嬰是原告,因此判爲'誣告反坐'。"[④]

很顯然,其譯者並未完全沿用《索隱》所引韋昭注之説,而是推測"這個案子又翻了過來";不過,却誤將夏侯嬰視爲"原告",甚至認爲夏侯嬰被判爲"誣告反坐"。其誤讀該記載致錯的主要原因就是:没有搞清楚其中多種法律關係,混淆其各自的主體,甚至誤將夏侯嬰作爲"獄辭翻覆"的主體。

其二,D譯文根本未搞清楚"移獄覆"一語,尤其是不解"移獄"這一專門術語。

其三,關於"嬰坐高祖繫歲餘"一句,值得注意的是,D譯文"夏侯嬰犯了僞證罪"直接讀破此案的一個關鍵之處。

仔細揣摩《史記》《漢書》所載該案的上下文,可知夏侯嬰確實只是作爲證人出場的。若遵從韋昭之説,則所謂"獄辭翻覆"的主語就是文中被隱去姓名的那

① 魏連科注譯:《史記》卷95《樊酈滕灌列傳》,《全注全譯史記》下册,天津:天津古籍出版社,1995年,第2610頁。

② 安平秋分史主編:《二十四史全譯》之《史記》卷95《樊酈滕灌列傳·夏侯嬰傳》,上海:漢語大詞典出版社,2004年,第1188頁。

③ 安平秋、張傳璽分史主編:《二十四史全譯》之《漢書》卷41《樊酈滕灌傅靳周傳·夏侯嬰傳》,上海:漢語大詞典出版社,2004年,第968頁。

④ 王利器主編:《史記注譯》第3册,西安:三秦出版社,1988年,第2089頁注⑨。

個"告者"(控告高祖劉邦傷害夏侯嬰的那個人,前揭劉攽之説已提到"告者不服")。因此,以"誣告反坐"而被判有罪的,當然就是這個無名氏的"告者",絶非夏侯嬰。

程政舉在以此案討論秦漢訴訟制度時,①對韋昭之注闡述其不同看法。其分析如下:②

> 這裏的"獄覆"應做何解?[索隱]引韋昭注曰:"高帝自言不傷嬰,嬰證之。是獄辭翻覆也。"對於[索隱]引注筆者不敢苟同。既然夏侯嬰與高祖十分友好,是好朋友,已經作證證實高祖不曾傷害自己,自己也没有受到傷害,那麽,後來爲何又無緣無故的翻供,即"獄辭翻覆"呢?從該段文字記載來看,夏侯嬰没有"獄辭翻覆"的理由,高祖本人也没有"獄辭翻覆"的理由。顯然[索隱]的解釋不符合常理。《説文解字》:"覆,覂也。一曰蓋也。覂,反覆也。"可見,覆,有重之意。因此,"獄覆"應是秦漢訴訟程序中的司法驗證程序,這樣理解較符合案件的實際。因爲案經初次審訊時,高祖與夏侯嬰的證詞能相互應證,但在驗證程序中,審訊人發現了破綻,夏侯嬰本人可能是因作僞證被羈押一年多,鞭打數百下。如《二年律令·具律》(張家山漢墓竹簡第110簡):"證不言請(情),以出入罪人者,死罪,黥爲城旦舂;他各以出入罪反罪之。"但最終高祖本人還是没有受到處罰。

他雖然意識到劉邦、夏侯嬰均没有理由"獄辭翻覆",但是實際上還是没有搞清楚導致"獄覆"的主體究竟是誰,因而質疑"獄覆"在這裏解釋爲"獄辭翻覆"

① 他將該案翻譯如下:"這段話記述了漢高祖劉邦誤傷夏侯嬰的事情。先是有人告高祖傷人,高祖時爲亭長,作爲國家的一級官吏傷人要加重處罰。於是高祖向官府陳述曰,没有傷害夏侯嬰,夏侯嬰也證實自己没有受到傷害。後'獄覆',夏侯嬰因此事牽連被羈押一年多,遭受幾百次鞭打,但是,最終還是使高祖免於刑罰。"程政舉:《略論〈奏讞書〉所反映的秦漢"覆訊"制度》,《法學評論》2006年第2期,第156頁;程政舉:《漢代訴訟制度研究》,北京:法律出版社,2010年,第109頁。

② 程政舉:《略論〈奏讞書〉所反映的秦漢"覆訊"制度》,《法學評論》2006年第2期,第156頁;程政舉:《漢代訴訟制度研究》,第109—110頁。其中,引用《説文解字》處不够準確。其所引當爲"覆""覂"二字,二者應爲兩條,分别參見許慎:《説文解字》,北京:中華書局,1963年,第158頁下、上。

之合理性。必須指明的是,該“獄覆”並非一個專門法律術語,至於是否爲秦漢訴訟中的司法驗證程序,仍有可討論的空間。正確理解“獄覆”一詞,確實是理解該案案情的關鍵之處。

值得關注的是,楊振紅在重新討論該案的案情時,有如下細緻的分析:

> 劉邦和夏侯嬰關係親密,一次,兩人玩笑中劉邦失手傷了夏侯嬰,此事被他人告發。劉邦時任亭長,按照法律規定,吏傷人懲罰重於普通人。因此初審時,劉邦拒不承認傷害了夏侯嬰,“告故”的主體即劉邦。夏侯嬰作爲證人接受訊問,作僞證,也説劉邦没有傷他。由於劉邦的供辭和夏侯嬰的證詞一致,因此初審結果判劉邦無罪。由於某種原因,導致上級部門對此案進行“覆”,即“獄覆”,案子移交他縣重新審理。夏侯嬰堅持作證説劉邦没有傷害自己,結果被拘押一年多,“掠笞數百”,顯然治獄官非常希望夏侯嬰能够作證説劉邦傷害了他,以此定劉邦的罪。但夏侯嬰堅持原證詞,受盡笞掠之苦,最終使得無法改變一審判決,劉邦仍判無罪,所謂“終脱高祖”。

在此,基本上釐清了案情及其人物之間的法律關係。不僅解釋“獄覆”一詞(“上級部門對此案進行‘覆’,即‘獄覆’,案子移交他縣重新審理”),而且主張“‘獄覆’就是‘覆獄’,即上級部門進行覆核審理。‘移獄覆’即將此案移交給其他部門進行‘覆獄’”。[①] 但是,認爲“‘獄覆’就是‘覆獄’”,這個判斷恐怕不够準確。如此,則不僅没有搞清楚“移獄”一詞爲專有術語,而且有將簡單問題複雜化的傾向。

前揭論著大多將“獄覆”視爲一個法律術語,特别是陳邦懷論文專列“獄覆”一條,以此來解讀漢簡。[②] 實際上,在此必須要明確指出的是,該“獄覆”並非一個法律術語。

---

① 楊振紅:《秦漢律“乞鞫”制度補遺》,《出土文獻與古文字研究》第 6 輯《復旦大學出土文獻與古文字研究中心成立十周年紀念文集》下册,第 507 頁。

② 陳邦懷:《居延漢簡考略》,《歷史教學》1964 年第 2 期,第 40 頁。案:陳氏該文以“獄覆”解釋的居延漢簡“坐覆”一詞,實際上是不存在的。其原因就是當時勞榦所作的釋文有誤。該簡(13.6 簡)的“覆”字,今已改釋爲“乃”或“迺”字。其新釋文詳見:(1)謝桂華、李均明、朱國炤:《居延漢簡釋文合校》上册,第 20 頁。(2)簡牘整理小組編:《居延漢簡》(壹),第 44 頁。

關於漢律中所見的"覆"字，實際上沈家本早在《漢律摭遺》卷6"傳覆"條之下，就有這樣的考訂意見：①

> 覆 《爾雅·釋詁》："覆，審也。"郭注："覆校所爲審諦。"《華嚴經音義》："復謂重審察也。"《江都易王非傳》："使者即復來覆我。"顔注："覆，治也。"《王嘉傳》："張敞爲京兆尹，有罪當免，黠吏知而犯敞，敞收殺之。其家自冤，使者覆獄，劾敞賊殺人。"《鄭崇傳》："願得考覆。"《杜延年傳》："奏請覆治。"
>
> 按：覆，重審察也。《江都王傳》太子建先爲男子荼恬所告，事下廷尉，建罪不治。後其國中多欲告言者，建恐，故爲此語，言漢廷重審察我也。《王嘉傳》覆獄之文，自是正解。

由此可見，沈家本主張"覆，重審察也"，贊成《王嘉傳》"覆獄"之文爲正解。②

所謂"重審察"，就是重新展開調查，以查清案情。換句話説，即案件進入再審程序。這個"覆"的行爲，是官府所作爲的。"後獄覆"，即後來該案件翻覆，這是站在告者的立場上來講的。"移獄覆"，即移送該案另行審查處理，這是從官府的角度來説的。從這兩個方面看，"覆"，作爲動詞，"翻覆"也罷，"重審察"也好，都是可以講通的。如前所述，而"覆"的原因或者與此相關的"乞鞫"細節，在《史記》《漢書》有關該案的相關記載中，均被省略不載。

楊振紅的解讀與分析所補充案情的若干細節，雖使得案情及其處理過程更加清晰明朗起來，但對案情的理解與把握仍存有不明之處("由於某種原因")，也就是説該"高祖戲而傷嬰"案究竟是否曾爲"乞鞫"之案。

無論如何，劉攽之説所補充的"告者"被"反坐"而不服，進而啓動"乞鞫"程序的細節，是有其合理性的。如果循此思路來考慮的話，其案情就會變得更加

① 沈家本撰，鄧經元、駢宇騫點校：《歷代刑法考》第3册《漢律摭遺》卷6《囚律·傳覆》，第1479—1480頁。

② 不過，楊振紅等後來質疑沈家本的這個考訂。楊振紅、王安宇：《秦漢訴訟制度中的"覆"及相關問題》，《史學月刊》2017年第12期。

清晰起來。爲此,根據前揭學者的研究,有必要再次勾勒一下該案相關記載中不甚明瞭的法律關係。

如果進一步剖析,那麽在《夏侯嬰傳》(《史記》卷 95、《漢書》卷 41)這段"高祖戲而傷嬰"案的記載中,存在著以下三個法律關係(或者通俗地説有三個案子):

a. 高祖劉邦戲傷夏侯嬰→傷害案(A)。

加害人劉邦/受害人夏侯嬰。

b. 劉邦被某甲(姑且稱之爲"甲")告發傷害夏侯嬰,不實→誣告案(B)。

告者某甲/被告者劉邦/證人夏侯嬰。

c. 某甲不服 B 案的裁決,進而"乞鞫"→乞鞫案(C)。

告者某甲/(加害人)被告者劉邦/(受害人)證人夏侯嬰。

具體而言,可以復原被省略的細節如下:(1) 受害人夏侯嬰並沒有告發加害人劉邦,因此 A 案實際上一直没有成立。(2) B 案的成立,則緣於某甲的控告,被告就是高祖劉邦,但受害人夏侯嬰作爲證人否認曾被劉邦傷害過,致使某甲反倒成爲誣告者,B 案成立。按照"誣告反坐"的原則,某甲被定罪並獲量刑。(3) 某甲或者其家屬不服,因而進入"乞鞫"程序,遂成 C 案。然後該 C 案得以"覆",夏侯嬰因此被覊押一年多,其間雖被"笞掠數百",仍堅持不證明劉邦曾將其傷害,最終導致劉邦的傷害罪還是無法成立,而某甲的誣告罪仍不得推翻。

無論《史記》還是《漢書》,在《夏侯嬰傳》中所載"高祖戲而傷嬰"一案的中心人物,其實都是高祖劉邦,夏侯嬰不過是一個襯托而已,而那個"告者"直接就被隱去其姓名。因此,其中對案件相關情節的描述當然是有選擇性的。從法律上看,應該存在的某甲"乞鞫"這一環節及其相關的案情細節,在此均被史家省略掉了。

在復原案件的整個過程與"乞鞫"這個環節之後,可以確定"高祖戲而傷嬰"案(A 案)後來就從誣告案(B 案)發展成爲一個乞鞫案(C 案),只是最後某甲的"乞鞫"(C 案)未獲成功罷了。

如此,若根據張家山漢簡《二年律令》之《具律》114—117 簡的規定來推測,[①] 則很有可能是這樣的情況:雖然《史記》《漢書》有關"高祖戲而傷嬰"該案的記載中,没有出現"乞鞫"二字,但是該案在審理過程中確實曾有過"乞鞫"這一環節,然後纔有所謂"後獄覆"或者"移獄覆"的情況發生。

這個"覆"的環節或者制度,就是因"乞鞫"的啓動而展開的,其目的就是用來救濟冤罪。[②] 如果這樣考慮,那麽其相關案情纔比較容易得到透徹的理解。因而,若對《史記集解》的注釋采取斷然否定的態度,則恐怕是比較武斷的作法,不利於從整體上把握該案的案情。

如前所述,在《集解》所引"鄧展曰"中,"有故,乞鞫"爲鄧展注《漢書》時摘録的漢律之文,其後"高祖自告不傷人"一句,則爲鄧展對《漢書》卷 41《夏侯嬰傳》所載該案"告故不傷嬰"一句所作的解釋。鄧展之所以在此處要摘引這條律文,可能就是因爲知曉該案後來所發展出啓動"乞鞫"程序這一環節的案情。《史記集解》的作者恐怕也持有與鄧展同樣的看法,因而纔引用鄧展之説,即:以漢律"有故,乞鞫"作爲與"乞鞫"相關的資料,以"高祖自告不傷人"注釋《史記》卷 95《夏侯嬰傳》所載該案"告故不傷嬰"一句。

五、結　　論

經過以上的考察與分析,將本文所得出的結論,簡要歸納爲以下三點,以結束本文的討論。

(1) 沈家本《漢律摭遺》卷 6 所設的"故乞鞫"條,不是其所創設的,亦非直接"本於鄧展所引律",而是直接來源於杜貴墀《漢律輯證》卷 1 所設的"故乞鞫"條。據今日學者的研究成果,明確可知"故乞鞫"不是一個法律術語,因此不能獨立成爲一條,杜、沈二人對此均有誤讀。

① 張家山二四七號漢墓竹簡整理小組編:《張家山漢墓竹簡〔二四七號墓〕》(釋文修訂本),第 24—25 頁。

② 水間大輔:《秦漢時期承擔覆獄的機關與官吏》,陳偉主編:《簡帛》第 7 輯,上海:上海古籍出版社,2012 年,第 277—280 頁。

(2) 清人惠棟《九經古義》卷 8《周禮古義下》之“朝士”條的那段文字,纔是清人輯佚“鄧展曰‘律有故乞鞫’”這條漢律資料的最初源頭。

(3)《集解》引“鄧展曰:律有故乞鞫”之“有故乞鞫”,實爲一條漢律佚文。“律有故乞鞫”一句可以斷讀爲:“律:有故,乞鞫。”鄧展可能知道“高祖戲而傷嬰”案有“乞鞫”環節發生,因此摘引“有故乞鞫”這一條漢律律文。而“高祖戲而傷嬰”案中有過“乞鞫”環節的這個細節,在《史記》《漢書》的相關記載中均被省去。所幸《漢書補注》所引劉攽之説,正好可以填補上這個被省略掉的細節。

(4)《史記集解》在此處引用與“乞鞫”相關的資料,恐怕就是因爲其作者也持有與鄧展同樣的看法,即該案中曾有“乞鞫”這一環節出現,因而引用與“乞鞫”相關的資料來注釋“告故不傷嬰”一句。

順便説一下,關於“高祖戲而傷嬰”案中所見的“覆”字,沈家本、籾山明都有明瞭的解釋。近來,隨著秦漢簡中相關新資料的不斷出現,學界發表有關秦漢律中“覆”問題的研究成果。這個問題仍有一定的討論空間,限於討論主題與篇幅,本文未及展開討論,擬待有機會另文研究。

附記:本文初稿爲 2017 年“里耶秦簡與秦文化國際學術研討會”(9 月 16—17 日,湖南龍山縣里耶古鎮)論文,此次發表前又作較大修改。博士生王京瑶同學幫助校對文字,管笑雪同學翻譯英文標題、提要。謹此致謝。

2016 年 6 月 12 日初稿

2017 年 8 月 24 日修訂

2021 年 1 月 12 日定稿

於喻家山老書屋

【補　記】

在拙文定稿完成並交稿之後，又看到最新的相關研究成果，即：孫家紅新書《散佚與重現》，[①]張忠煒論文《関西大学内藤文庫藏〈漢律輯存〉校訂》。[②]

兩位博士各自分頭研究其課題，幾乎同時發表其成果，且均未看到對方的新作。其所述薛氏《漢律輯存》不同稿本及其流傳與收藏，或不謀而合，或有異見。無論如何，均與拙文的研究相關聯。爲了確保拙文最具學術前沿性，故再補記於此。

首先，圍繞《漢律輯存》一書，分別梳理其各自的高見（直接在其引文後標明頁碼，不再出注）。

（1）孫家紅在其新書第一章（“北京、東京、上海三地館藏薛允升《讀例存疑》稿本發現與研究”）中，論及《漢律輯存》稿本的成書與流傳、收藏，提供不少新信息，發表極具學術價值的見解與判斷。今簡要歸納如下。

A① 據沈家本《讀例存疑序》推知，“薛允升正是在這百餘册底稿基礎上，釐析出《漢律輯存》”等四部著作，可以説“這四部書具有同一知識源頭”。（第72頁）其中，“《漢律輯存》成書最早”，“大致應在1890年之前一二年間”。（第121頁）或如吉同鈞所言：“至於著書，共分四種。嘗謂刑法雖起於李悝，至漢始完全，大儒鄭康成爲之注釋。乾嘉以來，俗儒多講漢學，不知漢律爲漢學中一大部分，讀律而不通漢律，是數典而忘祖，因著《漢律輯存》。”（第114頁）

A② “該書目前見有兩個殘稿本，一件收藏於臺北中研院傅斯年圖書館，一件藏於北京大學圖書館善本部。前者曾於20世紀80年代經日本堀毅教授整理”發表，而“後者似迄無人問津”。[③]（第7頁注釋④）

A③ 關於“傅圖本”的流傳與收藏。依顧廷龍1935年《薛允升〈服制備考〉稿本之發現》一文所引法學家李祖蔭（1897—1963）講，《漢律輯存》稿本“蓋爲東

① 孫家紅：《散佚與重現——從薛允升遺稿看晚清律學》，北京：社會科學文獻出版社，2020年。承蒙作者惠賜，得以及時拜讀。謹此致謝。

② 張忠煒：《関西大学内藤文庫藏〈漢律輯存〉校訂》，桂濤主編：《中國古代法律文獻研究》第14輯，北京：社會科學文獻出版社，2020年，第365—444頁。

③ 以下，分別簡稱爲“傅圖本”“北大本”“堀毅整理本”。

方文化事業委員會所得”。“然據筆者考察，這部書稿連同其他日方收購的大量中文善本圖書，在抗戰勝利後爲中央研究院所接收，並在國共内戰後期運往台灣，成爲現今傅斯年圖書館的重要館藏之一”。（第74—75、133頁①）

A④“北大本”，“一册”，“黑格抄本，半頁10行，該館著録書稿作者爲薛允升”。與“傅圖本”比，“此稿較爲清楚整齊，但顯然既非定本，亦非足本，或許爲較晚抄録之部分底稿”。（第134、306頁）

A⑤沈家本《漢律摭遺自序》“爲某舍人所得”之“某舍人”，據陳瀏《振雅堂三事》“有意無意間透露該‘舍人’姓徐”。經查，“大致確定此人當爲直隸天津人徐謙（1859—?）”，其“在1900年庚子事變前，憑藉往日公交私誼，繼續獲得薛允升信任，代爲掌管——或受托幫助校訂——《漢律輯存》稿本，完全是有可能的”。（第132—133頁）

A⑥“傅圖本”“與徐氏匿藏起來的《漢律輯存》是否爲同一之物，十分令人懷疑”。又，“北大本”“是否即爲當年徐氏匿藏之物，或與後者存在某種關聯，尚屬未知”。（第134頁）

A⑦1901年，沈家本在西安與薛允升相遇，“問及各書稿狀況”，薛氏告知“當時只有《漢律輯存》一種‘存亡未卜’，其他稿本隨身携帶，並無大恙”。至薛氏在開封故去後，“其隨身携帶各書稿，惟有《讀例存疑》稿本被刑部同人帶至北京，其餘諸稿——包括《唐明律合編》《服制備考》《漢律輯存》等稿本在内——則被方連軫携去安徽”，（第122頁）“後又帶回京師”。（第134頁。下劃綫爲筆者所加）

A⑧“即此統觀傅斯年圖書館藏《漢律輯存》稿本，與上海圖書館藏《唐明律合編》《讀例存疑》《服制備考》諸稿本，筆者認爲，這批當年以‘漢律稿本’之名出現於書肆的薛氏稿本，應該屬於方連軫曾經帶往安徽的部分遺稿”。（第135頁）

（2）張忠煒論文是以七野敏光之文爲據，②“按圖索驥”，前往日本関西大学

① 孫氏其書，第75頁：“20世紀80年代，該書稿由日本學者堀毅發現，並作初步整理。”第133頁：“20世紀80年代，經日本堀毅教授發現整理，重新爲世人所知。”（筆者所加）下劃綫之兩處恐有筆誤，正確的表述是：1973年，該書稿由日本學者島田正郎發現。20世紀80年代，日本學者堀毅作初步整理。又，將“張忠煒”誤作“張忠緯”（第6頁注釋③，第133頁，第308頁）。

② 桂濤主編：《中國古代法律文獻研究》第14輯，第376頁“附記”。七野敏光：《九朝律考および漢唐間正史刑法志》，滋賀秀三編：《中國法制史——基本資料の研究》，東京：東京大学出版会，1993年，第170頁注釋(6)。另，第376頁注釋③，張忠煒説：“孫家紅近來（轉下頁）

圖書館,就其"内藤文庫"所藏《漢律輯存》稿本一册展開調查而完成的。包括三個部分：一、"内藤文庫藏《漢律輯存》稿本初探(代解題)",二、"圖録之部"(部分原稿圖版),三、"校訂之部"(張忠煒校訂本)。現梳理、摘録其相關信息與意見如下。

B① 関西大学"内藤文庫"藏《漢律輯存》稿本,爲内藤湖南之子内藤乾吉藏書。一册"綫裝,高 16.6 釐米,寬 16.2 釐米,紅格,四周雙欄,半頁 12 行。稿本不題撰者姓名",與"傅圖本"參看,"可確定爲薛允升遺作,且殆可視爲修訂本"。①(第 366 頁)

B② 1973 年,島田正郎發現"傅圖本",並委托堀毅整理。"此稿本塗抹增删衆多,貼條、附箋亦頻頻見之,應爲初稿本,整理極其不易"。(第 367 頁)

B③ "初稿本、修訂本均有目録,但與沈增植代筆的《漢律輯存凡例》有别",經比較可知,"傅圖本"與"文庫本""當出一脈,似分屬初稿本與修訂本";沈氏代撰的"凡例","大概是發凡起例之際所確定下來的,故與此稿最終呈現的目録面貌有别"。(第 368 頁)

B④ 薛允升自述:"近人説經多搜存漢學。……則漢儒無不習律者。漢律在今亦漢學也,而散失殆盡,學者何以忽諸? 因廣加搜剔,綴録成編,名曰《漢律輯存》若干卷。蓋漢律九章,定於蕭何;何自造三章,餘六章即是李悝《法經》。《漢書·藝文志》不載《法經》,以並於漢律也;存漢律,《法經》亦賴以存矣。"另,吉同鈞《薛趙二大司寇合傳》亦引薛允升語。(第 367 頁。按：吉氏所引,在此略去,同前揭孫家紅書 A①第 114 頁)

(接上頁)發現了《秋審略例》以及内藤文庫所存《漢律輯存》。"此處有筆誤? 查：孫家紅《歷盡劫灰望雲階——薛允升遺著〈秋審略例〉的散佚與重現》(《法制史研究》第 24 期,2013 年)一文,及其新作《散佚與重現——從薛允升遺稿看晚清律學》(將 2013 年此文收入,作爲第五章),均未提到曾發現"内藤文庫所存《漢律輯存》"一事。目前,日本関西大学圖書館"内藤文庫"藏有《漢律輯存》一册,仍以七野敏光之文所揭爲最早。再者,七野敏光論文注釋(6):"関西大学内藤文庫收藏《漢律輯存》一册。其爲每半葉 12 行、每行 20 字的抄本。是内藤乾吉氏舊藏之書(有'内藤乾藏書'印一顆)。在同抄本中,插入有或被認爲是用於抄寫之底本(?)的照片,可以認出被寫在其格紙版心部分的'青雲齋'三個字。作爲稀見書之介紹,特別注記下來。"參看張忠煒論文第 366 頁圖 1"文庫本《漢律輯存》所見内藤乾吉藏書印"、第 373 頁圖 3"内藤文庫本所附傅圖稿本書影"。

① 以下,簡稱爲"文庫本"。

B⑤“内藤乾吉收藏薛允升稿本之經過,已不可知。他以中國法制史爲研究重心,或許是其購藏的重要原因。”①《唐明律合編》稿本,據其上所見的三方藏書印,可以推測“似先後經由徐世昌(?)、曹秉章、内藤乾吉遞藏”。《漢律輯存》稿本,“可能來自何處呢”? 其上“僅見乾吉藏書印,無從入手”,而其“遞藏順序,是否一如《唐明律合編》,缺乏證據,姑置不論”。(第 375、376 頁)

B⑥“就《漢律輯存》而言,沈家本説此書‘爲某舍人所得,匿不肯出,百計圖之,竟未珠還,良可惋惜’,透露出此舍人身份特殊,似曉其姓名而不明説,不排除其即爲身居高位且受袁世凱器重之徐世昌”。(第 376 頁)

B⑦“蒙顧莉丹編輯告知,北京大學圖書館亦藏有《漢律輯存》稿本一册。”但是,“未著録於《北京大學圖書館藏古籍善本部書目》”。經查,獲得相關信息如下:“北大本左右雙邊,半頁十行,單魚尾,白口,有頁碼,鈐‘國立北京大學藏書’印一枚。據借閲信息可知,此本最早由‘朱頤年’借出,惜無借出時間;最早借出日期爲‘1942 年 7 月 7 日’,由此可確定此本入藏的最晚時間。就内容而言,有目録一頁,至‘義至求襄老之尸寫完’終結,與傅圖本、文庫本如出一轍;從個別書影看,三個抄本關係密切,承繼痕迹清晰可見:傅圖本→文庫本→北大本。不同的是,北大本稱引文獻幾乎不載出處,且正文與注文刻意進行區分(字號同),不相混;另外,該本天頭、正文中,或有小字墨筆批校,或訂正字誤,或補充史料,等等。何時能進行互校,遥不可知。”(第 377 頁“補白”)

B⑧“凡士之治有期日,期内之治聽,期外不聽”條,校訂者按:“此條出自惠棟《九經古義》八卷。”②(第 438 頁注釋①)

其次,在比較以上兩者所論的基礎上,談幾點粗淺的認識,以期有益於將來的進一步討論。

第一,《漢律輯存》一書,是薛氏系列律學研究成果的有機組成部分之一,“成書最早,大致在 1890 年之前一二年間”(A①),其撰著原因,正如薛氏自述所説(B④)。而依 B④所揭,A①吉同鈞所言實爲吉氏引用薛氏自述之言。

① 不知何故,趙晶《論内藤乾吉的東洋法制史研究》(《古今論衡》第 32 期,2019 年)一文未提及“文庫本”《漢律輯存》之事。

② 按:此點正與拙文所論相合。

第二,今見該書殘稿本(第一至三卷)有三,可暫定其承繼關係爲:"傅圖本"(初稿本)→"文庫本"(修訂本)→"北大本"(非定本)(A④、B⑦)。其中,目前"文庫本""北大本"的流傳綫路不詳,待考。僅"傅圖本"的流傳與收藏、整理,可清理出片斷的綫索(A③):

1930年代,出現於上海書肆→或被某人買走(?)帶到北京,入藏日本"東方文化事業委員會"→1945年後,爲"中央"研究院所接收→國共内戰後期,運往台灣、入藏傅斯年圖書館→1973年,日本學者島田正郎發現→1982年,日本學者堀毅整理後發表。[①]

此外,正如張忠煒論文所祈禱的,[②]在未來某個時候,期待其另外一册(第四至六卷)出現,以展示薛氏此書完本之全貌。

第三,關於"傅圖本""文庫本",其部分書影已在張忠煒這篇論文中發表,且今已有堀毅整理本、張忠煒校訂本。而"北大本"的書影既未刊發,也没有作過整理本。若將來有可能的話,則應該考慮將這三個殘稿本的圖録一起全部發表,同時配有各自的整理本。在此基礎上,纔能重新考察三者之間的承繼關係,進而客觀評價《漢律輯存》一書的學術价值。

第四,A⑦兩個下劃綫部分之間,似乎有矛盾。A⑧再次重申,並闡述兩個方面的考慮。尤其令人不解的是,推知"與某舍人匿藏的《漢律輯存》也存在雷同之處"的説法。"某舍人匿藏的《漢律輯存》"究竟是哪一個稿本?因此,有關方連軫携帶去安徽之書稿中含有《漢律輯存》的推測,仍需繼續尋找更爲直接的證據鏈。

第五,關於沈家本所言"某舍人",兩位博士均推測爲"徐"姓者。相對而言,A⑤之説較之B⑥之説更有説服力。但其究竟是"徐謙"還是"徐世昌",仍有待發現新資料以進一步坐實。

由此可見,雖然暫且形成一定的共識,但是仍存留有若干的疑問與不解之處,可以留待今後有機會發現新材料之後再討論。

① 此前,堀毅亦曾談及"傅圖本"的流傳路綫:"由於此書僅僅是個草稿,歷經第二次世界大戰等風雲多變的歲月,從華北輾轉到台灣,中間有許多人經手,保存得非常不好。"(堀毅:《秦漢法制史論考》,第400頁)

② 桂濤主編:《中國古代法律文獻研究》第14輯,第372頁。

最後,順便要補充的是,根據堀毅的梳理可知,日本學者關注到《漢律輯存》的有瀧川政次郎、仁井田陞、守屋美都雄,西方的則有荷蘭學者何四維。其中,最爲主要者是瀧川政次郎。他1923年發表在《東亞》第6卷第12號上的《近代中國法制史研究素描》一文,當爲最早的研究成果,但該文未得見讀。堀毅介紹説:正如瀧川該文中所述,《漢律輯存》"被人們視爲瞭解清末秦漢律研究的珍貴文獻,從很早就以爲它是佚書"。①

今日有幸得以拜讀的,則是瀧川氏的另一篇重要論文《關於近世的漢律研究》。其中,在談到《漢律輯存》亡失之時,有如下一段文字進行辨析兩説(下劃綫爲筆者所加):②

> 及光緒末年,刑部尚書薛允升作成輯佚漢律佚文的名爲《漢律輯存》的專書,但該書亡失未傳於今。張鵬一的《漢律輯纂》("叙例")及程樹德的《漢律考》("序")説,薛氏之書在庚子之亂時燒毁了。而沈家本的《漢律摭遺》("序")説,"爲某舍人所得,匿不肯出,百計圖之,竟未珠還"。若據我直接聽前北京臨時政府最高法院院長董康所説的,則後者之説似乎屬實。

在此,瀧川氏聽聞董康之説及由此所作的判斷,是一條極其珍貴的史料。這條資料很少引起研究者的注意,在今後的相關研究中值得予以重視。

2021年2月4日於天津新港

〔作者李力,中南財經政法大學法學院教授〕

① 堀毅:《秦漢法制史論考》,第394、399頁。
② 瀧川政次郎:《近世の漢律研究について》,《史學雜誌》第52卷第4號,1941年,第380、381頁,第384頁注〔八〕〔九〕。按:引文括弧中的"叙例""序",見其注〔八〕。翻譯此段時直接增補,以貫通文意。下劃綫部分,其有注〔九〕:"拙文《燕滬遊記》,《社會經濟史學》第4卷第1號,119頁。"

Re-analysis of "The Law Said Qi ju can be Raised for Reasons" Quoted in *Shi ji Ji jie*

Li Li

Abstract: The "Gu Qi ju" term in volume 6 of Shen Chia-pen's *Han-lü chih-i* is derived from the first volume of Du Guichi's *Han-lü Jizheng*, which is all caused by a misunderstanding of the term "Gu Qi ju". The *Shi ji Ji jie* quoted "Deng Zhan said: The Law said Qi ju can be raised for reasons", the sentence "Qi ju can be raised for reasons" is a lost article of the Han Law, and its original source is Hui Dong's *Jiu jing Gu yi* volume 8 from the Qing Dynasty. Wang Hsien-ch'ien's *Han shu pu-chu* quoted Liu Ban's remarks, which can supplement the procedure of "Qi ju" that was omitted in the relevant records of the case "Gaozu hurt Xiahou Ying by fighting playfully". And the purpose of *Shi ji Ji jie* quoting the "Qi ju" term is also to annotate the sentence "arguing that he intentionally did not harm Xiahou Ying".

Keywords: *Shi ji Ji jie*; Qi ju; Shen Chia-pen; Han Law; Dengzhan

《中外論壇》2021 年第 3 期
2021 年 9 月,第 45－68 頁

保辜制度新論*

周東平

提　要: 保辜制度是中國古代一項頗具特色的刑法制度,素爲學術界所關注,然而並非題無剩義。通過比較學界對“保辜”之含義的不同理解,辨析“保辜”之性質,澄清學術界對保辜的一些誤解;通過保辜制度與英美法系一年零一日規則的比較,探析東西方法律制度在規範傷害行爲致隔時死亡情形的設計原理、制度異同及其優劣性,闡明保辜制度不僅與中國傳統法律精神存在著内在契合性,而且較之一年零一日規則毫不遜色,甚至更具合理性和可操作性。最後,依據現代法原理,針對隔時死亡的東西方傳統立法原理和技術對我國現代法弘揚保護被害人的精神,注意平衡侵害人、被害人與國家之間的利益關係,以及在刑法、刑事訴訟法中增設有關隔時死亡規定的啓示與借鑒價值予以闡發。

關鍵詞: 隔時死亡;保辜;一年零一天規則;異同;借鑒

---

* 本文是筆者結合近年最新研究對舊文《保辜制度與一年零一天規則的比較研究》(與張艷合撰,載戴建國主編:《唐宋法律史論集》,上海:上海辭書出版社,2007 年)的進一步補充修訂。

一、中國古代“保辜”之“辜”的字義辨析

何爲保辜？目前因對保辜之“辜”的字義學術界有不同理解，造成某些保辜定義可能存在偏差，故需辨析、澄清。

（一）“辜”釋爲“罪”

“辜”的字義通常釋爲“罪”，《説文解字》“辛部”：“辜，罪也。從辛古聲。”如《尚書·虞書》曰：“與其殺不辜，寧失不經。”《漢書·楚元王傳》亦有“伏辜”之語。《唐律疏議》“犯罪共亡捕首”條答曰：“律稱‘獲半以上首者，皆除其罪’，甲乙共亡者，甲能獲乙，逃罪已盡，更無亡人，獲半尚得免辜，況其逃亡全盡，甲合從原。”①王元亮《釋文》：“免辜〔音孤。謂罪也。〕”②又，孫奭等撰《律音義》：“辜〔音孤。罪也。〕”③都是這種用法。在漢代以後的文獻中，也看到將保辜之“辜”釋爲“罪”。《漢書·宣帝紀》詔曰：“今繫者，或以掠辜，若飢寒瘐死獄中，何用心逆人道也！朕甚痛之。”《急就篇》：“疻痏保辜謕呼號。”師古曰：“保辜者，各隨其輕重，令毆者以日數保之。限内致死，則坐重辜也。”明代應檟《大明律釋義》卷20“保辜限期”釋義曰：“保，養也；辜，罪也。……此保辜之限也。官府隨其傷之輕重立限，責令犯人醫治，候限滿之日乃定罪，故曰保辜。”《大清律輯注》繼承此説：“保，養也；辜，罪也。保辜謂毆傷人未致死，當官立限以保之。保人之傷，正所以保己之罪也。”④清凌銘麟《律例指南·論人命》亦云：“人命中保辜一事，辜者罪也，令有罪之人自保其罪，以塞他日之辨端，且以救此時之覆轍。”亦將辜直接等同於罪。錢大群《唐律疏義新注》：“辜，罪，罪過。”⑤同此解釋。

① 長孫無忌等撰，劉俊文點校：《唐律疏議》卷 5《名例》“犯罪共亡捕首”條，北京：中華書局，1983 年，第 107 頁。按：本文下引唐律均據此版本。方括弧〔 〕内爲原注。不再一一標注具體頁碼。

② 《唐律疏議》附録《釋文》卷 5《名例》。

③ 《唐律疏議》附録《律音義·鬬訟》。

④ 沈之奇撰，懷效鋒、李俊點校：《大清律輯注》卷 20《刑律·鬥毆》“保辜限期”條，北京：法律出版社，2000 年，第 722 頁。

⑤ 錢大群：《唐律疏義新注》卷 21《鬥訟》“同謀不同謀毆傷殺與亂毆傷殺”條，南京：南京師範大學出版社，2007 年，第 670 頁。

也有把保字解釋爲保留，而將辜釋爲罪名的，如元徐元瑞《吏學指南·獄訟》："保辜者，即保其罪名也，謂傷損於人也，依例保辜。"劉俊文也説："按保辜者，保留罪名之謂也。"①

雖然"辜"字原義是"罪"，但從傳世文獻有掠辜、辜限、辜内、辜外等用法來看，將保辜之"辜"完全等同於辜進而釋爲罪的説法，難以圓通。

（二）"辜"釋爲"息"

保辜之"辜"應釋爲"息"。蔡樞衡不同意上述保辜之"辜"釋爲"罪"的意見，認爲：《清律》注解者不知辜是借字，解釋保辜爲保罪是不正確的。《説文解字》："保，養也。"蔡樞衡《中國刑法史》："辜和𦤎同音，辜借爲𦤎。"《集韻·模韻》："𦤎，息也。"保辜就是保𦤎，保息，亦即保養生息，限期養傷。② 對此，張伯元批駁："辜借爲𦤎，𦤎字之出，無據。"③而且，從簡牘中有"傷辜""以辜死"（詳見下文）等用法來看，顯然既難以用"罪"來解釋，也難以解釋爲蔡樞衡所認爲的保息。

（三）"辜"釋爲"保任"

保辜之"辜"原字應作"嫴"，釋爲"保任""責傷"；"辜"爲通假字，俞正燮《癸巳存稿》："嫴是罪人别任狀，漢律假辜爲嫴耳。"《説文解字》"女部"："嫴，保任也。從女，辜聲。"明周祈所著《名義考·人部·保辜規避》云：

> 律文有曰"保辜"，有曰"規避"，其義未詳。《説文》：嫴，保任也。則保辜之辜當作嫴，謂（被）毆者死生未決，令毆之者保任之，俟其平復與否，然後坐罪也。

這一解釋得到後來多數學者的贊同。清段玉裁《説文解字注》引《急就篇》：

> "疻痏保辜謕呼號"師古曰："保辜者，各隨其輕重，令毆者以日數保之。

① 劉俊文：《唐律疏議箋解》卷21《鬭訟》"保辜"條，北京：中華書局，1996年，第1483頁。
② 蔡樞衡：《中國刑法史》，北京：中國法制出版社，2005年，第195頁。
③ 張伯元：《出土法律文獻叢考》，上海：上海人民出版社，2013年，第33頁。

限内致死，則坐重辜也。”按：“保辜，唐律、今律皆有之。辜者㱟之省，㱟與保同義疊字。師古以坐重辜解之，誤矣。《春秋公羊傳》注曰：古者保辜。鄭伯髡原爲大夫所傷，以傷辜死。君親無將，見辜者，辜内，當以弒君論之；辜外，當以傷君論之。辜皆當作㱟。原許君（許慎）之義，實不專謂罪人保㱟，謂凡事之估計豫圖耳。”

在“辜者㱟之省，㱟與保同義疊字”的意義上，《蒼頡篇》所謂“幣帛羞獻，請謁任辜”的“任”“辜”大約與此同義吧。又，清俞正燮《癸巳存稿》“㱟”條：

今案：《漢書·宣帝紀》詔曰：“今繫者，或以掠辜，若饑寒死獄中，朕甚痛之。”則以掠後死者，亦計辜期。然則辜者，自爲責傷義，與漢律保辜，均是㱟文之省。《説文》“辛部”辜云罪也；“女部”㱟云保任也。依《公羊注》有辜内、辜外；《漢紀》有掠辜死獄中；《表》有坐棄市，應是㱟無疑。蓋辜是罪，㱟是罪人别任狀，漢律假辜爲㱟耳。顔師古注《急就》保辜云，限内坐重辜，如此，則保爲任，辜爲罪，與辜内、辜外文不合，應云辜内坐重罪則合矣。

沈欽韓《漢書疏證·翟方進傳》“多辜榷爲奸利者”條：“《説文》：㱟，保任也。此即保辜之辜。”

這樣，就把辜與㱟的字義及用法區别清楚，也顯示前兩種解釋存在的偏差。對此，陶安指出，㱟不限定於罪人的“保辜”，而具有更廣泛意義的“保任”，誠爲卓見。正如《秦律十八種》的“徭律”（116簡）和《秦律雜抄》（40簡）分别使用“令結（㱟）堵卒歲”和“令姑（㱟）堵一歲”那樣，作爲“保任”之意，㱟假借爲“結”和“姑”，由此可知段玉裁的洞察力，以及許慎的訓詁具有古老的起源。[①]

（四）“辜”釋爲“故”

辜即故，是刑事案件中表示因果關係的用語。冨谷至注意到《二年律令》

① 陶安あんど：《秦漢刑罰体系の研究》，東京：創文社，2009年，第419頁。參考李力：《張家山247號墓漢簡法律文獻研究及其述評（1985.1—2008.12）》，東京：東京外國語大學アジア・アフリカ言語文化研究所，2009年，第153—157頁。

"鬬傷人,而以傷辜二旬中死,爲殺人"(24簡)中的"傷辜",以及"辜死"(39簡、48簡),"所謂辜乃故,即原因之意"。並舉《史記·屈原賈生列傳》"亦夫子之辜也",索隱"《漢書》辜作故"和《公羊傳·襄公二十五年》"吴子謁何以名?傷而反,未至乎舍而卒也",何休注"以名卒間無事,知以傷辜死。……辜内,當以弑君論之;辜外,當以傷君論之"等爲證。①

陶安還注意到《二年律令·賊律》"以辜死""以毆笞辜死"(39簡、48簡)的句式,與秦簡《法律答問》"人奴妾治(笞)子,子以胋死,黥顏頯,畀主"②中的"以胋死"(74簡)相同,甚至《二年律令·置後律》"以其故死"(369簡)也與之有高度近似性。他進一步指出,因張家山漢簡的出現,已經證明睡虎地秦簡整理者對"以胋死"的原注解是錯誤的:"胋"非"枯",應爲"辜"或"故"。③ 並從不同角度擴大了探討範圍。

(五)小結

綜上,保辜之"辜"應注意與"嫴"的區别,此種場合下的"辜"不宜解釋爲保罪或保息,解釋爲通假"嫴"即保任較符合古意。但細究"辜"即"故"的使用法,這種"因何原因"而出現死亡等不利結果的用法,實可以成爲理解後世所謂保辜制度的出發點。亦即初期的"嫴"通假"辜","辜"與"故"同,皆爲原因之意;隨著法律規制傷害行爲與死亡結果之間關係需要的發展,逐漸設計出有關傷害行爲時皆用"嫴(辜)"予以表意保任。"辜"與"嫴"通,原義爲罪,如伏辜、無辜,也有原因之義;轉而可以用於表示一般意義的保辜之"嫴"。

此外,也有人認爲:保辜有時間段的辜限,如辜内、辜外;甚至某種意義上引申爲僅具有醫療利益的保辜之意,則引申得更遠了。

如認爲:辜,古代法律術語,也用作爲"保辜"或"辜限"的省寫語,且秦已有"辜限"之制。④ 如《唐律疏議》"保辜"條疏議曰:"凡是毆人,皆立辜限。""兵刃

---

① 冨谷至編:《江陵張家山二四七號墓出土漢律令の研究 譯注篇》,京都:朋友書店,2006年,第17頁;京都大學人文科學研究所簡牘研究班編:《漢簡語彙——中国古代木簡辞典》,東京:岩波書店,2015年,第141頁。

② 秦簡"法律答問"(74)。注釋者認爲:"胋,讀爲枯,《淮南子·原道》注:'猶病也'。"睡虎地秦墓竹簡整理小組編:《睡虎地秦墓竹簡》釋文部分《法律答問·74簡》,北京:文物出版社,1990年,第110—111頁。

③ 陶安あんど:《秦漢刑罰体系の研究》,第416—417頁。

④ 張伯元:《出土法律文獻叢考》,第26頁。

斫射人”條疏議曰:“故保辜止保其母,不因子立辜,爲無害子之心也。”傳世文獻也有辜内、辜外的説法。

甚至認爲:唐代康失芬口中的“情願保辜”與保辜的制度内涵大相徑庭。傷人之後予以醫治,當然也是人之常情。而這種人之常情乃至於法律運作之外的民間實踐,自然也會促使“保辜”理解的異化。或許正是因爲這種民間理解持續發生影響,最終在明代改變了保辜在《大明律》中的制度内容。[①]

二、傷害行爲致隔時死亡的東西方法律制度設計

(一)中國古代保辜制度的産生、發展概論

1. 産生背景。保辜制度産生於中國古代社會,與傳統法律禮刑結合、法律泛道德化的特徵密不可分。保辜制度以其保任的結果,或者“因何原因”而導致的最終結果,作爲定罪量刑的關鍵標準,注重侵害人對被害人的保任義務,即重視法律義務與倫理道德義務的統一,充分體現該制度的道德色彩和倫理本位,故被視爲中國傳統法律特徵的重要體現。

2. 起源争議。保辜制度起源的準確時間尚無法考實。歸納起來,大致有以下幾種意見:

(1)起源於西周説。蔡樞衡先生認爲東漢何休所謂的“古者保辜”當必有所本,並推測保辜制度可能首創於西周,很可能是成康時代的新猷。[②]

(2)起源於春秋説。東漢何休注《公羊傳·襄公七年》時,即用保辜之制來解釋“鄭伯髡原何以名?傷而反,未至乎舍而卒也”,似乎春秋時期已有此制。清末薛允升支持此説。[③] 劉俊文也因此“可知保辜乃古法,周秦之際已經有之”。[④] 但

① 趙晶:《唐代“保辜”再蠡測——〈唐寶應元年六月康失芬行車傷人案卷〉再考》,《敦煌吐魯番研究》第 16 卷,上海:上海古籍出版社,2016 年。但筆者對《大明律》之所以發生的保辜制度内容的變化,更傾向於少數民族的養贍資、燒埋銀等制度影響所致(詳見下文)。

② 蔡樞衡:《中國刑法史》,第 196 頁。

③ 薛允升撰,懷效鋒、李鳴點校:《唐明律合編》卷 21,北京:法律出版社,1999 年,第 575—576 頁;奥村郁三編:《薛允升唐明律合編稿本》(下),大阪:関西大学出版部,2003 年,第 251—254 頁。

④ 劉俊文:《唐律疏議箋解》卷 21《鬬訟》“保辜”條,北京:中華書局,1996 年,第 1484 頁。

蔡樞衡明確指出，襄公七年所記鄭伯髡原之事顯然與保辜制度無關。[①]

（3）起源於秦朝説。鄭顯文認爲"保辜制度在秦代已有存在的可能性"，《睡虎地秦墓竹簡》中的"比疻痏"與漢代的"疻痏保辜"之間可能存在著聯繫。[②]朱紅林也認爲"保辜"制度很可能在秦律中就已經出現了，而且不限於鬥毆殺傷。[③] 此説近年至少得到前引張伯元、冨谷至、陶安等的力證和支持。

（4）起源於漢朝説。上述（1）（2）兩説多屬推測之詞；（3）秦朝説頗有可能。而史有明文的保辜制度至少可以追溯到漢代。這個意見也是通説。[④]《急就篇》顔師古注："保辜者，各隨其狀輕重，令毆者以日數保之。限内致死，則坐重辜也。"《漢書・高惠高后文功臣表》也載有嗣昌武侯單德"元朔三年（前 126 年），坐傷人二旬内死，棄市"。[⑤] 並且，出土漢簡（如居延簡 E. P. F22: 326、E. P. S4. T2: 100 和 79. D. M. T5: 181, D220，馬圈灣等）也發現與保辜相關的資料。據此可知漢代確有保辜制度，其保辜期限是視具體情況以日數保之，或爲一旬，或爲二旬。

3. 制度定型。保辜制度經過魏晉南北朝的發展，如晉律"諸有所督罰，五十以下鞭如令，平心無私而以辜死者，二歲刑"，[⑥]到唐代已臻完備。玆引《唐律疏議》有關保辜的規定：

（1）"保辜"條：諸保辜者，手足毆傷人限十日，以他物毆傷人者二十日，以刃及湯火傷人者三十日，折跌支體及破骨者五十日。〔毆、傷不相須。餘條毆傷及殺傷，各准此。〕限内死者，各依殺人論；其在限外及雖在限内，以他故死者，各依本毆傷法。〔他故，謂别增餘患而死者。〕

（2）"兵刃斫射人"條：諸鬭以兵刃斫射人，不著者，杖一百。若刃傷，及折

---

① 蔡樞衡：《中國刑法史》，第 195—196 頁。

② 鄭顯文：《從〈73TAM509：8（1）、（2）號殘卷〉看唐代的保辜制度》，韓延龍主編：《法律史論集》第 3 卷，北京：法律出版社，2001 年，第 202—203 頁。

③ 朱紅林：《張家山漢簡釋叢》，《考古》2006 年第 6 期，第 58 頁。

④ 程樹德：《九朝律考》卷 1《漢律考四》"保辜"條，北京：中華書局，1963 年，第 110 頁；仁井田陞：《唐律に於ける通則的規定の來源》，《東方學報》（東京）第 11 册之 2，1940 年；後修訂並改題爲《唐律に於ける通則的規定とその來源》，收入氏著：《補訂 中國法制史研究・刑法》，東京：東京大学出版会，1959 年，第 213 頁。

⑤ 此兩條史料，程樹德《九朝律考》卷 1《漢律考四》"保辜"條（第 110 頁）均已引用。

⑥ 李昉：《太平御覽》卷 650《刑法部十六》，北京：中華書局，1960 年，第 2907 頁下。

人肋，眇其兩目，墮人胎，徒二年。〔墮胎者，謂辜内子死，乃坐。若辜外死者，從本毆傷論。〕疏議曰：……注云："墮胎者，謂在辜内子死，乃坐。"謂在母辜限之内而子死者。子雖傷而在母辜限外死者，或雖在辜内胎落而子未成形者，各從本毆傷法，無墮胎之罪。……故保辜止保其母，不因子立辜，爲無害子之心也。

(3)"毆人折跌支體瞎目"條：諸鬭毆折跌人支體及瞎其一目者，徒三年。辜内平復者，各減二等。即損二事以上，及因舊患令至篤疾，若斷舌及毀敗人陰陽者，流三千里。

(4)"畜産觝蹹齧人"條：疏議曰：……其畜産殺傷人，仍作他物傷人，保辜二十日，辜内死者，減鬭殺一等；辜外及他故死者，自依以他物傷人法。

可見唐律根據傷人手段和傷害程度的不同設立不同辜限並予以相應處罰。[①] 傷害程度和結果是鬥毆的重要科刑基準，其確定往往需要經過一定的時間("辜限")，之後再對傷害結果予以認定是比較合理的，只有辜限到達之日方可準確定罪量刑。

4. 制度流變。保辜制度在唐以後，被《宋刑統》《大元通制》繼承，《折獄高抬貴手》《洗冤集録》等也有反映。元代還有一個例外規定，即"諸以他物傷人，傷毒流注而死，雖在辜限之外，仍減殺人罪三等坐之"。[②]

明律亦承襲之，但"保辜限期"條略有更改：手足毆傷人的辜限提高到 20 天；明確責令犯人醫治被害人傷情。[③] 此外，"鬥毆"條還明確規定："瞎人兩目，折人兩肢，損人二事以上及因舊患令致篤疾，若斷人舌，及毀敗人陰陽者，並杖一百，流三千里。仍將犯人財産一半，斷付被傷篤疾之人養贍。"[④]此種養贍資制度，頗受元朝蒙古族"養贍之資""燒埋銀"等注重賠償主義規定的影響，可以視爲我國刑事附民事賠償制度的一個淵源。

---

① 對唐代保辜制度的詳細解説，可參見黄清連：《説"保辜"——唐代法制史料試釋》，中國唐代學會主編：《第二屆國際唐代學術會議論文集》(下册)，臺北：文津出版社，1993 年。

② 《元史》卷 105《刑法志四·殺傷》，北京：中華書局，1976 年，第 2675 頁。

③ 劉惟謙撰，懷效鋒點校：《大明律》卷 20《刑律·鬭毆》"保辜限期"條，北京：法律出版社，1999 年，第 160—161 頁。也有人猜測：保辜走向强調醫療利益的這種異化程度漸次加重，到達了質變的階段，就出現了《大明律》"凡保辜者，責令犯人醫治"的條文。參見趙晶：《唐代"保辜"再蠡測——〈唐寶應元年六月康失芬行車傷人案卷〉再考》，《敦煌吐魯番研究》第 16 卷，第 198 頁。

④ 《大明律》卷 20《刑律三》"鬥毆"條，第 160 頁。

此外，明代《問刑條例》還有“餘限”的規定，延展了明律規定的辜限：“鬥毆傷人，辜限内不平復，延至限外，若手足、他物、金刃及湯火傷，限外十日之内；折跌肢體及破骨、墮胎，限外二十日之内。”如被害人確係因原傷身死，對被告也要處以殺人罪。[①] 限外的延長部分雖稱“餘限”，以示與明律規定的“正限”相區別，但實際上延長了辜限。這或可認爲保辜制度迤邐到明清，醫療水平有所提高的結果。

清沿明制，但保辜制度的文字表述更爲明晰，内容上也稍有變更。[②] 至《大清新刑律》，遂被廢除。

5. 性質與分類。保辜制度是中國古代刑法規範傷害類案件、尤其與隔時死亡之間關係的一項頗具特色的法律制度。其基本内涵是指發生傷害之後，因被害人傷情未定，在侵害人承認毆人之傷、願意保任的前提下，由官府驗明傷情，規定一定的期限（辜限），責令侵害方治療被害人，在辜限屆滿時，視被害人具體傷害結果再對侵害人定罪量刑。詳言之，如果被害人在受傷害後的辜限内死亡，則認爲毆傷是其直接原因，對侵害人應以毆人致死論（不是按現代刑法的傷害致死論處，而是“各依殺人論”）；若在辜限外死亡，或雖在辜限内却由於其他原因而死亡的，則認爲毆傷與死亡之間没有直接因果關係，對侵害人應以毆人致傷論，即“各依本毆傷法”，按傷情不同分别處理。[③]

當代學者根據保辜制度具體内容的不同，運用刑法理論對其定性並劃分類型。

如仁井田陞將保辜視爲“結果加重犯”。[④] 對此，布目潮渢認爲，在漢代，比起解釋爲加重的原因，毋寧説是與殺人同樣處理，應注意其在著眼於生命喪失

---

① 參見黄彰健編著：《明代律例彙編・刑律》“保辜期限”條，臺北：中研院史語所，1994 年，第 827—830 頁。

② 詳見谷井俊仁：《大清律輯註考釈（二）》，《人文論叢：三重大学人文学部文化学科研究紀要》第 17 號，2000 年，第 34—41 頁。

③ 參見閆曉君：《秦漢時期的損傷檢驗》，《長安大學學報（社會科學版）》2002 年第 1 期；收入氏著：《出土文獻與古代司法檢驗史研究》，北京：文物出版社，2005 年，第 34 頁。

④ 仁井田陞：《唐律に於ける通則的規定の來源》，《東方學報》（東京）第 11 册之 2，1940 年；後修訂並改題爲《唐律に於ける通則的規定とその來源》，收入氏著：《補訂 中國法制史研究・刑法》，東京：東京大学出版会，1959 年，第 212—213 頁。他又認爲：“傷害致死（保辜）是古來刑罰加重的原因。”氏著：《中國法制史》，東京：岩波書店，1952 年，第 79 頁。

的客觀結果上，古代法與近代法的區别點。[①] 换言之，秦漢刑法中區分的賊殺、鬥殺、過失殺人等類型(乃至後世所謂的七殺)，與近現代刑法觀念下基於主觀行爲要素上故意的不同的殺人、傷害是存在區别的，尤其所謂傷害致死這種結果加重犯。可見，保辜側重於行爲的結果，不以行爲人的主觀意志即行爲的犯意作爲區分標準，采取客觀主義，對殺人和傷害兩種犯罪類型僅以行爲所導致的結果作爲判斷的依據。在這一點上，其與現代刑法犯罪構成理論是有區别的。但又通過設立辜限，調和了絶對的客觀結果主義。

戴炎輝在仁井田陞意見的基礎上，將保辜進一步劃分爲三種類型："雖同稱爲保辜，但從現代刑法觀點(看)，有因果關係的、處罰條件的及減刑的保辜三種"，並予以申述。[②] 鄧劍光等人仍繼承此説，只是將處罰條件的保辜改稱爲想象競合之保辜而已。[③] 也有學者將保辜制度二分爲倫理説之保辜與因果説之保辜。[④] 更有學者通過研究吐魯番文書相關案卷，展示保辜制度在實踐上所涉司法流程；[⑤]或試圖貫通古今、中西，將保辜制度所體現的法律文化作爲傳統中國存在損害賠償制度的明證，[⑥]並爲當代中國建構刑事和解制度提供與傳統對接的正當性。[⑦]

其中，因果關係的保辜是中國古代保辜制度的一般類型，以一定辜限作爲判斷因果關係有無的標準。如唐律規定保辜："限内死者，各依殺人論；其在限外及雖在限内，以他故死者，各依本毆傷法。"[⑧]減刑的保辜與因果關係無關，只

---

① 布目潮渢：《漢律体系化の試論——列侯の死刑をめぐつて》，《東方學報》(京都)第27册，1957年。後收入氏著：《布目潮渢中国史論集(上卷)》(漢代史篇)，東京：汲古書院，2003年，第84—108頁。

② 戴炎輝：《唐律通論》，臺北：正中書局，1964年，第101—105頁。按："[看]"字係筆者爲補足文意所加。

③ 鄧劍光、陳真：《論保辜制度》，《汕頭大學學報(人文社會科學版)》2002年第2期，第60頁。

④ 陳鵬飛：《中國古代保辜制度初探》，《廣西政法管理幹部學院學報》2004年第2期，第125頁。

⑤ 代表性研究如劉俊文：《敦煌吐魯番唐代法制文書考釋》，北京：中華書局，1989年，第566—574頁；黄清連：《説"保辜"——唐代法制史料試釋》，《第二屆國際唐代學術會議論文集》下册。

⑥ 如郭建：《中國財産法史稿》，北京：中國政法大學出版社，2005年，第312—314頁。田振洪：《唐代保辜制度分析——人身損害賠償的視角》，《瀋陽大學學報(社會科學版)》2009年第4期，第22—24頁；後作爲章節内容之一，收入氏著：《中國傳統法律的損害賠償制度研究》，北京：法律出版社，2014年，第139—146頁。

⑦ 如葛琳：《中國古代刑事和解探析》，陳光中主編：《刑事司法論壇》第1輯，北京：中國人民公安大學出版社，2008年，第145—166頁。

⑧ 《唐律疏議》卷21《鬭訟》"保辜"條。

依據辜限内被害人傷害平復的具體情形而給予不同待遇。如唐律規定:"諸鬬毆折跌人支體及瞎其一目者,徒三年;辜内平復者,各減二等。"[①]想象競合的保辜實即處罰條件的保辜,是指存在因果關係的情況下,發生數罪競合時如何適用刑法的問題,如唐律"墮人胎"的規定。

（二）英美法上一年零一日規則的發展概貌、産生原因、局限及式微

1. 發展概貌。在英美法系的普通法中,有一項與保辜制度極爲相似的制度,即一年零一日規則(year and day rule)。依據英國刑事法的這一規則,如果被害人的死亡結果發生在犯罪行爲實施完成之日起一年零一日以後,那麽就將被害人的死亡歸屬其他原因,而不能起訴、更不能裁定侵害人犯任何種類的殺人罪。[②] 在英國,這一規則是應用於 13 世紀英格蘭私人訴訟的一種限制制度,迄今約有七百多年的歷史,並明載於 16 世紀英國刑事法教科書中,可知當時已被確立爲普通法上的一項制度。[③]

在普通法的歷史上,對一宗命案提起訴訟通常有兩種方式:重罪私人檢控("死亡上訴"),也就是有利害關係的人士或被害人的親屬會就該殺人重罪提出"死亡上訴"的控訴;英王檢控,即公訴。兩者的不同之處在於前者如果不是在案發不久的一定期限内提出,就不獲受理。1278 年的格洛斯特法規(Statute of Gloucester)規定,死亡被害人的親屬必須在傷人事故發生後一年零一日内提起殺人罪訴訟,否則其控訴就不獲受理。[④] 可見"死亡上訴"是一種由被害人發起的報復性私人行動,起源於現代的意外致死訴訟的古老前身——一種日耳曼風俗——凶手應賠償被害人家屬(或主人)。[⑤] 但可以看出該規則最初是出於對

---

① 《唐律疏議》卷 21《鬬訟》"毆人折跌支體瞎目"條。

② 關於一年零一天規則的定義,參見 Richard Card, *Cross Jones and Card Introduction to Criminal Law*, 1998, p.221. Turner, *Kenny's Outlines of Criminal Law*, 19th ed., 1966, p.135. *Halsbury's Laws of England* 4th ed., vol. 11, 1990, p.331. *Black's Law Dictionary*, 16th ed., 1990, p.1615. 轉引自道谷卓:《殺人罪における一年一日原則——英国の公訴時効類似の制度について》,《奈良法学會雜誌》第 16 卷,2003 年。

③ D. E. C. Yale, "A Year and a Day in Homicide", *The Cambridge Law Journal*, Vol. 48 (2), 1989, pp.203 - 204.

④ D. E. C. Yale, "A Year and a Day in Homicide", *The Cambridge Law Journal*, Vol. 48 (2), 1989, p.203.

⑤ Commonwealth v. Lewis, 381 Mass. 411, 409 N.E. 2d 772 (1980).

死亡被害人親屬提起訴訟的時間限制，具有程序上的意義。[①] 在此後的司法實踐中，重罪案件的管轄權都轉由英王掌控，重罪私人檢控最終在 1819 年被廢除。然而，一年零一日規則早已成爲管理刑事訴訟的法律而並未被廢除，它滲透到謀殺罪的概念中，並最終由一項程序上的規則演變爲刑法領域的實體規則。[②] 這在 1908 年的 The King v. Dyson 案件[③]中得到充分的體現。

2. 産生原因。一年零一日規則的産生既與當時英國的社會發展水平相適應，也暗含著重視平衡侵害人權利的考慮。具體來説，大致有以下幾點原因：(1) 由於當時醫學水平低下，如果傷害行爲和死亡結果之間的時間間隔太久的話，很難證明兩者之間的因果關係；(2) 容易造成記憶模糊和證據丟失，使人們對辯護意見形成不公平的偏見；(3) 即使這個規則可能導致一些殺人罪名不成立，但被告人仍可能被指控觸犯其他嚴重的罪名；(4) 如果侵害人已經被起訴，並且被無罪釋放或者宣告有罪，那麼他就不應該因爲同一行爲而再次被起訴；(5) 尤其認爲：使侵害人一直處於一種可能被指控犯有殺人罪的危險之中，是不合理的。

3. 局限及式微。現代社會醫學尤其法醫學的發展，使建立在低水平醫學基礎上的一年零一日規則是否還有存在的意義在英聯邦各國頗有争議。南非、印度早已没有這一規則的踪影。新西蘭 1962 年制定的《犯罪法》第 162 條中仍有明文規定。而美國的情形就没有這麼清晰。最高法院在 Ball v. United States 一案中首次應用一年零一日規則。[④] 之後美國馬薩諸塞州、北卡羅來納州等大

① 此點與當代訴訟法上的公訴時效制度頗爲類似。公訴時效制度是指經過一定的期間就不允許起訴，即使起訴也因法院的免訴判决而被終止訴訟，此時縱使被起訴者是真正的犯罪人也不被處罰。一年零一天規則不過只是針對經過一年零一天的殺人行爲而無法處罰侵害人。可見兩者都具有經過一定的期間而無法處罰侵害人的性質。但必須注意，在古代英國，原來並没有所謂的公訴時效制度，對犯罪人原則上無論經過多長期間都可以追訴。從這個角度上看，在没有公訴時效制度的古代英國，一年零一天規則可以視爲是限於殺人行爲，尤其侵害行爲與被害人的死亡之間存在時間差的殺人行爲的公訴時效方面的特别制度。

② Donald E. Walther, "The Year-and-a-Day Rule in Federal Prosecutions for Murder", 59 U. Chi. L. Rev. 1340.

③ The King v. Dyson 2 K. B. 454, 1908. 轉引自道谷卓：《殺人罪における一年一日原則——英国の公訴時効類似の制度について》，日本《奈良法学會雜誌》第 16 卷，2003 年。

④ Ball v. United States, 140 U.S. 118 (1891).

多數州法院也認可該規則,將其作爲謀殺的實質性定義的一部分,因此,一份無法斷言被害人在受傷後的一年零一日内死亡的起訴書顯然存在著致命的缺陷。在路易斯安那州,儘管該州有關法令規則明確禁止使用任何普通法規則來判定罪行,却仍在使用該規則。而馬里蘭州立法機關在法院作出判決後不久就廢除了該規則。① 紐約州於 1934 年廢除一年零一日規則。② 之後,美國的許多州已經廢除該規則,而且聯邦最高法院在 2001 年也承認廢除該規則的合憲性。但在 2003 年的一起案件中,阿拉巴馬州最高法院推翻了刑事上訴法院的判決,並堅持一年零一日規則仍是阿拉巴馬州的法律的主張。也就是説,被告人運用該規則成功地推翻有罪判决。③

作爲該規則發祥地的英國,最初也是堅守不變。例如 1980 年發表的英國刑事法修改委員會第 14 次報告,在"對人的犯罪"(Offences against the Person)項目中,就主張維持該規則。其理由是長期保留對犯罪人追訴謀殺、故殺等殺人罪的可能性並不太好。儘管民間也有廢除該規則的呼聲,但英國政府似乎不願意廢止。

可是,1988 年的一起案件,將該規則的缺點暴露無遺,引起對此規則並不熟知的社會輿論的極大關注。④ 案件的起因是某個年輕女性被害人在 18 個月前的一次搶劫謀殺未遂案件中遭受凶惡襲擊。據病理學家稱,該次襲擊使得被害人的腦部受到不可醫治的損害。被害人昏迷 18 個月以後,終於患上支氣管肺炎,於 1988 年 8 月 14 日不治死亡。由於被害人是在被襲擊一年零一日之後死亡,因此檢控部門不得對侵害人控以謀殺罪,最後,僅被裁定成立企圖謀殺罪和搶劫罪,判處入獄 10 年。但假如被害人是在一年零一日之内死亡,侵害人就會因謀殺罪而被判處終生監禁。⑤ 在該案件中,侵害人幸免於謀殺罪的追訴,被害人的確在受傷後存活 367 天以上,其死亡只能歸於"自然的原因",而無法

① Md. Ann. Code Art. 27, § 415 (1996).

② People v. Brengard, 265 N.Y. 100, 107 - 108, 191 N.E. 2d 850 (1934).

③ Ex parte Key, So. 2d, 2003 WL 21480618 at *4, 6 (Ala. June 27, 2003), *rev'g sub nom.* Key v. State, So. 2d, 2002 WL 321898 (Ala. Crim. App. March 1, 2002).

④ Cambridge Daily News, 15 Aug. 1988, p.1.

⑤ 香港改革法律委員會:《殺人罪行的一年零一日規則》,https://www.hkreform.gov.hk/tc/docs/ryear-c.pdf.

以謀殺罪起訴侵害人,從法的命題上説是正當的;但被害人的確不是因“自然的原因”而死亡,則是有病理學上的證據事實,從事實的命題上説也是正當的。兩者之間齟齬明顯。①

隨著這類案件的不斷披露,例如侵害人不需要爲被槍彈擊中後腦勺後一直處於植物人狀態的被害人負相應責任,强奸犯也不需要爲三年前因其行爲而染上艾滋病而死亡的被害人負死亡之責任。被害人的家屬乃至普通市民明顯感覺到該規則的缺陷,大聲疾呼應當廢除之。人們認爲首先是證明因果關係的技術進步,即利用現代法醫學技術證明傷害行爲與最終死亡之間的關係並不像從前那麽困難,尤其在那些被害人陷入長期昏迷的案件中,這種關係的證明就更加簡單一些。我們可以輕易且精確地確定醫學上的因果關係,而無需沿用那個經常被證明是錯誤的古老的規則。② 其次,現代生命維持設備以及醫療程序的進步,迫使人們尤其被害者家庭陷入窘境——必須在中止被害者的生命維持系統或讓被告逃脱謀殺罪責中選擇其一。③ 即被害人的家人面臨著或者采取醫療措施使被害人的生命得以延長並期盼其能有所好轉,同時必需直面侵害人可能因而脱逃應有制裁的風險;或者選擇放棄延續被害人生命的措施,因爲只有這樣纔能讓侵害人得到應有的懲罰的兩難抉擇。再次,如果仍然適用該規則,侵害人就可能享受醫療進步和法律停滯不前所帶來的福利,從而逃脱謀殺罪的控告,而不是因爲案件本身的性質。“因爲現代醫療技術的進步與古老的 13 世紀的一條規則的相遇而讓殺人凶手逃脱罪責逍遥法外是很不公平的。”④最後,在現代證據規則下的審判實踐中,要求陪審團完全依靠證人的證詞而非他們自己的學識,陪審團甚至可能收到包括對最終裁決的意見的專家證據。⑤ 因此,

① 又如在 Woods v. State 案中,不願廢除這一規則的檢察官因被害人在頭部和頸部中槍後存活兩年以上,而駁回以謀殺罪起訴被告。但被害人在兩次無效審判之後,在被告因謀殺未遂受到第三次審判之前即因傷而死亡。Woods v. State, 709 So. 2d 1340, 1346 n. 3 (Ala. Crim. App. 1997).

② Heifer, 310 N. C. at 140, 310 S. E. 2d at 313.

③ State v. Picotte, 261 Wis. 269 (2003); United States v. Jackson, 528 A. 2d 1217 n. 14 (D.C. 1987); People v. Stevenson, 416 Mich. 383, 331 N.W. 3d 146 (1982).

④ Picotte, 261 Wis. 269 [citing State v. Ruesga, 619 N. W. 2d 382 (Iowa 2000); State v. Gabehart, 836 P. 2d 105 (N.M. App. 1992)].

⑤ Fed. R. Evid. 704.

英國遂於 1996 年在一份立法改革條例中廢除該規則。依據現行英國法的規定,只要能够證明行爲是死亡的原因,無論兩者之間的時間間隔的長短,侵害人必須對死亡結果承擔刑事責任。但立法機關爲了防止延誤或不必要的第二次檢控,在該規則被廢除的同時,也制定了一些保障條款:如果被指控造成死亡的傷害在死亡結果發生前已經過 3 年,或者其先前已因爲在被指控與該死亡結果有關的情況下實施某犯罪行爲而被宣告有罪,那麽因致死的罪行而對該人提起的訴訟必須由檢察總長提起或者經其同意後提起。①

三、中國古代保辜制度與英美法一年零一日規則的異同

(一)保辜制度與一年零一日規則的相同之處

兩種制度之間顯然具有某些相似性:其產生原因都是基於古代社會醫療水平乃至科學水平的不發達,如果傷害行爲與被害人死亡之間的時間間隔太久,難以準確判定其間的因果關係。無論保辜制度還是一年零一日規則,都是中西方社會采取一定的立法技術來認定因果關係的典型。通過這樣的"大數法則",以便定罪量刑準確化、科學化,降低司法成本。它們分别體現東西方社會在解決此類因果關係方面的法律智慧和立法技術。

也正是基於它們自身的先天不足,即根據期限機械地解決傷害行爲或與死亡之間因果關係的不科學性,而最終被歷史拋棄。②

① 謝望原主譯:《英國刑事制定法精要(1351—1997)》,北京:中國人民公安大學出版社,2003 年,第 85—86 頁。

② 以操作性較强的保辜制度中辜限的設定問題爲例,針對被害人的"内損吐血",若因手足或者他物毆傷所致,其毆傷的程度固然有異,然辜限是均設定爲 20 日,還是另有其他辜限,甚或没有辜限(所謂"至毆人内損,並無作何保辜明文"),並不明確。因此,針對具體傷害案件的辜限的設定,就成爲司法實務上至爲重要且棘手的問題。但清代乾隆之前的相關律文及有關注釋,如從《唐律疏議》到《讀律瑣言》《大明律附例》《大清律輯注》等,對此均未説明。這勢必極易造成司法實務上的不公正。此種現象直至清代中葉之後,隨著刑名實務的嚴密化,論説辜限設定的部議、成案逐漸增多,此類辜限的設定在具體個案的經驗上纔漸趨合理。這表現在《清律例彙纂》《大清律例會通新纂》中,對内損吐血的辜限,明確規定與折跌肢體及破骨、墮胎一樣,爲 50 日。

（二）保辜制度與一年零一日規則的不同之處

由於兩種制度産生和發展的現實土壤不同，因此，也存在著相當多的差異。

1. 兩者所體現的歷史傳統不同。在中國古代法律泛道德化背景下，依照中國人的道德觀，毆傷人後，理所當然地應當負有醫治被害人的義務，作爲父母官的國家官員也可以責令犯人履行醫治義務。另一方面，在古代統治者"重民命而慎刑罰""中道""中刑"等統治思想下，力求司法公正和謹慎用刑，保辜制度是古代慎刑恤罰思想的體現，也在一定程度上兼顧對被害人的保護，將醫治被害人的傷病和減輕侵害人的罪責聯繫起來，增加了侵害人主動撫慰、醫治、賠償被害人的積極性，從而有利於保護被害人，化解雙方的矛盾。

英美法系國家一向崇尚自由、民主，歷來比較重視保護被告人的權利。一年零一日規則最初是一項程序性規則，其設立的目的就是爲防止某些人無限期地遭受被控謀殺罪的威脅。其之所以由訴訟程序演變爲實質的法律規則，也是人們從保護被告人的角度出發，爲避免産生不公正的裁判，而繼續沿用這一規則的結果。

2. 兩者在具體制度的規定上存在很多不同。

（1）發揮作用的階段不完全相同。保辜制度是在立案之後、判決做出之前官員爲侵害人確定一定的辜限，並在辜限期滿之後，視被害人的存亡和傷情再對侵害人定罪量刑。而一年零一日規則在産生之初，旨在限制提起殺人罪訴訟的時間，是在刑事訴訟程序啓動之前發揮作用。直至它轉變爲實體性規則之後，纔成爲在刑事訴訟程序中對侵害人的定罪量刑起著決定性作用的規則。

（2）期限方面。兩者明顯不同。保辜制度的"辜限"兩千年來儘管略有變化，但一般只有幾十天，這與當時極低的生産力發展水平以及醫學水平是有關係的。同時，保辜制度能够使辜限的細緻區分與傷害的不同程度大體相配合，有一定的科學性，可操作性比較强。而更遲出現的一年零一日規則，期限是單一的，不伸縮、無彈性，不能針對不同情況作出細緻區分，顯示該規則的粗糙和不够科學。因此，保辜制度比起後出現的一年零一日規則，在規定的科學、細膩、可操作性方面毫不遜色。

（3）適用範圍不同。保辜制度的適用範圍要廣於一年零一日規則。就保辜制度的適用範圍來説,凡是有傷害事實而不論何種原因所致,皆可適用。即一切鬥毆、傷人和因鬥毆而殺人的案件,無論是故意犯、過失犯,還是結果犯、結合犯,同樣適用於保辜專條之規定。[①] 而一年零一日規則主要適用於謀殺罪、故殺罪,也適用於誤殺、殺嬰、協助自殺、因魯莽駕駛導致死亡等情形。

(4) 配套措施不同。在適用保辜制度時,有一系列配套制度。除了要通過傷情的司法鑒定以確定最爲關鍵的辜限之外,還明確規定必須以侵害人"損傷有實。今情願保辜,將醫藥看待"。[②] 即"承認毆人之傷,情願保養,甘服傷人之罪,聽候科斷"[③]爲前提,對被害人負有醫治義務。而且主管官員可依職權責令侵害人履行該義務(此即唐代的"勒保辜,仍隨牙",明律的"官府隨其傷之輕重立限,責令犯人醫治,候限滿之日乃定罪",清律的"當官立限以保之")。還要求侵害人必須提供連保人並出具保函,以保證在辜限内不逃匿。在這基礎上纔予以保辜。這種注重主客觀相統一的制度即使在今天看來也有其相對合理性。而一年零一日規則只注重結果責任,只機械地適用它來判斷因果關係以確定侵害人的罪名,並不重視侵害人的主觀方面。從這個角度來説,保辜制度的積極意義顯然比一年零一日規則大。

3. 兩者被廢止的原因不同。因果關係的有無不能簡單地以辜限或期限的長短作爲標準,因爲據此判斷和推定因果關係只能達到一種蓋然性,只能適用於一般的或必然的現象,無法適用於特殊的或偶然的現象,因而可能導致司法

① 張艷雲、宋冰:《論唐代保辜制度的實際運用——從〈唐寶應元年(762年)六月康失芬行車傷人案卷〉談起》,《陝西師範大學學報(哲學社會科學版)》2003年第6期,第101頁。按:保辜在唐宋之前的適用範圍比明清時期更廣泛。如前引《唐律疏議》卷21《鬬訟》"保辜"條中"餘各毆傷及殺傷,各准此"的疏議曰:"謂諸條毆人,或傷人,故、鬬、謀殺,强盜,應有罪者,保辜並准此。"則唐代保辜不僅可適用於《鬥訟律》,還可適用於屬《賊盜律》的謀殺、强盜諸罪。明清律中的保辜,其適用範圍僅限於《刑律・鬥毆》諸條,並不包括謀殺之類。清代的沈之奇早就指出(《大清律輯注》卷20《刑律・鬥毆》"鬥毆"條,第718頁):"人之鬥毆,大概因一時之氣,事起倉卒,非有成心,即有同謀共毆者,亦意止於毆耳,故篇中專論傷之輕重以定罪。然必有因傷至死者,故後復有保辜之法,與人命律内鬥毆殺條參看。"《刑案匯覽》(祝慶祺編,清道光棠樾慎思堂刻本)卷37"保辜限期"所載嘉慶二十五年(1820)奉天司案亦云:"經本部以謀殺之案例不保辜,駁令改擬,依謀殺人律擬斬監候。"

② 《唐寶應元年(公元762年)康失芬行車傷人案卷》。轉引自黄清連:《説"保辜"——唐代法制史料試釋》,中國唐代學會主編:《第二屆國際唐代學術會議論文集》下册,臺北:文津出版社,1993年,第984—985頁。

③ 《大清律輯注》卷20《刑律・鬥毆》"保辜期限"條,第722頁。

的不公、非正義。這正是導致它們最終都被廢除的根本原因。只是,保辜制度的廢除,很大程度上是中國近代社會受外力的影響,並不完全是該制度已經不能與社會現實相適應的結果。這也是清末修律以來,輕視本土資源,連嬰兒帶髒水一同倒掉的一個適例罷了。繼起的中國近現代刑法,已經找不到任何能够體現保辜制度合理内核的規定。而當代英國一年零一日規則的廢除,主要是基於民意,並非外力的影響,是規則自身不能與當代社會現實相適應的自我否定之結果。

值得注意的是,英國立法機構在廢除一年零一日規則的同時,又做出能够繼承傳統之餘緒而更具靈活性的新的期限規定,顯示其適應世界新潮流,兼重保護被害人的傾向。依據新規定,只要能够證明被害人的死亡是由傷害行爲引起,並且死亡是發生在受到傷害後的3年之内,侵害人就應當對死亡結果負責;如果死亡發生在3年之後,則免除其導致死亡的民事責任;如果此種情形下仍要對侵害人提起刑事訴訟的,則要經過檢察總長的同意或者由檢察總長提起。① 因此,3年期限這個時點可以視爲其在殺人罪刑事責任上告一段落。從某種意義上説,一年零一日規則在英國並没有被實質性地完全廢除,只是期限從一年零一日延長到3年。同時,對超過3年的特殊情況做了變通規定。②

四、隔時死亡的東西方立法技術對我國現代法的啓示

綜上可知,保辜制度比一年零一日規則更合理些。英國在除舊布新中仍能找到舊規則的影子,而中國則踪影皆無。但東西方社會所要解決的傷害致隔時死亡,如何重視對被害人、侵害人應有權利的保護等問題仍然存在。筆者以爲,這兩種制度的許多合理内核,仍值得我國現行法律制度的借鑒。

① 經過3年之後的死亡,即使醫學上能够證明侵害行爲是死亡的原因,但新法並不允許無條件的追訴。從這一點看,似乎不能僅以醫學的進步作爲該規則被廢除的理由。

② 此規定與明清律中保辜之“餘限”規定的特殊處理辦法,其旨意殊途同歸。

（一）重視保護被害人的觀念值得繼承和發揚

保辜制度旨在鼓勵犯罪人在犯罪後采取積極的將功補過的悔罪態度和相應措施，對其犯罪行爲所造成的危害結果進行有效的修復和補救。這種重視道德與法律的統一，提倡和解、寬緩刑罰的慎刑制度，在我國有著廣泛的社會基礎。同時，該制度所蘊涵的重視保護被害人的觀念，與近年來國際社會新興的修復性司法的潮流頗有暗合之處。目前，我國的司法實踐中，雖然有刑事附帶民事賠償制度，但往往表現在金錢的支付上，没有充分重視被害人心理上的撫慰，也没有與犯罪人自身利益進行更密切的挂鈎，因此，刑罰一經判定，犯罪人對民事賠償就没有任何積極性。① 由此導致被害人心理難以平衡，轉而希望侵害人被判重刑，因此不停地上訴。這既造成司法資源的浪費，也不利於社會的和諧穩定。

解決這個問題的途徑之一，是可以借鑒我國古代保辜制度的合理内核，並參酌當今修復性司法運動，在我國刑事立法中，增加要求侵害人事後積極救助被害人的規定，將其作爲法定的量刑情節。只要侵害人在司法機關立案之後（更不要説立案之前），采取積極的將功補過的態度和相應措施，真誠悔罪，並有效地修復和補救所造成的社會危害，有效慰撫被害人，就應當給予其從輕、減輕處罰，或者免除處罰。事實上，我國的司法實踐也正朝著這個方向努力。②

（二）注意平衡侵害人、被害人、國家三者間的利益關係

借鑒一年零一日規則重視保護侵害人不受無限制追訴的合理内核，在國家公訴權的發動上，節制父愛主義，注意平衡侵害人、被害人與國家三者之間的利益關係。一年零一日規則旨在保護侵害人應有權益的意圖明顯。即使英國1996 年的新規則，其保護侵害人應有權益的初衷仍一以貫之，其追訴期限只是

① 參見高紹先：《法史探微》，北京：法律出版社，2003 年，第 288 頁。

② 例如，2000 年 12 月 13 日最高人民法院《關於刑事附帶民事訴訟範圍問題的規定》第 4 條規定："被告人已經賠償被害人物質損失的，人民法院可以作爲量刑情節予以考慮。"又如，被害方出具的諒解書。還有，犯罪人在生效判決後給予被害人的補償，可以作爲減刑的考量因素。在重視修復性司法的德國，早已將此種做法予以法定化。《德國刑法典》第 46 條 a 的規定：犯罪人"與被害人的和解、損害補償"，是法院據以減輕或免除刑罰的根據。參見馮軍譯：《德國刑法典・總則》，北京：中國政法大學出版社，2000 年，第 20 頁。

從一年零一日延長爲 3 年,[①]不允許對侵害人無限追訴。超過 3 年仍要追訴的,必須經過法定特別程序。這樣,3 年的期限,就成爲侵害人法律上的責任是否終了的分水嶺,亦即其民事責任與殺人罪的刑事責任的追訴期限均爲 3 年,且後者的期限的產生是與前者所規定的期限的長短存在著聯繫,這就協調了民事法與刑事法對責任追訴期限的規定。

我國現行法中,民事責任的最長訴訟時效是 20 年,刑事責任的追訴時效最高也是 20 年,追訴期限超過 20 年以後認爲必須追訴的,須報請最高人民檢察院核准。從以往的情況看,我國刑法的追訴時效與民事上的訴訟時效是相協調的。需要注意的是,我國刑法第 88 條規定了兩種不受追訴期限限制的例外情形。這一特別規定的正當化,一方面顯然基於刑法打擊犯罪、保護人民的宗旨,使侵害人刑事責任的追訴時效在理論上可以無限延長,始終處於一種被追訴的可能。另一方面則是這種理想化的目標又存在著實效性的問題,甚至某種程度上縱容了相關司法機關的不作爲。

刑法第 88 條第 1 款的前半段的規定,只要人民檢察院、公安機關、國家安全機關立案偵查以後而逃避偵查的,不論其是否達到起訴的條件,即不受追訴期限的限制。這種以立案爲標準作爲追訴時效無限延長規定的合理性不無疑問。[②] 至於刑法第 69 條新規定的數罪並罰最高可以判處 25 年有期徒刑,以及引發刑法第 50 條的相關規定,在刑法第 87 條追訴時效期限上未引起絲毫變動的現象,筆者認爲完全拜刑法第 88 條過於苛求被立案犯罪嫌疑人之所賜。

因此,在如何協調刑事責任的消滅時效最高爲 20 年與例外情形下的無限延長之間的矛盾,合理確定刑法第 88 條的追訴標準和追訴期限的延長,使理想與現實的差距不致太大這個問題上,一年零一日規則重視保護侵害人不受無限

---

① 之所以規定爲三年的期限,應與英國 1980 年制定的《起訴期限法》(Limitation Act 1980)第 33 條的規定有關。該條規定,對基於不法行爲的損害賠償請求,受傷害的被害人如不對侵害人提起訴訟,在被害人生存的 3 年期間,其所扶養的親屬就不能對侵害人提起損害賠償的訴訟請求。如果侵害人的侵害行爲超過三年,則免除其民事責任。因此,3 年的期限,實即民事上的消滅時效的期限,且其殺人罪的刑事責任原則上也就免除。

② 該條第 2 款存在人民法院、人民檢察院、公安機關應當立案而不予立案的責任分配合理性問題,明顯忽視犯罪人的某些正當權益。但因與論題關聯不大,暫置不論。

制追訴的精神,仍不失其啓迪意義。

傳統刑事法追訴時效制度的宗旨,如從實體法角度考慮,是因爲隨著時間流逝,犯罪的社會影響弱化,遭受犯罪破壞的社會秩序和規範情感得以緩和,被害人乃至社會對犯罪的處罰情感趨於淡化;從程序法的角度考慮,則因證據散逸導致追訴難度加大;從侵害人的角度考慮,既有准受刑説,也有改善推測説,總之,經過一定的未追訴期間,侵害人事實上已悔罪自新,重新成爲一個遵紀守法的人,此時的國家應重視其事實狀態,不再輕易發動追訴權,以保護侵害人應有的權益。① 追訴時效制度由此建立。②

但當代社會劇變,科技日新月異,既往追訴時效理論賴以建立的社會條件、自然條件均處於變動之中。以法定最高刑爲死刑的殺人罪爲例,關於"犯罪的社會影響弱化",若從人們對時間流逝速度"加快"的感覺、以及尊重被害人人權觀念的提升等角度綜合考慮,加上國民平均預期壽命的自然條件變化趨勢,即追訴時效期限的設計,必須充分注意到其與國民平均預期壽命之間的關係的變化所具有的決定性意義,③則其追訴時效爲 20 年似乎太短;關於"證據的散

① 如下面這個案例是否繼續追訴就頗爲棘手:1938 年出生的德化人蔣某仲,因 1962 年至 1967 年間,僞造原德化縣上涌大隊等公章 8 枚,僞造假身份證明 35 張,並先後將 8 名德化婦女拐賣到尤溪、沙縣等地販賣,合計獲利 229 元。1968 年被中國人民解放軍德化人民法院軍管組判處有期徒刑 8 年,隨後被送往現閩西監獄服刑。兩年後,他越獄逃到浙江成縣,隱名埋姓做建築小工。1989 年,他與成縣一喪偶婦女成家,當年生下一男孩。1996 年,他帶著年僅 7 歲的兒子潛回德化老家,對外謊稱刑滿釋放、在外成家已久。直到 38 年後的 2006 年,年屆七旬的他因一次意外而被發現是個逃犯,被再度抓獲,關押在德化看守所,並等待閩西監獄前來移交。由於我國刑法没有刑罰消滅制度,因此,蔣某仲越獄構成脱逃罪,加上原先尚未執行完畢的 6 年刑期,蔣某仲可能面對的將是數罪並罰。參見《海峽都市報》2008 年 6 月 12 日。

② 在個别國家,存在對種族滅絶、謀殺等極其嚴重犯罪没有規定時效制度的例外。

③ 我國 1912 年《中華民國暫行新刑律》規定,提起公訴權之時效期限係死刑者爲 15 年。南京國民政府 1928 年和 1935 年的新舊刑法典均規定:"死刑、無期徒刑或 10 年以上有期徒刑者,20 年。"新中國的新舊刑法典則改爲:"法定最高刑爲無期徒刑、死刑的,經過 20 年不再追訴。"可見,在我國追訴期限最高爲 20 年的這一規定已經維持了 90 多年。但我國國民人均預期壽命已從 1949 年的 35 歲延長到目前的 77 歲,提高了約 42 歲,接近發達國家的水平。而同期的世界總體人口平均預期壽命從 1949 年的 47 歲延長到現在的 72 歲,不過提高約 25 歲,可見中國平均預期壽命延長明顯高於世界平均水平。那時公訴期限最高爲 20 年,已接近當時國民平均壽命的物理界限;規定若高於 20 年,顯然也缺乏實效性和現實性。現在將其適當延長的自然條件已經具備(包括目前單罪的有期徒刑的上限亦可考慮延長)。參考周東平、薛夷風:《日本刑法有期刑上限的提高及對我國的啓示》,《厦門大學學報(哲學社會科學版)》2009 年第 3 期。這樣更符合國民對於刑罰正義觀念的理解。

逸”,由於以 DNA 鑒定爲代表的新科學搜查技術等的采用,例如,近日南京警方破獲麻某鋼 28 年前殺害南京醫科大學林姓同學案件,説明犯罪後雖經過相當長的時間仍有可能獲得有力證據,也催生人們對現行追訴時效期限過短的疑問。

因此,從國家爲保護侵害人應有權益的角度考慮,並考慮我國追訴期限的例外情形,殺人罪等追訴時效最高應規定多少年纔是合理的,還需斟酌。筆者認爲,在我國數罪並罰有期徒刑上限已爲 25 年的基礎上,應相應地適當延長追訴時效期限,即刑法第 87 條的追訴時效從目前最長的 20 年延長爲 30 年,其他各檔追訴時效也作相應調整;同時,針對刑法第 88 條“不受追訴期限的限制”的規定過於嚴苛,如第 1 款前半部分的“逃避偵查或者審判”,僅僅構成追訴權行使的障礙,顯然無法導致取消追訴時效適用的結果,故可修改爲:“由於嫌疑人在國外或者逃匿而不能有效送達起訴書副本時,在嫌疑人在國外或者逃匿的期間,訴訟時效不受追訴時效的限制。”根據自然愈合説、改善推測説,提高追訴時效延長的標準,以保護侵害人的事實狀態和不受無限制追訴的應有權益。在這方面,我們也可以借鑒日本等國近年來的做法。①

(三)在刑法、刑事訴訟法中應增設有關隔時死亡的規定

保辜的辜限和一年零一日的期限固然都有不科學之處,但它們所要解決的隔時死亡問題却不能因此被忽視。尤其在醫療水平日益發達的現代社會,死亡結果與侵害行爲之間間隔很長的案件會越來越多。根據罪責自負和罪刑相適應原則,行爲人必須對其行爲所造成的危害結果承擔相應的刑事責任。在人身傷害案件中,如果侵害人的行爲導致被害人死亡,不論間隔時間多長(當然不能超過刑法所規定的訴訟時效),也不論侵害人是否因爲該侵害行爲已被判處其他罪名,只要能證明其侵害行爲是死亡的直接原因,就應當允許被害人和檢察機關提起訴訟,要求侵害人對死亡結果承擔刑事責任。目前,我國法律並没有

---

① 例如,日本民事法上消滅時效最長爲 20 年,刑事訴訟法上的公訴時效近百年來一直維持在最長爲 15 年,短於民事責任的訴訟期限。但 2005 年日本刑事法作了重大改革,將公訴時效延長爲 25 年,一下子提升 10 年之多,反而高於民事責任的訴訟期限。當然,這一變化與其有期刑制度的重大改革,即單罪時從 15 年提高到 20 年,數罪並罰時從 20 年提高到 30 年之間不無聯繫。

關於隔時死亡的規定。司法實踐中,由於公檢法機關都受制於辦案期限的規定,也不會無限期地等待被害人傷情的最終結果。一旦一審判決生效,即使被害人在此後的確因爲犯罪人的侵害行爲而死亡,犯罪人也不用爲死亡結果承擔相應的刑事責任。筆者以爲,要解決這個問題,可以借鑒上述兩個制度的相關規定,在我國刑法、刑事訴訟法中相應增加有關隔時死亡的規定。

〔作者周東平,厦門大學法學院教授〕

New Theory on Baogu Regime

Zhou Dongping

Abstract: The Baogu regime was distinctive in the criminal law of ancient China, which has been deeply discussed in academia, but it is worth further pondering. By comparing and analyzing the meaning and nature of "Baogu", we can clarify some misunderstandings towards it. By comparing the Baogu regime with the year-and-a-day rule in the Anglo-American legal system, we can tease out the similarities and differences in the rationale and regime of the eastern and western and legal systems' design to regulate the situations of death from injuries after an interval of survival. By doing so, the writer concludes that the Baogu regime is not only inherently congruent with Chinese traditional legal spirits but more reasonable and feasible compared to the year-and-a-day rule. Based on the principles of modern law, the write elaborates the inspirations and borrowings from the traditional legal principles and techniques in East and West for the death from injuries after an interval of survival, to promote the spirit of protecting the victims in our country, to pay attention to balancing the criminals, the victims, and the state, and to insert a provision of the discussed regime in China's criminal law and criminal procedural law.

Keywords: Death from Injuries after Interval of Survival; Baogu Regime; Year-and-a-Day Rule; Similarities and Differences; Borrowings

《中外論壇》2021 年第 3 期
2021 年 9 月，第 69－92 頁

隋唐流刑補闕

陳俊强

提　要： 筆者一直關注漢唐之間刑罰制度的變化與轉型，思考以肉刑爲主體的古典刑罰如何蜕變到以徒刑、流刑爲主體的傳統刑罰。針對魏晉南北朝隋唐期間流刑的源流、創制、發展與變遷等，先後發表系列論文。最近董理舊稿，對於流刑淵源、刑期、性質等問題，仍覺尚有若干未盡之處，乃草成短文以作拾遺補闕。北魏孝文帝將徙逐遠方的刑罰訂入正刑之中以及以“流”作爲其刑名，固然與追慕漢化，取法儒家經典聖人之制有關，但不能忽視自魏晉以來，“流”已經逐漸成爲放逐刑的名稱而使用了。近年來有學者從鮮卑舊俗，乃至内亞草原民族的流放傳統解釋流刑最終會在北魏成立的原因。但筆者認爲將重罪犯人流徙邊地的做法，中原既古已有之，歷兩漢魏晉南北朝而不曾間斷，流刑的成立實在不需强調鮮卑舊俗慣例。周隋的流刑既有勞役年限，亦有刑期。周的勞役與刑期俱爲六年，隋的勞役年期爲二至三年，流放的刑期則是五年，周隋都是有期流刑。流刑自無期刑發展爲有期刑，與流放罪犯是否爲軍隊的重要來源密切相關。唐律流刑的主要内容是“强制流徙”和“强制苦役”，二者的執行時間有先後之差。假若流人已至流放地，强制徙逐的處罰已然執行完畢，縱逢帝王恩赦，只能惠及尚未執行的刑罰，所以最多只能免除苦役。一旦苦役期滿，流刑所有刑罰理應執行完畢。犯人留在流放地，不是刑罰仍在持續，而是刑罰的結果或效果。此時縱逢恩赦，犯人仍是無法返鄉，原因就是帝王大赦無法赦免已經執行完畢的刑罰。

關鍵詞： 魏晉南北朝；隋唐；流刑；流刑刑期；鮮卑舊俗

一、前　　言

笞、杖、徒、流、死構成的新五刑自隋唐創制以迄清末，千百年來都是中國刑律中之正刑。其中流刑淵源甚早，但却是入律最晚，殊堪矚目。《尚書·舜典》已有“流宥五刑”之記載，然而流刑創制入律，成爲法定正刑却是遲至北魏孝文帝太和十六年(492)。[①] 多年來筆者一直關注漢唐之間刑罰制度的變化與轉型，思考以肉刑爲主體的古典刑罰如何蛻變到以徒刑、流刑爲主體的傳統刑罰。針對魏晉南北朝隋唐期間流刑的源流、創制、發展與變遷等，先後發表系列論文。[②] 最近董理舊稿，對於流刑淵源、性質等問題，仍覺尚有若干未盡之處，乃草成短文以作拾遺補闕，並就教方家。

二、刑名的源與流

將罪犯遠逐遐方的刑罰古已有之，但長期都是以代刑的角色存在，直至北魏孝文帝太和十六年，纔正式創制成爲僅次於死刑的律令正刑。孝文帝將放逐遠徙之刑正式創制入律，在法制史上確是深具意義，但爲何將刑罰定名爲“流”？試看《唐律疏議·名例律》“流刑三”條的解釋：

> 流刑三：二千里。二千五百里。三千里。
>
> 《疏》議曰：《書》云：“流宥五刑。”謂不忍刑殺，宥之于遠也。又曰：“五流有宅，五宅三居。”大罪投之四裔，或流之于海外，次九州之外，次中國之

---

① 參看拙作：《北朝流刑的研究》，《法制史研究》(臺北)第 10 期，2006 年。

② 關於流放制度在魏晉南北朝的發展以及成立，除前揭《北朝流刑的研究》外，尚可參看《三國兩晉南朝的流徙刑——流刑前史》，《政治大學歷史學報》第 20 期，2003 年。至於唐代流刑之規定與變化，可參看拙作：《試論唐代流刑的成立及其意義》，高明士主編：《唐代身分法制研究——以唐律名例律爲中心》，臺北：五南圖書出版股份有限公司，2003 年；《唐代的流刑——法律虛與實的一個考察》，《興大歷史學報》第 18 期，2007 年；《從〈天聖·獄官令〉看唐宋的流刑》，榮新江主編：《唐研究》第 14 卷，北京：北京大學出版社，2008 年。

外。蓋始於唐虞。今之三流,即其義也。①

唐代法律專家標榜流刑的理念是淵源於《尚書·舜典》"流宥五刑","五流有宅,五宅三居"。所謂"流宥五刑",據《尚書正義》曰:"流謂徙之遠方,放使生活,以流放之法寬縱五刑也。"②至於"五刑",若據《尚書·吕刑》乃指墨、劓、剕、宫、大辟。原來遭到判處五刑的罪犯,以遠逐他方的處罰予以寬宥。所謂"五流有宅,五宅三居",據《尚書正義》曰:"五刑之流,各有所居,謂徙置有處也。五居之差有三等之居,量其罪狀爲遠近之差也。"③簡單而言,就是以"流"的方式寬縱犯五刑者,被寬縱者需按其罪狀之輕重,徙置於遠、中、近三等的居所。遠逐的刑罰之所以稱作"流",《尚書正義》釋云:"流者,移其居處,若水流。"④移置罪犯居處,狀水之流動也。遠古之世已有"流"此一遠逐罪犯的懲罰,⑤那麽自此以後一直存在這種遠逐的刑罰?而這種刑都以"流"爲名嗎?

秦統一天下以前,放逐之刑名曰"遷"。⑥ 秦孝公時,商鞅將議論法令之人視爲"亂化之民","盡遷之於邊城"。⑦ 既是亂化之民,"遷"自然是一種刑罰。史稱"秦法,有罪遷徙之於蜀漢"。⑧ 此外,秦國在占領新土地後,往往把人遷

① 長孫無忌等撰,劉俊文點校:《唐律疏議》卷1《名例律》"流刑三"條(總4),北京:中華書局,1983年,第5頁。

② 孔安國傳,孔穎達疏:《尚書注疏》卷3《舜典》,十三經注疏本,臺北:藝文印書館,1979年,第41—1頁。

③ 《尚書注疏》卷3《舜典》,第45—2頁。

④ 《尚書注疏》卷3《舜典》,第42—2頁。

⑤ 《尚書·舜典》又云:"流共工于幽洲,放驩兜于崇山,竄三苗于三危,殛鯀于羽山。"孔穎達釋云:"流四凶族者,皆是流,而謂之殛、竄、放、流,皆誅者。流者,移其居處,若水流。然罪之正名,故先言也。放者,使之自活;竄者,投棄之名;殛者,誅責之稱。俱是流徙,異其文,述作之體也。"可知流、放、竄、殛,名異實同,"俱是流徙",都是遠徙驅逐之義。參看《尚書注疏》卷3《舜典》,第40—2、42—2頁。

⑥ 關於秦朝遷刑的研究,參看沈家本撰,鄧經元、駢宇騫點校:《歷代刑法考·刑法分考九》"遷"條,北京:中華書局,1985年,第247頁;栗勁:《秦律通論》,濟南:山東人民出版社,1985年,第283頁;徐世虹主編:《中國法制通史》第2卷《戰國秦漢》,北京:法律出版社,1999年,第163—166頁。近年陸續有專論秦代遷刑的文章問世:崔向東:《論秦代的"遷"刑》,《廣西民族大學學報(哲學社會科學版)》2011年第5期;王戰闊:《秦代"遷"刑考辨》,《安陽師範學院學報》2013年第3期;温俊萍:《秦遷刑考略》,《湖南大學學報(社會科學版)》2017年第5期。

⑦ 《史記》卷68《商君列傳》,北京:中華書局,1959年,第2231頁。

⑧ 《漢書》卷1上《高帝紀上》顔師古注引如淳注,北京:中華書局,1962年,第31頁。

往該處,[①]如昭襄王二十一年(前286)取魏國安邑,二十八年(前279)取楚國鄢鄧,都曾"赦罪人遷之",遷刑具有實邊意義。秦國將罪人遷蜀或遠徙新領地的處置固然可視作刑罰,但它是法律的正刑嗎?

在《雲夢秦簡》以及張家山的《二年律令》中,都看到"遷"刑的法律條文,可見直至漢惠帝年間,秦漢法律的正刑中仍有"遷"刑。"遷"刑主要懲罰小吏違法或瀆職之事,[②]在死、刑、耐的刑罰架構中,"遷"刑與"耐"刑處於同一等級,而"遷"較"耐"來得輕。[③] 然而,觸犯"遷"刑的犯人具體遷移至甚麽場所,目前不明。另外,"遷"刑屬於懲治小罪的輕刑,與前述昭襄王"徙罪人遷之"的處罰並不相同,而與其後東漢減死徙邊或是隋唐僅次於死刑的流刑相比,更是相差甚遠。秦與漢初正刑中的"遷"刑真是東漢減死徙邊或隋唐流刑的前身嗎? 其實不無疑慮。"遷"刑在後來的漢律中消失了,究竟甚麽時候廢除"遷"刑,又爲何要廢除"遷"刑? 暫時不得而知。[④]

漢代的刑罰體系中雖然廢除了"遷"刑,但自西漢中葉,皇帝却經常將罪犯減死徙邊,故實際上一直存在遠徙放逐之處罰。關於漢代減死遠逐之刑,大庭脩稱"徙遷刑",而邢義田則作"遷徙刑",二人之研究至今仍具經典地位。[⑤] "遷,徙也",應劭與顔師古都作這樣的解釋,二者義同。[⑥] 綜觀漢代,遠逐他鄉之刑在史籍中一直都以"徙"字來表述,相反的,自漢初廢除"遷"刑後,"遷"字已不作放逐刑罰名稱使用。至於"遷徙"一詞,多作搬移、改變之義,未見用作刑

① 參看徐世虹主編:《中國法制通史》第2卷《戰國秦漢》,第164頁;王戰闊:《秦代"遷"刑考辨》,《安陽師範學院學報》2013年第3期,第51—52頁。

② 王戰闊:《秦代"遷"刑考辨》,《安陽師範學院學報》2013年第3期,第52頁。

③ 冨谷至:《漢唐法制史研究》,東京:創文社,2016年,第290—291頁;温俊萍:《秦遷刑考略》,《湖南大學學報(社會科學版)》2017年第5期,第30頁。

④ 張小鋒指出:"《睡虎地秦墓竹簡》中的遷刑刑罰規定很多,而《張家山漢墓竹簡》中的遷刑刑罰規定却很少,這絶不是一個偶然的現象,而是秦漢刑罰有别的一個例證,説明與秦相比,漢初的遷徙刑罰力度是大大減少了,這也與漢初統治者安土重民、休養生息和穩定社會的統治願望相吻合。"參看氏著:《釋〈二年律令·告律〉第126—131簡及漢初的"遷"與"贖遷"》,胡平生主編:《出土文獻研究》第6輯,上海:上海古籍出版社,2004年,第146頁。

⑤ 大庭脩:《漢の徙遷刑》,氏著:《秦漢法制史の研究》,東京:創文社,1982年;邢義田:《從安土重遷論秦漢時代的徙民與遷徙刑》,氏著:《治國安邦:法制、行政與軍事》,北京:中華書局,2011年,第62—100頁。

⑥ 《漢書》卷57上《司馬相如傳上》顔師古注,第2575頁;同書卷24下《食貨志下》應劭注,第1186頁。

名。其實,減死徙邊的刑罰在漢代並没有明確的刑名,而一般都以“詣……屯”“詣……戍”“徙邊”等樣態在詔書中表述,故冨谷至認爲可稱作“徙邊刑”。[①]

兩漢似乎都有朝臣遭到“流放”的懲罰,如西漢哀帝朝方士夏賀良以“反道惑衆”,其黨與如李尋遭到“流放”。[②] 又哀帝崩後,寵臣董賢與外戚丁氏、傅氏遭到另一外戚王氏整肅,史稱“董賢縊死,丁、傅流放”。[③] 又東漢桓帝朝“黨錮之禍”,“劉祐、馮緄、趙典、尹勳,正直多怨,流放家門”。[④] “流”似乎早已作刑名而用。但細究史料,夏賀良案中的黨人如李尋、解光等,在本傳中所見具體刑罰是“減死一等,徙敦煌郡”。[⑤] 又哀帝崩後,丁、傅俱敗,史稱“皆免官爵,丁氏徙歸故郡”,“(傅)晏將家屬徙合浦,宗族皆歸故郡”。[⑥] 本傳所載是罪犯的具體刑罰,都不是以“流”而是以“徙”某地來表述。至於黨錮之禍各人皆無遠徙放逐之刑:趙典因諫争違旨,“免官就國”;劉祐、馮緄是“輸左校”;尹勳“上書解釋范滂、袁忠等黨議禁錮”,並無受罰。[⑦] “流放”一詞乃史家借用經典語言描述某人之處境,或是解作驅逐,或是解作責罰,或是解作離開原地、羈旅他鄉之意,並非具體刑罰意義的放逐遠徙。

及至三國時代,史籍中的“遷”或是泛指職官的調動,或是泛指變换轉移地方,已經不再用作刑名。將犯人遠逐之刑罰,除了因循兩漢舊例,稱之爲“徙”以外,亦有稱作“流徙”。“流”逐漸作爲刑名而使用。“流徙”一詞東漢並不常見,更未有解作遠逐刑罰之例。三國時期“流徙”一詞出現頻率漸高,而作爲刑罰的例子亦不算寡少,如曹魏正元二年(255)毌丘儉上表歷數司馬師的罪狀之一是冤殺鎮北將軍許允,其辭曰:“雖云流徙,道路餓殺,天下聞之,莫不哀傷。”[⑧]東

① 冨谷至:《漢唐法制史研究》,第 292 頁。
② 《漢書》卷 26《天文志六》,第 1312 頁;同書卷 75《眭兩夏侯京翼李傳》論贊,第 3195 頁。
③ 《漢書》卷 93《佞幸傳》論贊,第 3741 頁。
④ 《後漢書》卷 65《皇甫張段列傳・皇甫規傳》,北京:中華書局,1965 年,第 2136 頁。
⑤ 《漢書》卷 75《眭兩夏侯京翼李傳・李尋傳》,第 3193—3194 頁。
⑥ 《漢書》卷 97 下《外戚傳下・定陶丁姬傳》,第 4003—4004 頁。
⑦ 分别參見《後漢書》卷 27《宣張二王杜郭吴承鄭趙列傳・趙典傳》,第 948 頁;同書卷 38《張法滕馮度楊列傳・馮緄傳》,第 1284 頁;同書卷 67《黨錮列傳・尹勳傳》,第 2208 頁。
⑧ 《三國志》卷 28《魏書・王毌丘諸葛鄧鍾傳・毌丘儉傳》,北京:中華書局,1959 年,第 764 頁。許允因黨附夏侯玄,於嘉平六年(254)遭司馬師徙樂浪郡,途中被殺,《三國志》卷 9《魏書・諸夏侯曹傳・夏侯玄傳》(第 303 頁)作“徙樂浪,道死”。

吴的虞翻以狂直忤旨觸怒孫權,被徙逐丹陽,史稱“虞翻以狂直流徙”。①

兩晉南朝之世,“流徙”一詞更爲常用。西晉武帝時,淮南相劉頌上奏言事,提到“惟立法創制,死生之斷,除名流徙”。② 又惠帝“八王之亂”時,趙王倫黨孫秀收捕石崇,崇原先以爲“不過流徙交、廣耳”。③ 劉宋武帝永初元年(420)登基時曾放免流徙罪犯,詔云:

(永初元年)七月丁亥,原放劫賊餘口没在臺府者,諸流徙家並聽還本土。④

蕭齊明帝建武元年(494)即位大赦,詔曰:“劫賊餘口在臺府者,可悉原放。負釁流徙,竝還本鄉。”⑤蕭梁武帝天監元年(502)即位之初,亦以“大運肇升,嘉慶惟始”,下詔:“諸流徙之家,並聽還本。”⑥

“流徙”之例亦見於北魏,如孝文帝太和十二年(488)正月恩詔云:“鎮戍流徙之人,年滿七十,孤單窮獨,雖有妻妾而無子孫,諸如此等,聽解名還本。”⑦孝文帝朝一直勵行漢化政策,及至太和十四年文明太后去世、孝文全面執政後,漢化運動更是達到高峰。太和十六年制律時以“流”作爲刑名,自然是揭示沿襲儒家經典所載上古聖王之制,標榜繼承中華文化正統之姿。⑧ 其實,北魏將遠逐之刑比附爲儒家經典之“流”,並非始自孝文帝。文成帝太安二年(456),征南將軍、冀州刺史源賀建議將大逆、赤手殺人以外的死罪,包括贓罪、盜罪以及過、誤造成的死罪,一律恕死徙邊,以充緣邊諸戍之兵。又云:

① 《三國志》卷52《吴書・張顧諸葛步傳・諸葛瑾傳》,第1234頁;《三國志》卷57《吴書・虞陸張駱陸吾朱傳・虞翻傳》(第1320頁)則作“坐徙丹楊”。
② 《晉書》卷46《劉頌傳》,北京:中華書局,1974年,第1303頁。
③ 《晉書》卷33《石苞傳附石崇傳》,第1008頁。
④ 《宋書》卷3《武帝紀下》,北京:中華書局,1974年,第54頁。
⑤ 《南齊書》卷6《明帝紀》,北京:中華書局,1972年,第85頁。
⑥ 《梁書》卷2《武帝紀中》,北京:中華書局,1973年,第35頁。
⑦ 《魏書》卷7下《高祖紀下》,北京:中華書局,1974年,第163頁。
⑧ 流刑的創制與發展帶有濃厚的儒家色彩,可參看辻正博:《唐律中刑罰的理念與現實——作爲“禮教性刑罰”的流刑》,余欣主編:《中古時代的禮儀、宗教與制度》,上海:上海古籍出版社,2012年。

是則已斷之體,更受全生之恩;徭役之家,漸蒙休息之惠。刑措之化,庶幾在兹。虞書曰"流宥五刑",此其義也。①

源賀向文成帝建議將死罪徙逐邊塞時,即申明其義同於《尚書·舜典》中的"流宥五刑"。源賀所論應是遠師漢人徙邊遺意,不同的是將減死徙邊之刑再緣飾以儒家經典精神。史稱"高宗納之。已後入死者,皆恕死徙邊"。源賀在北魏"減死徙邊"措施的推動以及最終以"流"之名入律的角色,實不宜忽略。孝文的創制無疑是在漢化浪潮逐步推高的背景下,順勢而爲。

綜上所述,"流"作爲一種刑名,早見於《尚書·舜典》,但在戰國秦漢時期,並未將罪犯遠徙的刑罰稱作"流"。及至魏晉之世,放逐遠方之刑稱作"徙"或"流徙",作爲刑罰的"流徙"一名逐漸常見。將徙逐遠方之刑冠以"流"字,自然是比附儒家經典中的聖王古制。此番轉變的背景應是緣於漢代經學發達,儒生信而好古,憧憬三代之德,以爲行三代之政,則盛世可期。流風所及,在魏晉之時,鑒於把犯人減死遠逐既是落實"流宥五刑"的恩典精神,遂將當代刑罰冠以先王經典的用字。晉武帝太康元年(280)平吴大赦詔云:"其赦天下。流宥遠方者,皆原之。"②更是明顯襲用經典的"流宥五刑"。河内司馬氏自身即爲儒學名族,《晉律》帶有濃厚儒家化色彩亦爲學界通識。因此,將徙逐遠方之刑比附上古聖王之制,實肇始於魏晉之世。永嘉之亂後,南北政權其實都同時繼承這樣的傳統,一直都有"流徙"之刑。直至北魏太和十六年,值漢化運動高峰之際,流刑正式創制入律。孝文帝的貢獻是將長期以來作爲代刑姿態存在的遠逐徙遷賦予正刑的身分,並將此一刑罰名之曰"流",此二者影響後世深遠。"流"刑入律,固然與孝文帝追慕漢化,取法儒家經典聖人之制有關,但不能忽視自魏晉以來,"流"已經逐漸成爲放逐刑的名稱而使用了。

---

① 參看《魏書》卷41《源賀傳》,第920—921頁。《魏書》不載源賀上書時間,但《資治通鑑》卷128(北京:中華書局,1956年,第4027頁)將此事繫於宋孝武帝建元三年(456)十一月,亦即北魏文成帝太安二年,今從之。

② 據許敬宗編,阿部隆一、尾崎康輯:《(影弘仁本)文館詞林》卷670《西晉武帝赦詔》,東京:古典研究会,1969年,第373—374頁。

三、流刑與鮮卑舊法

近年來有學者從鮮卑舊俗,乃至内亞草原民族的流放傳統解釋流刑最終會在北魏成立的原因。相關證據主要是根據《三國志》裴松之注引王沈《魏書》所載東胡烏丸的風俗法制,云:

其亡叛爲大人所捕者,諸邑落不肯受,皆逐使至雍狂地。地無山,有沙漠、流水、草木,多蝮虵,在丁令之西南,烏孫之東北,以窮困之。[①]

罪犯被放逐至丁令與烏孫之間環境惡劣的"雍狂地"以"窮困之"。鄧奕琦據此指出鮮卑法"本有將部落重罪成員放逐於荒僻遠地致死之慣例",北魏"改變了歷朝以流(徙)爲輔刑的傳統,將鮮卑法慣用的流刑升格爲主刑,置之於死刑之後,徒刑之前"。[②] 最近黄楨進一步發揮此説,指出流放是内亞草原上一種古老刑罰,歷史上的匈奴、烏桓、鮮卑、突厥、契丹、蒙古等民族都有流放之刑。北魏"流刑實爲北族習慣法與儒學觀念表裏結合的産物。……北魏前期推行的流徙之刑,就是由拓跋鮮卑帶入中原的北族習俗。……在太和年間以律爲治的法制改革中,廣泛運用且被認爲與經典相符的流徙,始以'流刑'的面目被列爲法定正刑"。[③] 鄧、黄的新説拓展了流刑的研究視野,將觀察對象自中原王朝延伸到内亞民族,確是饒富新意,值得進一步思考。

許多民族在社會發展的歷程中,或許都曾出現將惡人遠徙驅逐的刑罰,但北魏的流刑是否源出鮮卑舊俗,則是另一個問題。北朝典籍中有相關記載嗎?《魏書·刑罰志》所記拓跋魏早期的法制狀況,確有北亞草原民族的殘餘痕迹,如昭成帝時"民相殺者,聽與死家馬牛四十九頭";或是太武帝朝"巫蠱者,負羖

① 《三國志》卷30《魏書·烏丸鮮卑東夷傳·烏丸傳》,第833頁。
② 鄧奕琦:《北朝法制研究》,北京:中華書局,2005年,第149—152頁。
③ 黄楨:《再論流刑在北魏的成立——北族因素與經典比附》,《中華文史論叢》2017年第4期,第71頁。

羊抱犬沉諸淵”。[①] 但却不見北族舊俗色彩的流放刑罰。至於流徙遠逐的議論,不管是源賀等朝臣的奏議,抑或帝王的詔令,都没有看到絲毫北族的痕迹。相關史料付諸闕如,其實黄楨亦是瞭然於胸的,不然就不會説“爲營造取法聖人之制的形象,北朝隋唐歷次修律都將流刑包裝成上古之‘流’的繼承者,其内亞淵源遂被掩蓋和遺忘”。[②] 其意就是文獻中找不到半點痕迹。

或云太武帝朝陰世隆、皮豹子等人均非“減死徙邊”,“也就是説,北魏的流徙没有像漢代的徙邊一樣,被用作懲處死罪的替代手段,而是呈現出固有性、常規性,這正是北族流放刑的特色”。[③] 陰世隆的罪名不詳,[④]而皮豹子則是“坐盜官財”,[⑤]由於史料寡少,二人犯罪情節的嚴重性不得而知。即便他們徙邊並非減死寬宥的替代手段,而是常規性作爲懲處犯人罪行相應的刑罰,也就是犯人的本刑,這樣就足以證明皮豹子等徙邊是北族舊俗嗎?

前引晉武帝太康元年(280)平吴大赦詔云:

> 流宥遠方者,皆原之。……又諸以凶醜,父母親戚所從及犯罪徙邊者,不從此令。

其中“犯罪徙邊者”,應是當事人本身的犯行即屬該當流徙邊地,並非減死從流。又劉宋明帝泰始四年(468)檢討劫罪的刑罰,云:

> 自今凡劫竊執官仗、拒戰邏司、攻剽亭寺及傷害吏人,并監司將吏自爲劫,皆不限人數,悉依舊制斬刑。若遇赦,黥及兩頰“劫”字,斷去兩脚筋,徙付交、梁、寧州。五人以下止相逼奪者,亦依黥作“劫”字,斷去兩脚筋,徙付遠州。[⑥]

① 《魏書》卷111《刑罰志》,第2873、2874頁。
② 黄楨:《再論流刑在北魏的成立——北族因素與經典比附》,《中華文史論叢》2017年第4期,第71頁。
③ 黄楨:《再論流刑在北魏的成立——北族因素與經典比附》,《中華文史論叢》2017年第4期,第86頁。
④ 《魏書》卷52《索敞傳》(第1163頁)僅云“世隆至京師,被罪徙和龍”,並未提及世隆所犯何罪。
⑤ 《魏書》卷51《皮豹子傳》,第1129頁。
⑥ 《南史》卷3《宋明帝紀》,北京:中華書局,1975年,第81頁。

新制是將劫罪區分爲兩類：第一類是竊執官仗、拒戰邏司、攻剽亭寺、傷害吏民以及監司帶領將吏爲劫者，都不限人數，維持舊制一律處斬。若是遇到大赦，改爲黥面作“劫”字，斷去兩脚筋，徙付交州、寧州、梁州等地。第二類是五人以下爲劫者，原先亦是科處斬刑，今減輕爲黥面刖足之刑，再徙逐遠州。宋明帝懲治劫罪的新法中，流徙亦是對應特定犯罪的刑罰，是懲治嚴重罪犯的本刑。可見作爲“本刑”的流徙處罰不必等到第五世紀的北魏時期，兩晉南朝亦見其例，是故北朝有其例不足證明流放刑是源自鮮卑舊俗。

針對北魏流刑與北亞草原民族習慣法之關係，筆者仍是維持一貫的觀點：將重罪犯人流徙邊地的做法，中原既古已有之，在魏晉南北朝時不論南北政權也從没間斷過，流刑創制入律實在不需强調鮮卑“慣例”之必要。

四、周隋流刑的刑期

隋文帝登基之初即著手制定新朝的禮樂律令，開皇元年(581)先以北周《大律》作基礎，制定第一部刑律——《開皇律》；開皇三年(583)，再吸收北齊《河清律》，制訂了第二部刑律——《開皇新律》。① 北周《大律》評價不高，被指“其大略滋章，條流苛密，比於齊法，煩而不要”。而《河清律》則譽爲“法令明審，科條簡要”，《開皇新律》吸取《河清律》之優點，故亦被稱贊“刑網簡要，疏而不失”。② 然而，開皇元年的《開皇律》真的無足輕重嗎？試看《隋書・刑法志》所載《開皇律》的刑制：

> 一曰死刑二，有絞，有斬。二曰流刑三，有一千里、千五百里、二千里。應配者，一千里居作二年，一千五百里居作二年半，二千里居作三年。應住居作者，三流俱役三年。近流加杖一百，一等加三十。三曰徒刑五，有一年、一年半、二年、二年半、三年。四曰杖刑五，自五十至于百。五曰笞刑五，自十至

① 《隋書》卷 25《刑法志》，北京：中華書局，1973 年，第 710—712 頁。關於隋文帝制訂律令的過程，可參看高明士：《律令法與天下法》第 1 章《隋代的律令制度》，臺北：五南圖書出版股份有限公司，2012 年。又關於北周《大律》對隋律的影響，參看葉煒：《北周〈大律〉新探》，《文史》2001 年第 1 輯。

② 《隋書》卷 25《刑法志》，第 709、706、712 頁。

于五十。而蠲除前代鞭刑及梟首轘裂之法。其流徒之罪皆減從輕。[①]

可知垂範後世的笞、杖、徒、流、死新五刑架構是在開皇元年即已創制,然則深受《大律》影響的《開皇律》亦非一無是處。[②]

關於隋朝流刑的規定,分爲一千里、一千五百里、二千里共三等。若據前引《唐律》"流刑三"條《疏》文的解釋,流刑三等無疑是比附經書遠、中、近三等流刑的精神。流配者需在流放地分别服勞役二年、二年半、三年。流刑居作最重的三年,相當於徒刑最重的一等。"應住居作者"指判處流刑但不必流配而是在原地服役者,一律服勞役三年。這種因特殊狀況不能流配而代之以原地服役的規定,唐律稱爲"留住法"。[③] 又云"近流加杖一百","近流"何指?《隋書·刑法志》没有清楚交代。但據《唐律》,可知"近流"是一個相對性的概念,此處應指流一千里。[④] 從文意與《唐律》"留住法"的規定,可以推斷"近流加杖"當是針對"應住居作者"。"應住居作者"除了苦役三年以外,尚需加杖,流一千里加杖一百、流一千五百里加杖一百三十、流二千里加杖一百六十。歸納起來,隋朝流刑的要素是:一、流刑有道里之差;二、流刑有居作,即苦役,而居作有年期。

《開皇律》除了建立新五刑架構以外,另一值得稱道之處,乃"蠲除前代鞭刑及梟首轘裂之法,其流徒之罪皆減從輕"。簡單而言,就是酷刑被廢除,重刑被減輕。《隋書·刑法志》中收録了文帝頒定《開皇律》的詔書,提到新律的刑罰輕於周律之處甚多,云:

① 《隋書》卷25《刑法志》,第710—711頁。

② 北齊《河清律》的刑名分别爲杖、鞭、刑、流、死,而北周《大律》的則是杖、鞭、徒、流、死,二者差别不大,但相較而言,隋朝五刑體系與北周的五刑體系更加接近。參看葉煒:《北周〈大律〉新探》,《文史》2001年第1輯,第130頁。

③ 《唐律疏議》卷3《名例律》"工樂雜户及婦人犯流決杖"條(總28)(第75—76頁)云:"其婦人犯流者,亦留住;流二千里決杖六十,一等加二十,俱役三年。"《疏》議曰:"婦人之法,例不獨流,故犯流不配,留住,決杖、居作。"

④ "近流"一詞,唐律兩見,分别在《唐律疏議》卷30《斷獄律》"官司出入人罪"條(總487)(第563、564頁)和"赦前斷罪不當"條(總488)(第566頁)。根據律文的表述,"近流"是相對"遠流"的概念。唐律流刑分爲二千里、二千五百里、三千里三等,流二千里相對二千五百里、三千里就是近流,流二千五百里相對於三千里亦是近流。若以《刑法志》所載,流一千里相對於流一千五百里、二千里,就是"近流"。内田智雄亦以爲"近流"是指流一千里,見氏編:《譯注續中國歷代刑法志》,東京:創文社,1970年,第87頁。

> 夫絞以致斃，斬則殊刑，除惡之體，於斯已極。梟首轘身，義無所取。……鞭之爲用，殘剝膚體，徹骨侵肌，酷均臠切。雖云遠古之式，事乖仁者之刑，梟轘及鞭，並令去也。……流役六年，改爲五載，刑徒五歲，變從三祀。①

死刑删除梟首和轘身（即車裂），只保留絞和斬兩種死刑，而鞭刑也因不符仁道而被廢棄。對於徒刑的改革，云“刑徒五歲，變從三祀”，意指北周徒刑最高原爲五歲刑，但《開皇律》減爲三年。然而，“流役六年，改爲五載”又是什麽意思？隋代流刑居作年期最長不過三年，詔書所謂“改爲五載”，肯定不是指居作的時間，那麽“六年”和“五載”各指什麽？要回答此問題，宜先回顧北齊、北周的流刑規定。

關於北齊流刑的規定，《隋書·刑法志》云：

> 謂論犯可死，原情可降，鞭笞各一百，髡之，投于邊裔，以爲兵卒。未有道里之差。其不合遠配者，男子長徒，女子配舂，並六年。②

原來該判處死刑者，鑒於其情可憫，遂降爲流刑，無疑秉承經典“流宥五刑”之遺意。是故，北齊流刑雖是正刑，但卻帶有死刑替代刑的性質。另外，既是投於邊地爲兵卒，自然是考慮設有軍鎮的地區，那麽就更不可能有明白和標準的“道里之差”了。③ 對於“不合遠配者”，即不應往邊遠地方發配的罪犯，男的充當“長徒”，女的從事舂米，一律勞役六年。④

北周流刑之制，據《隋書·刑法志》云：

---

① 《隋書》卷25《刑法志》，第711頁。

② 《隋書》卷25《刑法志》，第705頁。

③ 《隋書·刑法志》大致成於唐貞觀十五年（641）至二十二年（648）之間，其時流刑早有三等之差，所以作者會認爲北齊的流刑没有“道里之差”是一項值得注意的特徵。反而《魏書》的作者魏收因身處北齊，北齊流刑同於北魏，皆無道里之差，因此魏收不會認爲無道里之差是值得注明的事項。關於《隋書·刑法志》的編纂，可參看拙作：《漢唐正史〈刑法志〉的形成與變遷》，《臺灣師大歷史學報》第43期，2010年。

④ 據《隋書·刑法志》，北齊具有勞役刑意義的刑罰稱作“刑罪”，或稱耐罪，最長是苦役五年，刑徒戴枷鎖送往名爲“左校”的官署服役。不合遠配者需苦役六年，長於一般勞役刑的年期，也許因此而名爲“長徒”。“長徒”一詞屢見於南朝，《河清律》或是受南朝影響，借用了“長徒”一詞，並將刑期固定爲六年。

流刑五，流衛服，去皇畿二千五百里者，鞭一百，笞六十。流要服，去皇畿三千里者，鞭一百，笞七十。流荒服，去皇畿三千五百里者，鞭一百，笞八十。流鎮服，去皇畿四千里者，鞭一百，笞九十。流蕃服，去皇畿四千五百里者，鞭一百，笞一百。①

北周流刑最重要的特徵，也可説與北魏和北齊流刑最大的區别，就是模仿《周禮》"九服"，②將流刑分作衛服、要服、荒服、鎮服、蕃服共五個等級。每一等級是以距王畿遠近，分作二千五百里、三千里、三千五百里、四千里、四千五百里共五等，此即所謂"道里之差"。北周流刑除了道里之差外，尚有附加刑的鞭與笞。五等流刑皆鞭一百，與北齊流刑相同。但笞刑之數，北齊是一律笞一百，北周是自六十至一百不等。據《刑法志》："鞭者以一百爲限。加笞者，合二百止。應加鞭笞者，皆先笞後鞭。"北齊流人是投於邊地以爲兵卒，北周流刑是否連帶苦役或戍邊？《刑法志》記載有點隱晦模糊，在叙述流刑時没有提及，但在討論贖刑時，是這樣記載：

其贖杖刑五，金一兩至五兩。贖鞭刑五，金六兩至十兩。贖徒刑五，一年金十二兩，二年十五兩，三年一斤二兩，四年一斤五兩，五年一斤八兩。贖流刑，一斤十二兩，俱役六年，不以遠近爲差等。贖死罪，金二斤。③

"俱役六年，不以遠近爲差等"一句，應當理解爲由於流刑本身都是勞役六年，所以，不分遠近一律納金一斤十二兩贖罪。北齊流刑並無勞役年限，但北周則規

① 《隋書》卷25《刑法志》，第707—708頁。

② 鄭玄注，賈公彦疏：《周禮注疏》卷33《夏官司馬・職方氏》，十三經注疏本，臺北：藝文印書館，1979年，第501—1頁。

③ 《隋書》卷25《刑法志》，第708頁。其中"贖死罪"與前文的"贖流刑""贖徒刑"之用字並不一致。葉煒以爲"贖死罪"與"贖某刑"是有區别的，"前者本身就是一種刑名，而後者則具有收贖以替换正刑的性質"。參看氏著：《北周〈大律〉新探》，《文史》2001年第1輯，第135頁。不過，"贖死罪"在《通典》卷164《刑法典・刑法二》（杜佑撰，王文錦、王永興、劉俊文、徐庭雲、謝方點校，北京：中華書局，1988年，第4230頁）却是作"贖死刑"，《册府元龜》卷611《刑法部・定律令三》（王欽若等編，北京：中華書局，1960年，第7339頁）亦同。

定爲六年,這是北周流刑的一大特徵。①

此外,《唐六典》卷 6“刑部·刑部郎中”條所引北周刑名,云:

> 流二千五百里者鞭一百、笞六十,以五百里爲差,鞭、笞皆加十,至流四千五百里者,鞭、笞各一百,以六年爲限。②

“以六年爲限”是什麽意思?“以六年爲限”一詞亦見於《唐六典》同卷所載北齊流刑之制,云:

> 二曰流刑,鞭、笞各一百,髡之,投邊裔,未有道里之差,以六年爲限。③

此處“以六年爲限”或即前述不合遠配者給予苦役六年的替代刑罰。然而,即便《唐六典》所載齊制的“六年爲限”可作如此解釋,周制却未見類似“留住法”的規定,“六年爲限”不宜理解爲不合遠配者以苦役六年作爲替代刑罰的意思。況且,北周流刑不分遠近本來就規定一律苦役六年,所以不合遠配者僅代之以六年苦役是不合理的。那麽,“以六年爲限”是指前述流刑苦役的六年?也就是流刑犯人除了遠逐之外也要苦役,苦役不論遠近都以六年爲限的意思嗎?這樣的解釋驟看是説得通的,日本學者辻正博也以爲《唐六典》中“以六年爲限”應是前述《隋書·刑法志》贖刑規定中“俱役六年”的錯記。④ 可是,“以六年爲限”一句的前面完全没有提及苦役,所以“以六年爲限”真的是苦役年限嗎?倘若排除《唐六典》文字有誤,“以六年爲限”一句能否理解爲流刑犯在鞭笞後徙逐遠方,徙逐的刑期是“以六年爲限”?也就是遠逐苦役六年之後,犯人可以返歸故鄉。倘若“以六年爲限”作如是解釋,“六年”除了是勞役年限外,亦是流放的年限。

現在回到最初始的問題,《隋書》所載開皇元年詔書中的“流役六年,改爲五

① 參看拙作:《北朝流刑的研究》,《法制史研究》(臺北)第 10 期,2006 年,第 60 頁。
② 李林甫等撰,陳仲夫點校:《唐六典》卷 6《尚書省·刑部郎中》“職掌”條注,北京:中華書局,1992 年,第 183 頁。
③ 《唐六典》卷 6《尚書省·刑部郎中》,第 182 頁。
④ 參看辻正博:《唐宋時代刑罰制度の研究》,京都:京都大学学術出版会,2010 年,第 47 頁。

載”究竟是什麽意思？沈家本以爲是“考北周贖流刑，俱六年，此文之‘五載’，當亦指贖流刑言也”。[①] 筆者並不同意沈氏觀點。誠如前文所論，北周贖流刑一律是金一斤十二兩，“俱役六年，不以遠近爲等差”之意，是流刑不分流二千五百里抑或流四千五百里，皆需苦役六年，因此贖流刑時不管流放遠近，一律以苦役六年爲基礎科處贖金。相對於贖徒刑五年的贖金是一斤八兩，贖流刑乃加一級爲一斤十二兩。北周贖流刑之“俱役六年”既指流刑的苦役年限，而隋《開皇律》的苦役年限一律爲三年，所謂“五載”顯然與此不合。至於隋律中的贖流刑，明確規定是“流一千里，贖銅八十斤，每等則加銅十斤，二千里則百斤矣”。[②] 贖銅數額是根據流放里程而非以苦役年限來計算，異於周律。沈氏將“六年”“五載”解作贖流刑之内容，並不正確。辻正博則認爲“流役六年，改爲五載”應指北周大律中有類似北齊和唐律中的“留住法”，即不合遠配者一律徒役六年，開皇初則改爲徒役五年。[③] 然而，周制未見類似“留住法”的規定，而《開皇律》對於不合流配者，亦清楚規定一律代之以三年苦役，故對辻氏的解釋，筆者無法苟同。

細檢《通典》卷164《刑法典·刑法二》、《册府元龜》卷611《刑法部·定律令三》、《資治通鑑》卷175“陳宣帝太建十三年”條等文獻，與《隋書·刑法志》記載相同，關鍵文字並無歧異。當然，不排除《隋書》當初傳抄就有訛誤，《通典》等文獻不過陳陳相因罷了。倘若《隋書》記載没有舛錯，純從文句推敲，“流役六年，改爲五載”能否解得開呢？誠如前述，北周流刑犯需苦役六年，六年期滿可以放免返鄉，六年既指流刑的役期，復指流刑的刑期。隋代流刑的苦役最長不過三年，詔書所謂“改爲五載”，肯定不是指苦役的時間，而只能是流刑的刑期。“流役六年，改爲五載，刑徒五歲，變從三祀”，强調的是隋朝將北周流、徒的刑期縮短，前者是將流刑六年的刑期縮短爲五年，後者是將徒刑五年的刑期縮短爲三年。

《刑法志》云“其流徒之罪皆減從輕”，的確，隋朝的流刑比北周減輕多了。

---

① 沈家本：《歷代刑法考·刑法分考十》“流”條，第271頁。
② 《隋書》卷25《刑法志》，第711頁。
③ 辻正博：《唐宋時代刑罰制度の研究》，第47頁。

就里程言，北周流刑的里數是從二千五百里至四千五百里共五等，隋則是從一千里到二千里共三等；就居作年限言，北周是一律居作六年，隋是從二年至三年不等；就鞭笞之數言，北周是鞭笞最高達二百下，隋朝並無鞭笞之附加刑；就流刑年期言，北周是六年放免，隋代縮短爲五年放免。簡而言之，隋朝流刑的幾項要素：（一）流刑道里之差；（二）流刑有居作，而居作有年期；（三）流刑刑期，都明顯沿襲周制而來，這點是討論隋律淵源者所經常忽略的。其後開皇三年的《開皇新律》雖頗受北齊律之影響，但流刑之制似乎無甚改變，仍是北周的規模。

周隋流刑爲何會發展出刑期？筆者以爲主要與流刑目的改變有關。北魏創制流刑的原因，既有解決漢文帝廢除肉刑以來刑罰失衡的考量，也有確保兵源穩定供應的用意。[①] 隨著北魏的漢化日深，北鎮的地位日漸淪落，人們皆視鎮成爲賤途的背景下，孝文帝爲了確保兵力穩定供應的實際需要，遂將文成帝以來恕死徙邊的政策加以法制化。流刑正式入律，流刑犯從此皆徙置邊鎮爲兵。既是徙置邊鎮充兵，就無所謂道里之差；既爲確保邊鎮兵源不致枯竭，在世兵制的傳統下，流人自是没有刑期可言。至於北周，衆所周知實行"府兵制"，府兵乃一支以職業軍人組成、兵農分離、具有中央軍色彩的新勁旅。而且歷經"六鎮之亂"後，西魏北周更刻意提升軍人的地位。職是之故，既不需亦不會將罪犯徙置邊鎮充兵。流人的作用不再是補充兵源，從而回歸單純作爲懲治罪犯的刑罰，流刑纔有自無期刑發展爲有期刑的可能。

流刑刑期之有無既與兵制相關，隋朝原來的流刑刑期或許在開皇十年（590）五月以後有所改變。是年正值平定陳國、統一天下之翌年，文帝下詔：

> 凡是軍人，可悉屬州縣，墾田籍帳，一與民同。軍府統領，宜依舊式。罷山東河南及北方緣邊之地新置軍府。[②]

一方面裁撤山東河南及北方緣邊之地新置軍府，另一方面將府兵改歸民籍，其"墾田籍帳，一與民同"，府兵不再是人民中一種特殊身分，而是賦役項目之一。

① 參看拙作：《北朝流刑的研究》，《法制史研究》（臺北）第10期，2006年，第65—72頁。
② 《隋書》卷2《高祖紀下》，第35頁。

流刑在開皇十三年(593)發生變化,據《隋書·刑法志》云:

(開皇)十三年,改徒及流並爲配防。①

流刑又再次與軍事防務連上關係。如此,流刑刑期會不會有所變化?隋煬帝大業五年(609)六月戊午大赦天下,詔曰:

開皇已來流配,悉放還鄉。晉陽逆黨,不在此例。②

詔書中提到的開皇以來流配犯人,流配時間可能已經超過十年以上了,顯然此時流刑是没有刑期的。

五、流刑執行完畢的争議

關於唐律中流刑的規定,除了前引"流刑三"條以外,尚見於《名例律》"犯流應配"條(總24)云:

諸犯流應配者,三流俱役一年。本條稱加役流者,流三千里,役三年。役滿及會赦免役者,即於配處從户口例。妻妾從之。父祖子孫欲隨者,聽之。③

流人抵達配所,一般的三流犯人需要在配所苦役一年,若是加役流則需要苦役三年。其勞役的性質大體是供該州官役,若該處無官作者,則改從事修理城隍、倉庫及公廨雜使;婦人則留該州從事縫作及配舂。④ 苦役期滿及遭逢恩赦而免

① 《隋書》卷25《刑法志》,第714頁。
② 《隋書》卷3《煬帝紀上》,第73頁。
③ 《唐律疏議》卷3《名例律》"犯流應配"條(總24),第66—67頁。
④ 《唐令·獄官令》復原第20條:"諸犯徒應配居作者,在京送將作監,婦人送少府監縫作。在外州者,供當處官役。當處無官作者,聽留當州修理城隍、倉庫及公廨雜使。犯流應任居作者亦准此。婦人亦留當州縫作及配舂。"參看雷聞:《唐開元獄官令復原研究》,天一閣博物館、中國社會科學院歷史研究所天聖令整理課題組校證:《天一閣藏明鈔本天聖令校證(附唐令復原研究)》,北京:中華書局,2006年,第617頁。

役者,須在配所附籍,不可歸還原籍。同時,妻妾亦須隨行。流刑具有“强制流徙”“强制苦役”“强制移住”和“强制親屬隨流”等四項内容,①刑罰主體應是“强制流徙”和“强制苦役”,至於“强制家屬隨流”是附帶的懲罰,“强制移住”則是强制流徙後的處置方式。

要而言之,流刑是由遠逐與苦役兩大要素構成,苦役是廣義的,有時在軍鎮充當兵卒雜役,有時在州縣衙門役使。北周流刑是自流二千五百里至四千五百里共五等,一律居作六年。流放里程遠,苦役時間長,流人是在遠地執行長期苦役。隋代流刑是從一千里到二千里共三等,苦役年限降爲二年至三年不等,其流放之距離與苦役年限皆大幅降低。流放距離非常短近,而苦役三年即徒刑之最高年限,可見隋代之流刑重點當在苦役而非流放,居作是主,遠逐(其實並不遠)是從。唐代流刑是從二千里至三千里共三等,里程比隋制長,但苦役年限只有一年,則比隋制短。相對於隋制,唐制的遠逐是主,苦役是從。

流人抵達配所後,刑罰是執行完畢抑或仍在執行中,學界意見頗有分歧。日本學者滋賀秀三以爲流刑至配所即執行完畢,以後須定住於配所者,衹係執行已畢之結果,非刑之繼續執行中。故流人猶如一般人民,不得離本籍,若離開,即以逃亡或浮浪罪科之。“本人在服役期滿後,授田、課役負擔等,與一般居民毫無差别。”“流人永遠無法回鄉,是基於已經遷移户籍的事實的一般性拘束,並非對所犯罪行的懲罰的持續。”所以,縱逢恩赦,流人還是不能返回鄉里、國都,其理就如同“已經被執行死刑者,縱逢恩赦亦不能復活是一樣的”。② 流人强制移住的時間點即是流刑執行之完畢,恩赦不及已經發生的既成事實。③

戴炎輝並不同意滋賀秀三的觀點,以爲:“流刑以終身在流所爲其本質的内容,至其勞役係附從内容。到配所以後,仍在流刑執行中,非其執行已畢。即流刑寓有無期徒刑之意,且具保安處分的性質。……流與徒的性質,皆屬於自由

① 劉俊文:《唐律疏議箋解》卷 3《名例律》“犯流應配”條,北京:中華書局,1996 年,第 261 頁。

② 律令研究會編,滋賀秀三譯註:《譯註日本律令五·唐律疏議譯註篇一》,東京:東京堂,1979 年,第 146 頁。滋賀氏之譯註原發表於《國家學會雜誌》第 72 卷第 10 號(東京,1958 年)以下各期。

③ 滋賀秀三譯註:《譯註日本律令五·唐律疏議譯註篇一》,第 148 頁。

刑；均予奴役，祇是否配遠方有區别而已。”[①]戴氏在注釋中據《名例律》“更犯”條進一步指出：“若以滋賀説，則不能解釋：何以重犯流者，爲更犯而再配役三年。”[②]劉俊文氏贊同戴氏觀點，以爲據《獄官令》流人不得“私遁還鄉”，又據《捕亡令》流人逃亡“並須追捕”，可知强制移住乃以流人終身不離配所爲目的。“易言之，流人于配所附貫，並非流刑執行已畢，而是仍在繼續執行，直至流人身死，或特詔放還，或聽選復仕爲止。”[③]

前輩學者針對流刑制度解説分析，對學界貢獻極大。但各人所論，仍有若干未盡完善之處。流人永遠無法回鄉，並非滋賀氏所云流人已在配所登録户籍。蓋流人至配所後，尚需服勞役一年方始在配所附籍，而在流人已至配所但尚未完成勞役前，即使遭逢皇帝恩赦，流人仍然無法返鄉，可知關鍵並非在配所設籍與否，而是向配所强制移徙已經執行完畢之故。[④]“强制流徙”和“强制苦役”的執行時間有先後之差，因此，假若流人已至配所，强制徙逐的處罰已然執行完畢，縱逢帝王恩赦，只能惠及尚未執行的刑罰，而無法對執行完畢的刑罰産生作用。犯人留在流放地，不是刑罰仍在持續，而是刑罰的結果。若謂流人至配所仍是流刑執行中，則帝王的大赦既是皇恩浩蕩，流人焉能不被赦免？流人不因大赦而放歸故鄉的原因，自然是帝王大赦無法赦免已經執行完畢的刑罰。

戴炎輝據《名例律》“更犯”條指出流人到配所後，仍在流刑執行中，非其執行已畢，筆者對此有所保留。爲討論方便，兹將《名例律》“犯罪已發已配更爲罪”條（總29）引述如下：

諸犯罪已發及已配而更爲罪者，各重其事。即重犯流者，依留住法決杖，於配所役三年。若已至配所而更犯者，亦準此。即累流、徒應役者，不得過四年。若更犯流、徒罪者，準加杖例。其杖罪以下，亦各依數決之，累

① 戴炎輝編著，戴東雄、黄源盛校訂：《唐律通論》，臺北：元照出版社，2010年，第189頁。
② 戴炎輝：《唐律通論》，第189頁。
③ 劉俊文：《唐律疏議箋解》卷3《名例律》“犯流應配”條，第262頁。
④ 參看辻正博：《唐律中刑罰的理念與現實——作爲“禮教性刑罰”的流刑》，《中古時代的禮儀、宗教與制度》，第78—79頁。

> 決笞、杖者,不得過二百。其應加杖者,亦如之。[①]

按本條是關於有罪"更犯"之規定,所謂"更犯"乃指犯人之犯罪已被告發或是正在科罰時,又犯了另外的犯罪。"更犯"之認定是在犯罪已被告言之後、刑罰執行完畢之前,又犯他罪者,方始認定爲更犯。[②] 其處刑原則是重於單犯一刑但又輕於兩刑相加,既達加重處罰的效果,但又不致刑度過重,乃以限制加重的方法來加重。[③] 關於流刑更犯流刑的狀況,由於一人不能同時流放兩處,所以律文規定依"留住法"執行,一律科處決杖和配役。而針對犯流已斷者,可再細分二種狀況:第一種是已斷配訖但未至配所者,第二種是已至配所者。關於前者,據《疏》文的解釋,云:

> 犯流未斷,或已斷配訖、未至配所,而更犯流者,依工、樂留住法:流二千里,決杖一百;流二千五百里,決杖一百三十;流三千里,決杖一百六十;仍各於配所役三年,通前犯流應役一年,總役四年。若前犯常流,後犯加役流者,亦止總役四年。

劉俊文以爲須依前後兩犯流刑中里數最遠者配流,而易另一次流刑依留住法決杖配役。[④] 故按照流刑輕重科處杖一百至一百六十下,而三流皆折抵三年苦役,加上原來流刑的一年苦役,共需在配所服役四年。至於第二種狀況,即已至配所者,仍依"留住法"處置,據《疏》文云:

> 已至配流之處而更犯流者,亦準上解留住法,決杖、配役。其前犯處近,後犯處遠,即於前配所科決,不復更配遠流。

---

① 《唐律疏議》卷 4《名例律》"犯罪已發已配更爲罪"條(總 29),第 79—80 頁。
② 劉俊文:《唐律疏議箋解》卷 4《名例律》"更犯"條,第 296—297 頁。
③ 錢大群:《唐律研究》,北京:法律出版社,2000 年,第 158 頁。
④ 劉俊文:《唐律疏議箋解》卷 4《名例律》"更犯"條,第 297 頁。

其處置方式與未至配所者大體相同，但既至配所，即使後犯流較重、配處較遠，亦於前配所科決，不復更配遠處，這是與前述未至配所者的重要差别。

戴氏認爲流刑犯已至配所而更犯流，與未至配所者一律適用“留住法”，故以爲流人“到配所以後，仍在流刑執行中，非其執行已畢”。個人以爲非是。本條是規定“更犯”，所論不管是流刑也好，徒刑也罷，其適用範圍是在犯罪告言之後、刑罰執行完畢以前，也就是刑仍在執行中。若是刑已經執行完畢而再犯，則視爲累犯但不是更犯。流刑其實包含“强制流徙”和“强制苦役”，流人至配所僅是執行了刑罰中“强制流徙”的部分，但仍需執行“强制苦役”部分。一旦流人服完一年苦役，其刑罰始算執行完畢。“更犯”條中所設定的時間點是流人至配所但仍未執行完一年苦役之時，其立法要旨主要在釐清前後流的配所問題。至於服役年限，很清晰是 1 + 3 的概念，即前流的一年苦役加上後流折抵的三年徒刑，共需服役四年。律文在刑罰執行的時間點很清楚是設定在已至配所但苦役仍未服完之時，故此纔以 1 + 3 的概念來表述。總之，戴氏根據“更犯”條根本無法支持流人至配所是刑的持續執行的論點。

至於劉俊文引唐令以爲流人私逋還鄉“並須追捕”，本條唐令引自《唐律疏議・捕亡律》“將吏捕罪人逗留不行”條《疏》文，云：

> 依《捕亡令》，囚及征人、防人、流人、移鄉人逃亡及欲入寇賊，若有賊盜及被傷殺，並須追捕。①

劉氏以爲强制移住乃以流人終身不離配所爲目的，筆者以爲值得商榷。流人至配所服徒刑完畢，即於配所從户口例，與平民百姓無異。其不得離開配所的理由，不必以其爲流人或以流刑仍在執行來解釋，其實如同一般平民不得擅離本籍，浮浪他鄉是同樣道理。律令爲何特别針對流人逃亡作出規定？細檢本條令文，針對的是“征人”“防人”“流人”“移鄉人”，都是基於不同因素遠離家鄉、徙居别處的人。現居地對這些特殊身分人仕而言是人生地不熟的異鄉，是故相較於

① 《唐律疏議》卷 28《捕亡律》“將吏捕罪人逗留不行”條(總 451)，第 525 頁。

一般的百姓，征人、流人等都更有可能逃離現居地，潛逃返鄉。同時，相較於追捕一般亡人，追捕流人的機制較爲特殊，據令文可知，是亡處與移亡者之家居所屬，兩地的官司都要追捕。禁止逃亡並非流人獨有的禁令，亦無法據此論證流人至配所後刑罰仍在執行中。

六、結　　語

本文旨在檢討流刑的創制、發展、刑期等相關問題。北魏孝文帝將徙逐遠方的刑罰訂入正刑之中以及以“流”作爲其刑名，固然與追慕漢化，取法儒家經典聖人之制有關，但不能忽視自魏晉以來，“流”已經逐漸成爲放逐刑的名稱而使用了。將重罪犯人流徙邊地的做法，中原既古已有之，歷兩漢魏晉南北朝而不曾間斷，流刑創制入律實在不需强調鮮卑舊俗慣例之必要。不過，歷史上的匈奴、烏桓、鮮卑、突厥、契丹、蒙古等民族既然都有流放之刑，日後研究對象確實可以自中原王朝延伸到内亞民族。

周隋的流刑既有苦役年限，亦有刑期。周的苦役與刑期俱爲六年，隋的苦役年期爲二至三年，流放的刑期則是五年，周隋都是有期流刑。流刑自無期刑發展爲有期刑，與流放罪犯是否爲軍隊的重要來源密切相關。流刑的目的若爲確保軍鎮兵源不致枯竭，在世兵制的傳統下，流人自是没有刑期可言。但倘若流人的作用不再是補充兵源，則刑期的誕生便有其可能。

唐律流刑的主體是“强制流徙”和“强制苦役”，二者的執行時間有先後之差，因此，假若流人已至配所，强制徙逐的處罰已然執行完畢，縱逢帝王恩赦，只能惠及尚未執行的刑罰，所以最多只能免除居作。一旦居作期滿，流刑所有刑罰理應執行完畢。犯人留在流放地，不是刑罰仍在持續，而是刑罰的結果或效果。此時縱逢恩赦，犯人仍是無法返鄉，原因就是帝王大赦無法赦免已經執行完畢的刑罰。

〔作者陳俊强，臺北大學歷史學系教授〕

Addendum to Banishment System in Sui and Tang Dynasties

Chan Chun-keung

Abstract: Attentive to the changes and transformations of the penal system between Han and Tang Dynasties, and pondering over how the classical punishment with corporal punishment as the main body transformed to the traditional punishment with penal servitude and banishment as the main body are always my concerns. I have published a series of papers on the origin, establishment, development and change of banishment during the Wei, Jin, Southern and Northern Dynasties, Sui and Tang Dynasties. This article serves as a supplement to my past papers on the origin and nature of the banishment system. Emperor Xiaowen(孝文帝) of the Northern Wei Dynasty incorporated the punishment of exiling a criminal to a distant place into the formal punishment and named it "liu(流)". This was certainly related to his pursuit of sinicization and the system of adopting the Confucian classics, but we cannot ignore that since the Wei and Jin Dynasties, "liu" has gradually become the legal name for banishment. In recent years, some scholars have tried to explain the reasons for the establishment of banishment in the Northern Wei Dynasty from the old customs of Xianbei(鮮卑) and even link it as a tradition of the Inner Asian steppe people. However, I believe that the practice of migrating felons to the border areas has long existed in the China since ancient times, and it has not been interrupted throughout the Han, Wei, Jin and Southern and Northern Dynasties. Hence the establishment of banishment does not need to emphasize the old customs of Xianbei. Banishment in Zhou and Sui Dynasties consists of both years of labor service and sentence. Zhou's labor service and sentence were six years, Sui's labor period was two to three years, and exile sentence was five years. Banishment in these Dynasties was fixed-term. Such development, from life sentence to fixed-term sentence, is closely related to whether the exiled criminal is an important source of the army or not. The main body of banishment system under Tang Code was "forced migration" and "compulsory labor." There was a difference in the execution time of the two. If the banished person has reached the place of exile, the penalty of forced migration has already been executed. Therefore even if amnesty was grant from Emperor, the criminals can only benefit penalties that have not yet been executed, so at best they can only be exempted from labor service. Once the term of labor service completed, means all penalties of banishment had been executed. At this status, the banished persons' stay in exiled place was not the continuation of the punishment, but the result or effect of the punishment. At this time, even with mercy, the banished person still cannot return to their hometown, because the emperor's amnesty cannot pardon any penalties that executed.

Keywords: Wei, Jin, Southern and Northern Dynasties; Sui and Tang Dynasties; Banishment; Sentence of exile; Old customs of Xianbei

《中外論壇》2021年第3期
2021年9月,第93－122頁

從"違制罪"看宋金元"概括性禁律"的特點與承襲

李如鈞

提　要:"概括性禁律"爲傳統中國法律重要類型,學者從清代違制罪的發展出發,强調該罪使法律處於不可預知狀態,是維護皇權的利器。本文則從宋代違制罪出發,認爲自太宗起該罪超出律文範圍,由違背皇帝文書之罪,變成違反皇帝制詔指示的刑罰。真宗時更大幅擴張,出現許多"以違制論"規定適用於四方事務,成爲無明定罰則條文的處罰標準,亦爲朝廷簡便立法論刑方式,在兩宋時期發揮補充律文、輔助敕令體系運作之效。而金、元兩朝雖承續違制罪時間各異,論刑與執行也不一,但簡便性特徵依舊延續,仍爲非漢統治者廣泛運用。由於律典的違制罪是代表皇權,真宗也藉該罪彰顯君主身分與權威。但仁宗之後皇帝却著眼於立法論刑簡便性,朝臣們也積極運用違制罪輔助政務,且該罪刑度不高、處罰有限,實與皇權的關連性有限。而金、元兩代違制罪與皇權的關係,相較而言是逐漸加强,尤以元代明顯,但與清代違制罪仍有相當差距。故"概括性禁律"看似淵遠流長,但其中起伏變化甚大,性質也因各朝環境背景有所不同,未可一概而論,尚待學界繼續深究。

關鍵詞: 違制罪;概括性禁律;宋刑統;金律;元代法律

一、前　言

學界關於清代法制，如《中華帝國的法律》等論著常提及“概括性禁律”一詞，即違制律、不應爲律、光棍例、違令律等具高度籠統抽象性、涵蓋性的法律條文。其中違制罪獲得不少關注，[①]多用於“律無明文”情況，强調此罪使法律處於不可預知的未確定狀態，與近代西方法律的核心主張“罪刑法定主義”差異頗大，統治者可據自己需要任意適用，充滿隨意性和不可預期性的人治色彩，是維護皇權一大利器。[②]

此種看法確有其道理，但違制罪淵源流長，歷朝各代確有不同發展演變。如宋初承襲唐律違制罪，之後開始擴大運用，[③]《續資治通鑑長編》《宋會要輯稿》等兩宋諸多史籍存有相當數量違制罪記載。就目前學界對宋代違制罪的理解，多認爲是從“違反皇帝文書本體”，擴大成“違反朝廷以制詔發布的規定”“違法受處分而法無具體條文規定者”之罰。看似維護皇權的威壓作法，其實刑度不高，[④]處罰亦有限度。乍看是人治下的法治，或許簡便立法下展現的彈性治理方式較符實情，而這也與清代違制罪亦賦與立法上靈活性與未必導致司法審

① 王志强：《清代刑部的法律推理》，氏著：《法律多元：視角下的清代國家法》，北京：北京大學出版社，2003 年。錢錦宇：《論中國古代刑法典中的概括性禁律——以〈大清律例〉爲例》，《求是學刊》2007 年第 1 期。管偉：《中國古代法律解釋的學理詮釋》，山東大學 2008 年博士學位論文。金治方：《試論中國古代易俗令與違制律》，復旦大學 2009 年碩士學位論文。D. 布迪(Derke Bodde)、C. 莫里斯(Clarence Morris)著，朱勇譯：《中華帝國的法律》第二篇《清帝國案例評析》，南京：江蘇人民出版社，2010 年，第 420—423 頁。陳煜：《論〈大清律例〉中的“不確定條款”》，《中國刑事法雜志》2011 年第 11 期。

② 楊立民：《試論清代“違制律”的司法適用》，《復旦大學法律評論》第 2 輯，北京：法律出版社，2015 年。楊立民：《論清代“違制律”的功能及其轉换》，《蘇州大學學報(法學版)》2016 年第 2 期。

③ 戴建國：《宋代刑法史研究》第四章《宋代主要罪名》二“違制罪”，上海：上海人民出版社，2008 年，第 120—122 頁。裴會濤：《敕與北宋立法關係研究》，河南大學 2011 年博士學位論文。鄭顯文主編：《中國法制史教程》，北京：知識産權出版社，2011 年。楊立民：《制書有違：古代“違制律”的概念辨析與源流考證》，《雲南大學學報(法學版)》2014 年第 3 期。青木敦著，趙晶譯：《地方法的積聚及其法典化——以五代至宋的特別法爲中心》，中國政法大學法律古籍整理研究所編：《中國古代法律文獻研究》第 9 輯，北京：社會科學文獻出版社，2015 年。潘萍：《宋代“違制”初探》，《中國史研究》(韓國)第 104 期，2016 年。

④ 唐、宋律典的違制罪，刑度最高徒二年，清律更只有杖一百，比起十惡大不恭等維護皇權的重罰，最低多從流刑起算，可説刑度明顯偏低。

判專斷之觀察相合。[①] 故違制罪自唐律定型,直至清末帝制告終,實爲傳統中國法律重要一環,這一千多年間的發展變化值得深入注意。因此,本文以下將討論宋、金、元三朝的違制罪演變,關注此一罪罰的範圍、實踐、作用與影響,並配合《天聖令》《慶元條法事類》等法典修纂情況,兼談該罪的擴張與近世法律體系之關係,並嘗試回應傳統中國"概括性禁律"此重要議題。

二、北宋前期違制罪的演變

歷代史籍中有許多"違制"記載,也有不少因違制獲罪的案件,但這些"違制"却各有不同含意。有些是不遵禮儀、制度,有時則泛稱違犯相關規範的行爲,即"逾制"非違制。而本文討論的違制罪,是對違反"王言"者的處罰,[②]即違背皇帝文書,非常見的制度、法律之意。此罪自春秋時已見雛型,自秦始皇創設皇帝制度後,若不遵從制書等皇帝文書,該受何種刑罰,歷代各有輕重不同。[③]

沈家本從西漢景帝、宣帝二則"議詔"案件,指出此時違犯皇帝詔旨所獲罪罰,輕重相差甚大,影響因素頗多,如社會氛圍、犯者身分、皇帝個人態度等皆是。[④] 此種輕重不一的情況在《唐律疏議》有所統整,即將違背皇帝制書在内的公文書相關罪名規定於《職制律》,内容是規範官員製作、傳遞、收受、執行制書等官文書時,因故意或過失犯錯當受到何種處罰。違制罪是其中之一,即《唐律疏議・職制律》第 22 條"被制書施行有違"(總第 112 條):

諸被制書,有所施行而違者,徒二年。失錯者,杖一百。注:失錯,謂

---

① 李如鈞:《簡便之罰:宋代的違制罪與"以違制論"》,《史學彙刊》第 36 期,2017 年。

② 唐宋時期的皇帝指令無論是口頭、書面,大體需經過一連串體制運作流程,再以文書形式行使四方。中村裕一:《唐代制敕研究》,東京:汲古書院,1991 年;《唐代官文書研究》,京都:中文出版社,1991 年;《唐代公文書研究》,東京:汲古書院,1996 年;《隋唐王言の研究》,東京:汲古書院,2003 年。

③ 鄭秦:《古代公文制度與行政效率》,氏著:《清代法律制度研究》,北京:中國政法大學出版社,2000 年,第 392 頁。

④ 沈家本,鄧經元、駢宇騫點校:《歷代刑法考》卷 13《漢律摭遺・厩律・奉詔不謹》,北京:中華書局,1985 年,第 1621—1622 頁。劉俊文也認爲如此,見氏著:《唐律疏議箋解》卷 9《職制・被制書施行有違》,北京:中華書局,1996 年,第 776 頁。

失其旨。

疏議曰:"被制書",謂奉制。有所施行而違者,徒二年。若非故違而失錯旨意者,杖一百。①

目的是懲罰未按制書内容辦事的官吏,確保皇帝文書當被遵行,過失者杖一百,故意者徒二年。制書的範圍,從該條律文問答可知:"上條稽緩制書,注云:謄制、敕、符、移之類,皆是。"即制、敕、符等文書皆屬制書,範圍廣泛。至此,以往違背皇帝文書之刑罰輕重有别的情況,在唐代獲得改善。②

宋朝立國之初,開國律典《宋刑統》承襲《唐律疏議》,違制罪内容也幾同唐律,與其他相關條文統整爲"制書稽緩錯誤"門。③ 但至太宗一統全國不久,違制罪範圍開始變化。太平興國六年(981)五月有詔:"諸道刑獄大事限四十日、中事二十日、小事十日。"對地方刑獄案件分等級定時限,超限三十日者原依《宋刑統》官文書稽程罪:"其官文書稽程者,一日笞十,三日加一等,罪止杖八十。"④可知最多僅杖八十。該詔書却改以違制罪論處,將刑度提高至杖一百、徒二年,雖之後認爲處罰過重遭修改,⑤但仍反映出太宗欲加强法制建設,意圖用違制罪督促官僚之用意。⑥

此後,違制罪漸次擴張。雍熙元年(984)八月,因中央與地方公文耗時往返,造成案件"禁繫淹久"問題。太宗除要求輕案不用上報,疑獄案件需盡快傳遞外,更要求"有司詳覆而無可疑之狀,官吏並同違制之坐",⑦用違制罪警告官

① 《唐律疏議》卷9《職制律》,北京:中華書局,1983年,第197頁。

② 戴炎輝:《唐律各論》,臺北:成文出版社,1965年,第107—108頁。劉俊文:《唐律疏議箋解》卷9《職制》,第690—692頁。

③ 即"稽緩制書官文書""被制書施行有違""受制忘誤""制書官文書誤輒改定"四條律文,再加上一條《公式令》令文。見薛梅卿點校:《宋刑統》卷9《職制律》,北京:法律出版社,1999年。

④ 《宋刑統》卷9《職制律》,第176頁。

⑤ 《宋會要輯稿》(以下簡稱《宋會要》)刑法3之49,第167册,北京:中華書局,1957年,第6602頁。

⑥ 宋初法制建設,見柳立言:《吏理中的法理:宋代開國時的法治原則》,中國政法大學法律古籍整理研究所編:《中國古代法律文獻研究》第8輯,北京:社會科學文獻出版社,2014年。趙晶:《論宋太宗的法律事功與法制困境——從〈宋史·刑法志〉説起》,《中研院史語所集刊》第90本第2分,2019年。

⑦ 《續資治通鑑長編》(以下簡稱《長編》)卷25"宋太宗雍熙元年八月戊寅朔"條,北京:中華書局,2004年,第582頁。《宋史》卷199《刑法志一》,北京:中華書局,1977年,第4970頁。

員審案時務應謹慎,力求勿冤。又爲告誡地方長吏不可將親舊充認僚屬而下詔:"自今諸路轉運使副及州郡長吏並不得擅舉人充部下官,如有闕員,當以狀聞。違者科違制之罪。"①直至太宗晚年,淳化四年(993)十二月仍有詔:"左藏逐庫監官,自今憑由須逐時申破,如積涉經年,以違制坐之。"②左藏庫憑由是官文書,非皇帝文書,而"積涉經年"實已遠逾申報期限,此時亦改由違制罪處罰。故從上述處罰事項,可知與宋律原本規定,即違反皇帝文書本體——制書、詔書無直接關涉,差異頗大。

至道三年初(997)太宗崩,真宗即位,不久就命重臣重新修法,咸平元年(998)十二月給事中柴成務在《新删定編敕》的説明中提到,太宗朝《太平編敕》《淳化編敕》條文繁多,此次將近兩萬條文删修精簡至八百餘條,其中對"令敕稱依法及行朝典勘斷,不定刑名者,并準律、令、格、式;無本條者,準違制敕,分故失及不躬親被受條區分",③即重新編敕時將許多未定罪刑的條文,若無既有法律形式可歸類者,區分情節輕重作三類:故意、過失、不躬親被受,各别論處違制罪。可見此時的違制罪,又擴大爲編敕時論罰量刑的依循標準。

爾後,違制罪範圍持續擴增,不少詔旨結尾都附隨"論以違制""以違制論",即依違制罪論處的條文。如大中祥符元年(1008)正月,天書運動初始,真宗表示:

> 近者士庶頗事侈靡,衣服器玩多鎔金爲飾,工人鍊金爲箔者,其徒日繁,當令禁止。據其數歲費用甚多,壞不可復,寖以成風。此深可戒。

官員對此提出許多建議,其中一項是對工匠以違制罪論處:"冶工所用器,悉送官,違者所由捉搦,許人糾告,並以違制論。"④八月,又對建築、首飾、轎子過於華麗者提出警告,"違者物主工匠並以違制論,工匠刺配他州"。⑤ 可見違制罪

① 《宋會要》選舉 27 之 4,第 117 册,第 4664 頁。
② 《宋會要》食貨 51 之 21,第 146 册,第 5685 頁。
③ 《宋會要》刑法 1 之 2,第 164 册,第 6462 頁。
④ 《宋會要》輿服 4 之 5,第 44 册,第 1796 頁。
⑤ 《宋會要》輿服 4 之 7,第 44 册,第 1797 頁。

的處罰對象已超出宋律僅針對官員的規定，成爲朝廷用法律對士庶百姓移風易俗的方式。

隨著“以違制論”“論以違制”持續增加，可見對新出現的違法、不適切事務，真宗朝臣就傾向以違制罪論處，範圍涉及國家、社會各層面，讓違制罪進一步廣披四方，對象涵蓋士庶官民，内容、類型不一，甚而連倉草場的運作細節亦有所涉。① 至此，違制罪的“概括”性質已然確立，即“某些違法或應受處罰行爲，就以違制罪論處”，成爲一種重要立法論刑方式。爲何“以違制論”得以如此快速擴張？其一主因當具迅速定罰之效，如天禧二年（1018），“邵武軍得替司法參軍路在押綱赴京，而中路擅自離去，爲本軍所奏”，遂下詔諸路州府軍監：“自今後應起發上京綱運，所差因便押綱得替幕職、州縣官等，並給與驛券，仍令起發綱運州軍責勒文狀，委得在路躬親鈐轄，依程赴京，不得取便别路行。犯者，從違制定斷。”②目的就是即時告誡、警惕官員，不當再發生類似情事。

違制罪適用範圍不僅大幅擴增，該罪作爲量刑依據的標準也發生變化。審刑院、大理寺於大中祥符二年（1009）上言：“準詔，定違制及不躬親被受等條。今請應宣敕内有稱依法科罪及朝典勘斷不定刑名者，並合準律令格式；無本條者，準違制，分故失及躬親被受與不躬親被受條區斷，内情重者奏裁。”③可見自咸平元年（998）底違制罪成爲編敕的量刑標準後，散敕至此也以爲標準。大中祥符六年（1013）七月又有詔：“自今文武官特奉詔旨，專有處分，即爲躬親被受，犯者以違制論。自餘例受詔敕海行條約，非有指定刑名者，各論如律。無本條者，從違制失斷。”④此因王曾知審刑院時：⑤

> 舊違制無故失，率坐徒二年，曾請須親被旨乃坐。既而有犯者，曾乃以失論。帝曰：“如卿言，是無復有違制者。”曾曰：“天下至廣，豈人人盡曉制

① 《宋會要》食貨62之5—6，第153册，第5951頁。大中祥符六年（1013）五月，詔：“倉草場監官押宿，如的疾患，不任事，即預具公文，報提點所勘會，下次監官押宿。如違，科違制之罪。”參見《宋會要》職官26之24，第74册，第2931頁。

② 《宋會要》食貨42之6，第142册，第5564頁；同書食貨46之6，第144册，第5606頁。

③ 《長編》卷73“宋真宗大中祥符二年九月庚午”條，第1634頁。

④ 《長編》卷81“宋真宗大中祥符六年七月壬子”條，第1842頁。

⑤ 《宋史》卷310《王曾傳》，第10183頁。

書，如陛下言，亦無復有失者。"帝悟，卒從曾議。

宋祁於王曾墓誌中寫到："法家有違制而情不一，公請非親被以失論。"①可見《宋刑統》的違制罪雖區分故意、過失，但無"躬親被受"規定。而當違制罪適用範圍擴大後，已難區分何者是皇帝親授，或僅是朝廷詔令的"以違制論"條文，即"情不一"時該如何論罪？遂發生真宗要求"從重論處"，王曾却主張"從輕論罰"的君臣異論。可見宋律的違制罪，原本僅限於皇帝文書，至此必須區分是否"特奉詔旨"，即强調官吏直接承受皇帝文書者有較高罰則，此亦反映出用違制罪論處的條文大量出現，必須特加説明纔可説是出於皇帝親授。

再者，違制罪迅速擴張，實際論處也出現不一情況。宋律的違制罪處罰是杖一百、徒二年，但在大中祥符元年(1008)十二月却可見駙馬都尉柴宗慶"遇慶恩移郡，不赴便殿告謝"，被有司舉發，以違制罪論處。但最後是先罰銅三十斤(折抵徒一年半)，再"有詔末減，罰兩月俸"，②可知違制罪的實際論處並非僅限徒、杖刑。九年(1016)八月，審刑院稱："命官自蜀代還，部綱京師，私抉元封，内繒帛其中，遣郵置卒賫擔，規免商算。"官員主張當用違制失罪。真宗不允，認爲："此得謂之失耶?"宰相王旦也説："律之詐欺，百端皆是。大率言失者，須思慮所不到。此公爲詐欺，非失也。"遂改用違制罪論罰。③ 皇帝、宰相、中央司法官員爲了地方官回京夾帶私貨，此種不大不小之事商議討論，可謂之慎重。

如此現象，實因身爲皇帝的真宗不時參與違制罪案件的定奪論刑，直到晚年依舊如此，天禧三年(1019)十月有詔：

益、梓、利、夔州路緣邊居住夷人或有銅鼓、銅器，並許依舊于夷界内使用，州縣不得搔擾。先是，富順監州始姑鎮夷人家有銅鼓，子孫傳秘，號爲

① 宋祁：《景文集》卷58《文正王公墓誌銘》(武英殿聚珍本，《叢書集成初編》，上海：上海商務印書館，1936年，第778頁)："法家有違制而情不一，公請非親被以失論。會其獄須報，公據前例，帝曰：自是無復有違制耶？公曰：如陛下言亦無復有失者，帝悦，更從輕生。"

② 《宋會要》帝系8之47，第4册，第186頁。《長編》卷70"宋真宗大中祥符元年十二月己酉"條，第1582頁。

③ 《長編》卷87"宋真宗大中祥符九年八月甲午"條，第2006—2007頁。

> 豪族。有司按法,當以違制論。帝念遠俗,而有是詔。

對於西南地區不同民族風俗,地方官雖依法論處違制罪,但真宗思考後却認爲不該處罰,更强調往後官員不可騷擾。① 而真宗積極參與違制罪的定奪量刑,並未讓違制罪原本刑度失效,産生不確定感,反之,是爲參考基準供君臣們依案情狀況調整量刑。如大中祥符六年(1013)三月詔:"京師每遇冬至寒節假日,許士庶賭博,其禁軍違犯,一例捨之。可再降宣命,曉示軍人仍舊禁,犯者論如律。"宋律規定"博戲賭博財物者",杖一百。真宗曾對"軍人賭博者"特以違制論處,徒二年,此後"鳳州威邊軍健閻晏以己錢借韓興賭戲,州坐興徒,晏第從杖科",兩人同爲軍人却量刑不同。之後經刑部、大理寺討論,最終按律文同懲杖刑,不以違制罪論罰。②

雖然真宗君臣頻繁商議,力求違制罪的罪罰相當,但在適用條文日益增多下,終難以持續,出現量刑漸趨穩定迹象。天禧二年(1018)三月上封者言:"且今之律令則具有明文,制敕則常有更改。凡定罪之要,言敕則多指故失,言罪則皆坐公私。四者定刑,重輕殊邈。"真宗下詔命審刑院、大理寺、刑部、開封府共同議定:

> 自今捕盗、掌獄官不稟長吏而捶囚,不甚傷而得情者,止以違制失公坐;過差而不得情,挾私拷決有所規求者,以違制私坐。又捕盗官承前有捕捉稽時不聞州者,咸以違制論。準至道元年敕,小可盗失,令村耆了絶,今例以違制科罪,似涉太重。望令犯者以違制失論。又律分公私罪,云私謂不緣公事,私自犯者。雖緣公事,不吐實情,心挾隱欺,亦同私罪。公謂緣公事致罪而無私者。雖私曲相須,公事得正,違法猶以公坐。望令斷獄並以上文審定。又律有被制書有所施行而違者徒二年,失錯者杖一百。今請法官斷罪,除海行條貫元敕指定違制外,自餘情輕失錯者止從違制失論,其公私相半而私情重者奏裁。

① 《宋會要》蕃夷 5 之 20,第 198 册,第 7776 頁。
② 《宋會要》刑法 7 之 6,第 171 册,第 6736 頁。

可見違制罪被細分爲違制故、失、公、私各種情況,案情普遍嚴重性不高。[①] 但仍顯示真宗始終相當重視違制罪的論刑是否恰當,更表明無論罪行情狀如何,“以違制論”徒二年與“以違制失論”杖一百爲論刑基準,若案情特殊再請奏裁。

總之,違制罪自太宗起開始變化,從宋律的違反制書之罪,開始擴大適用於其他事務,成爲它項應罰之事的論刑依據。真宗朝承續後更不斷演變,一是“論以違制”“以違制論”大量出現,即新出現的違法、應受罰行爲就按違制罪論處;二是違制罪成爲未定刑罰者的論刑依據,以及簡便定罰的立法方式。反觀宋律中與違制罪同爲“被制書施行有違”的“稽緩制書官文書”“受制忘誤”“制書官文書誤輒改定”等條未見太多改變,亦反襯出違制罪的大幅擴張。加之違制罪擴張時,正逢《天聖令》編纂頒布,兩者皆是對宋初承襲唐代的法律規範進行增補修正。但《天聖令》是在舊令基礎上修整補充,而“以違制論”則配合宋代散敕、編敕的立法方式增補既有律法,兩者差異反映出宋廷對新舊立法方式的轉換。

而論處違制罪的案件,普遍惡劣嚴重性不高,但真宗却屢與朝臣商議,實際處刑結果不一。此除因案情輕重不同,違制、違制失罪的適用範圍、是否“躬親被受”,也是君臣討論要點,亦可見違制罪正處於迅速發展階段,更是皇帝指令權威性的展現。此脈絡先從太宗眼見天下逐步穩定,欲開展法制建設,遂藉違制罪擴大範圍彰顯皇帝自身意志,整頓官僚弊端可知。之後,真宗大中祥符年間正逢天書運動熱潮,也是違制罪快速擴張時期,兩者相互參照,也可反映出真宗欲藉違制罪成爲普遍應罰事項的論刑依據,强調違反皇帝旨意之嚴重,以及與朝臣商議如何恰當論罰,展現君主身分與權威的企圖。[②]

三、北宋中期至南宋的起伏變化

仁宗時期,違制罪已不像真宗時由君臣多所商議,君臣討論大略如寶元二年(1039)五月刑部上言情況:

---

① 《長編》卷91“宋真宗天禧二年三月乙卯”條,第2105頁。
② 真宗朝政治起伏,可見劉静貞:《皇帝和他們的權力:北宋前期》,臺北:稻鄉出版社,1996年。

> 著作佐郎王師旦爲於御街上行馬，致軍巡人申舉，蒙開封府勘罪。檢會中書劄子，御路上只許近上臣僚行馬，及海行條貫本條無指定刑名，並從違制失私罪。其王師旦從上條杖一百，止私罪定斷。①

即就案情輕重，先以故意徒二年或過失杖一百論刑，若有疑議再行修正。此種方式，除較務實不需君臣頻繁商議外，亦顯見簡便論刑成爲違制罪廣爲運用之因。這由范仲淹對違制罪的看法也可見：

> 僕謂制者，天子命令之文，無他優劣，庶幾不損大義爾。足下謂册、制之類有七，何特以制名焉？七者之名，有則有矣，然近代以來，暨于今朝，王言之司，謂之兩制，是制之一名，統諸詔命。又有待制、承制之官，皆承奉王言之義也。又今詔、誥、宣敕、聖旨之類，違者皆得違制之坐，亦足見制之一名，而統諸命令也。

皇帝文書雖有多種樣態，但簡單説就是“制之一名，統諸詔命”“違者皆得違制之坐，亦足見制之一名，而統諸命令也”。② 就范仲淹的理解，制書是泛指諸般皇帝文書與朝廷命令，故違背之罰也可一律用違制罪簡便論刑即可。此也反映出違制罪到北宋中期已相當廣泛，對比宋律違制罪的處罰對象與範圍，隨著太宗、真宗時的擴張，此時已成朝廷詔令的主要罰則。

但與此同時，違制罪原本性質也發生改變。最初律典中該罪目的是爲維護君王、皇家制命需被遵行，違背等於不尊重詔令之主，本質上是維護皇權的規定。太宗、真宗時“以違制論”大幅擴增，加上真宗頻繁參與該罪的量刑論處，皆可見違制罪彰顯皇帝親意、掌握最後裁量權的特性，此也類似於研究者主張違制罪是讓法律處於未確定狀態，充滿隨意性和不可預期的看法。但是，若站在宋代朝臣的視角，却可見幫助行政事務推動，更是違制罪之後被廣泛運用的重

① 《宋會要》刑法2之23—24，第165册，第6507頁。

② 范仲淹：《范文正公集》卷9《與歐静書》，《四部叢刊》本，上海：上海商務印書館，1919年，第3—4頁。

要因素之一。如范仲淹在"慶曆新政"著名的《十事疏》第十項,上言仁宗應重視詔令執行實況:

> 十曰重命令……仍望別降敕命,今後逐處當職官吏,親被制書及到職後所受條貫,敢故違者,不以海行,並從違制,徒二年。未到職已前所降條貫,失於檢用,情非故違者,並從本條失錯科斷,杖一百。餘人犯海行條貫,不指定違制刑名者,並從失坐。

主張應對違背、疏失讓制書不被遵行的官吏論處違制罪,頗類似真宗時曾强調違制罪當區分"親被制書"的情況。① 身爲一代名臣的他,爲何會對此種看似伸張皇權的規定抱持贊成態度?此應是范仲淹期盼天子之令能被官吏奉行,促進行政效率,這也符合最初律典中違制罪的立法初衷,遂要求用違制罪督責官員。在此考量下,可見皇權伸張僅屬次要,絶非他主要關注之處。

再者,從"以違制論"的對象不少是針對官員,而對違制罪的運用常可見是由朝臣提出,非皇帝主導,可見官僚基於推動行政之目的,確是違制罪擴大主因。如神宗熙寧三年(1070)八月行重禄法,三司上言:"主典役人,歲增禄爲錢一萬四千餘緡。丐取一錢以上,以違制論,仍以錢五十千賞告者,會赦不原。"中書却主張:"乞取有少多,致罪當有輕重。今一錢以上,論以一法,恐未善。"可見朝臣分別提出違制罪立法建議,但適用與否、範圍如何彼此會有意見争論。② 八年(1075)十一月又有詔:"一司、一務、一路、一州、一縣敕有稱當行、亟斷、決配之類,並改爲徒二年。以舊一司等敕參用嘉祐海行敕,如此之類,並以違制論,而熙寧敕乃删去其文,法官無刑名可守,至是,三司檢法官王振爲言,而降是詔。"③可知此時朝臣們早已習慣將違制罪作爲簡便論刑方式,廣爲其他罪名刑罰適用,明文删除反造成不便。

同樣在熙寧年間,蘇軾知密州時有言:

---

① 《長編》卷 143"宋仁宗慶曆三年九月丁卯"條,第 3443—3444 頁。
② 《長編》卷 214"宋神宗熙寧三年八月癸未"條,第 5222 頁。
③ 《長編》卷 270"宋神宗熙寧八年十一月乙亥"條,第 6623 頁。

> 司農行手實法，不時施行者以違制論。軾謂提舉官曰："違制之坐，若自朝廷，誰敢不從？今出於司農，是擅造律也。"提舉官驚曰："公姑徐之。"未幾，朝廷知法害民，罷之。

蘇軾直言指出，違制罪原屬皇帝權限，官員怎可擅自運用？但擅造律絶非司農寺本意，實因"以違制論"已是長久以來的立法習慣，纔會出現乍看矛盾的景況。① 而待蘇軾於哲宗元祐初詳定役法時，他亦提出："一、出牓告示，百姓賣田如係所限去州縣里數内，仍及所定頃畝，或兩户及三户相近，共及所定頃畝數目亦可。即須先申官，令、佐親自相驗，委是良田，方得收買。如官價低小，即聽賣與其餘人户，不得抑勒。如買瘠薄田，致久遠召募不行，即官吏並科違制，分故失定斷，仍不以去官赦降原減。"②可見蘇軾自己也提議用違制罪作爲立法論刑依據，促進地方施政成效。

因此，違制罪的廣泛運用看似主以彰顯皇權，但到了北宋中期之後實際上却成爲朝臣行政、司法上的運用利器。既有研究已指出，違制罪常配合主從、減免、立賞告奸、越訴等其他刑罰一并實施，説明此罪已是宋廷詔敕發布的經常附隨内容，發揮靈活運用之效。③ 又因違制罪常是散敕的配合刑罰，但散敕不時會遭變更廢棄，如范仲淹在《十事疏》就提到："今覩國家每降宣敕條貫，煩而無信，輕而弗稟，上失其威，下受其弊。蓋由朝廷采百官起請，率爾頒行，既昧經常，即時更改，此煩而無信之驗矣。"④司馬光對"有創造寺觀百間以上者，聽人陳告，科違制之罪，仍即時毁撤"的抑制佛教禁令相當贊許，但後續赦文中却是"四京寺觀院舍雖不係帳亦賜名額"，明言放寬限制，他雖表達嚴重不滿，却也無可奈何。故可知違制罪有時只是朝廷一時的態度宣示，當情勢變遷，隨時就可能失效。⑤ 而違制罪的簡便性，有時更因數量過多，甚而被頒布者自己遺忘，這看似十分誇張的現象，却真實反應出違制罪的簡便立法論刑特質，以及深獲北

① 《宋史》卷338《蘇軾傳》，第10808頁。
② 《長編》卷374"宋哲宗元祐元年四月癸巳"條，第9073頁。
③ 潘萍：《宋代"違制"初探》，《中國史研究》(韓國)第104期，2016年，第273—278頁。
④ 《長編》卷143"宋仁宗慶曆三年九月丁卯"條，第3443頁。
⑤ 《長編》卷197"宋仁宗嘉祐七年九月辛亥"條，第4778頁。

宋君臣廣泛使用的景況。[①]

但是,北宋晚期違制罪又出現另一重大變化,即成爲徽宗朝著名的“御筆政治”配合刑罰。[②] 崇寧四年(1105),“御筆付三省、樞密院,更制陝西、河東軍政六事。三省、樞密院同奉御筆始此”,[③]御筆用於指揮政務不久,違御筆責罰也隨之而生,違御筆者“則以違制坐之”,以違制罪論處。[④] 不久違御筆改以十惡重罪的“大不恭”論罰,進而出現“以違御筆論”“以大不恭論”的“以大不恭論罪”立法方式,使大不恭罪如同違制罪般廣布四方。雖因史料囿限無直接證據,但就許多旁證可知大不恭罪此時大幅擴張,應是仿效違制罪。[⑤] 而“以違制論”亦頻繁出現在徽宗時期,與“以大不恭論罪”互相配合,如宣和三年(1121)九月應奉司上奏:

> 兼契勘王子獻起納濟、鄆二州租錢,於廣濟河行運,從來多被官司舡綱在前,於岸下繫泊,不敢趲運,動經阻留旬日。及諸路州縣陸路車乘,亦皆如此阻滯。若以旗牌書寫御前錢物綱船車乘,必無留滯。檢會奉御筆:“水陸船車輒置旗號牌榜,妄稱御前急切綱運物色,因而搔擾州縣者,以違制論。係臣僚之家私物及興販而輒稱御前綱運物色者,以違御筆論。許人告,賞錢五百貫。”

可見違制罪處罰之行爲,惡性低於違御筆罪(依大不恭罪論處)。[⑥] 而大不恭罪

① 青木敦:《地方法的積聚及其法典化——以五代至宋的特別法爲中心》,《中國古代法律文獻研究》第 9 輯。

② 王育濟:《論北宋末年的“御筆行事”》,《山東大學學報(哲學社會科學版)》1987 年第 1 期。德永洋介:《宋代の御筆手詔》,《東洋史研究》第 57 卷第 3 號,1998 年。楊世利:《論北宋詔令中的内降、手詔、御筆手詔》,《中州學刊》2007 年第 6 期。王智勇:《宋徽宗朝“御筆”與北宋後期政治》,《宋代文化研究》2009 年第 2 期。

③ 陳均編,許沛藻等點校:《皇朝編年綱目備要》卷 27《徽宗皇帝》,北京:中華書局,2006 年,第 688 頁。

④ 王稱撰,孫言誠、崔國光點校:《東都事略》卷 101《蔡京傳》,濟南:齊魯書社,2000 年,第 867 頁。《宋史》卷 472《蔡京傳》,第 13726 頁。

⑤ 李如鈞:《北宋時期大不恭罪的演變與擴張》,《法制史研究》(臺北)第 37 期,2020 年。

⑥ 《宋會要》職官 4 之 30,第 61 册,第 2451 頁。

最低刑度就是流二千五百里,最高可處死,論罰又十分不定,對北宋末朝政造成極大影響,實非違制罪所能比擬。

徽宗大觀四年(1110),有臣子直言指出:

> 竊惟人主稱制,故輒違者論以違制之罪。臣伏見比來有司以己見條陳事,方欲立法,輒請論以違制,此臣所未諭也。不唯間因細事,暗增重刑,實亦理勢非順,其名不正。欲望睿慈明示戒,兼因事立法者,豈容臆決?謂如付在所司討論參考,然後頒行,亦可以杜絶輕重不論,罪同罰異之弊。

由此可證上述關於北宋違制罪的演變發展,一開始雖存展現皇權之意,但很快在簡便立法論刑考量下,被君臣廣泛運用,形成慣例默契。① 違制罪擴張所代表的不確定性,其實遠不如迅速立法論刑來得重要,加上違制罪的實際論處,在仁宗親政後多是從輕或不罰,故所謂君權藉違制罪强化的看法,在北宋中後期並不明顯。反之,"以大不恭論罪"實爲展現徽宗君權之舉,而刑罰上也亦趨壓迫嚴厲,最終造成當時政局混亂與悲慘亡國的下場。②

靖康元年(1126)五月,伴隨徽宗"御筆政治"的終結,開封尹聶山上請:"昨以違御筆論者,並改作違制論。"③違御筆責罰、大不恭刑罰的擴張至此結束,改回違制罪論處。而南宋初違制罪依舊延續,仍發揮簡便立法論刑的特性以助朝政,如高宗建炎元年(1127)六月有詔:

> 文臣許養馬一匹,餘官吏士民之有馬者並赴官,委守令籍爲三等,以常平封樁錢償其直。馬高四尺六寸爲上等,率直百千餘,以是爲差。有田之家則折其税,僧道則以度牒取償,限半月籍定,有隱寄者以違制論。

① 《宋會要》刑法1之23、24,第164册,第6473頁。
② 李如鈞:《予奪在上:宋徽宗朝的違御筆責罰》,《臺大歷史學報》第60期,2017年。
③ 汪藻著,王智勇箋注:《靖康要録箋注》卷7"靖康元年五月十七日"條,成都:四川大學出版社,2008年,第787頁。

此時金人南下步步進逼,南宋於殘破中肇建,局勢混亂下要求官吏士民甚至僧道獻馬助戰,隱匿者處違制罪,即是緊急立法的展現。① 之後,隨著宋金和議,局勢逐漸穩定,違制罪仍與北宋相同,爲南宋君臣普遍立法論刑方式。如朱熹書寫張栻神道碑時提到,孝宗淳熙年間張栻知静江府,眼見地方鹽法存在問題:

> 廣西去朝廷絶遠,諸州土曠民貧,常賦入不支出。故往時立法,諸州以漕司錢運鹽鬻之,而以其息什四爲州用,以是州得粗給,而民無加賦;其後或乃奪取其息之半,則州不能盡運,而漕司又以歲額責其虛息,則高價抑賣之弊生,而公私兩病矣。爲除地方積弊,遂上奏以鹽息什三予諸郡,又因兼攝漕臺,出其所積緡錢四十萬而中分之,一以爲諸倉買鹽之本,一以爲諸州運鹽之費。奏請立法,自今漕司復有多取,諸州輒行抑賣,悉以違制議罪,其敢以資燕飲,供饋餉者,仍坐贓論。②

爲地方事務請求立法論罰,解除行政與百姓難題的建議,最終獲中央同意。而南宋各朝,皆可見違制罪不少規定,與北宋一樣遍及各方事務。現存《慶元條法事類》雖是殘本,但其編纂方式是將散見各處的律法條文統合納入,並依性質、内容分門别類,歸納整合。其中不少是涉及違制罪的條文,如"諸瀦水之地,注:謂衆共溉田者。輒許人請佃、承買,并請佃、承買人各以違制論,許人告。未給、未得者,各杖一百"的規定。③ 學人已統計,在職制門、選舉門、文書門、榷禁門、財用門、庫務門、賦役門、農桑門、刑獄門、服制門、蠻夷門,收納近百條"違制"條文,④這些違制罪都是敕的配合刑罰。而《慶元條法事類》頒布不久,袁燮即建議"伏睹慶元重修詐僞敕,諸詐匿減免等第科配者,以違制論。又重修格,獲詐匿減免等第科配者,以所告財産經減免者給五分,未經減免者給三分之一",希

① 李心傳:《建炎以來繫年要録》卷 6"建炎元年六月"條,《文淵閣四庫全書》本,臺北:臺灣商務印書館,1983 年,第 137—1 頁。

② 陳俊民校編:《朱子文集》卷 89《右文殿修撰張公神道碑》,臺北:德富文教基金會,2000 年,第 4357 頁。

③ 謝深甫等撰,戴建國點校:《慶元條法事類》卷 49《農桑門・農田水利・户婚敕》,哈爾濱:黑龍江人民出版社,2002 年,第 683 頁。

④ 潘萍:《宋代"違制"初探》對《條法事類》的"以違制論"有詳細統計,第 265—270 頁。

望針對詭名寄産逃避税役的富户,能"申嚴此法,務在必行",可見確有實效。①

現存《宋會要》爲殘稿,但其中有關南宋"以違制論"的記載不少,高宗、孝宗兩朝尤多,範圍涵括政治社會、經濟民生、司法刑罰諸層面。最晚至寧宗嘉定年間,仍可見"以違制論",如嘉定七年(1214)七月,臣僚上言:

> 竊惟國家駐蹕臨安,左江右湖,襟帶形勝,八九十年,生齒繁阜。所恃以溉負郭膏腴之田、飲闔城内外之人者,西湖之利溥哉。乾道、淳熙之間,累降指揮,居民不得占圍裹湖面。如違,以違制論。②

西湖周邊居民圍湖造田,造成水利相關問題,故用"以違制論"警告之。《宋史》《宋史全文》也可見南宋晚期理宗朝之後"以違制論"的普遍,如理宗寶祐五年(1257)九月,"詔今後臺臣遷他職,輒出關,以違制論,仍著爲令",③此時正是宦者董宋臣、權臣丁大全當政,臺諫紛被調職,但他們往往即刻離任出關,表達抗議。如此不尊重皇帝的作法,理宗相當不悦,遂下詔:

> 言路不常,厥官其來已久。臣子擅自去國,前此所無,良由待士大夫以寬,故習俗日趨於薄。然遽加黜責,所不忍爲。姑示申嚴,庶幾聳聽……惟近日盗名欺世相師成風,纔聞改除,隨即就道,自詭抗節,實犯不恭。今後應臺諫遷他職者輒出關,以違制論。務在必行,仍著爲令。④

但是,理宗並未真正論處這些朝臣,由此可知皇帝雖可藉違制罪、"以違制論"宣示己身態度,但處刑上因多是從輕且具彈性,威嚇警惕效果有限,而此番運用情況實與過往並無不同。

① 黄淮、楊士奇等編:《歷代名臣奏議》卷259《賦役》,《文淵閣四庫全書》本,臺北:臺灣商務印書館,1983年,第10頁。
② 《宋會要》食貨61之148,第152册,第5947頁。
③ 《宋史》卷44《理宗紀四》,第860頁。
④ 汪聖鐸點校:《宋史全文》卷35"宋理宗寶祐五年九月壬子朔"條,北京:中華書局,2016年,第2861—2862頁。

南宋中晚期著名判詞集《名公書判清明集》,也可見審案官員引據"以違制論"條文,提到:"又法:諸因進納及陣亡换納補受,不理選限,將仕郎差權攝職事及被差者各以違制論。……又法:諸縣令闕,輒差寄居、待闕官權攝并授差者,並以違制論,而因收受供給坐。"[①]度宗咸淳四年(1268)六月,"詔罷浙西諸州公田莊官,募民自耕輸租,租減什三,毋私相易田,違制以盜賣官田論"。[②] 可見直至宋末前夕,"以違制論"仍被廣泛使用。

最後,若從宋代整體法制發展角度,違制罪確實涵蓋諸多層面,適用對象(官吏百姓、軍兵、僧道)、包涉範圍、規範内容,皆遠逾《宋刑統》違制罪的原先規定。該罪得以大幅擴張,實是宋代法律因應外在環境變化的具體展現,數量衆多的"以違制論"論刑規定,對宋代法律體系起到重要作用。一方面是補充律典規範,如仁宗天聖元年(1023)十一月,知洪州夏竦對民間巫者盛行情況,上書請求朝廷"嚴賜條約",不久有詔下達:

宜令江南東西、荆湖南北、廣南東西、兩浙、福建路轉運司,遍行指揮轄下州、府、軍、監、縣、鎮,今後師巫以邪神爲名,屏去病人衣食湯藥,斷絶親識看承,若情涉於陷害,及意望於病苦者,并同謀之人,引用呪詛律條,比類斷遣。如别無憎疾者,從違制失決放;因而致死者,奏取敕裁。如恣行邪法,不務悛改,及依前誘引良家男女,傳教妖法,爲弟子者,特科違制定斷。

針對百姓無知信奉異端逕行惡事之處罰,某些罪行有相近律文可比擬,而違制罪原先僅用於規範皇帝文書,此時却可擴大運用於此。[③]

按唐宋律典,對"法無明文者"的處罰,采"不應得爲"罪論處:"諸不應得爲而爲之者,笞四十;按:謂律、令無罪名,理不可爲者。事理重者,杖八十。"[④]違制罪擴大後則與不應得爲罪互生配合之效,如天聖七年(1029)十月,樞密院上言:

---

① 張四維輯,中國社會科學院歷史研究所宋遼金元史研究室點校:《名公書判清明集》卷 2《冒官借補權攝不法》,北京:中華書局,2002 年,第 51 頁。

② 《宋史》卷 46《度宗紀》,第 900 頁。

③ 《宋會要》禮 20 之 10—12,第 19 册,第 769—770 頁。

④ 《宋刑統》卷 27《雜律》,第 507 頁。

御馬直于榮鬻自制紫衫，而開封府以軍號法物定罪，請下法官議。而審刑院言紫衫榮所自制，非官給，難以從軍號法物定罪。乃詔自今諸軍班典買官所給軍號法物者，以違制論，自餘以不應爲從重科之。

此時爲仁宗初劉太后掌政，可見違制罪在擴張初期已被官員視作與不應得爲罪的功用相當。① 而以違制失論處，判杖一百，罪罰比"不應得爲"的杖八十較重，兩者相互配合，以靈活、涵攝特質，讓宋廷得以對政治、社會等不斷出現的新生事務，持續發揮廣泛規範作用。

再則，違制罪亦配合"以敕代律"體系的運作。《宋刑統》雖大體因襲唐律，但唐律的條文内容已不符合宋代整體發展需要，宋廷遂通過頻繁的詔敕下達，解決當下政治、經濟、教育、軍事、社會等諸般問題。② 敕令體系中，在制敕多發下，宋代的編敕活動相當頻繁，而"以違制論"的不斷發布，亦是配合散敕，將違制罪刑度作爲處罰標準，之後再經"編敕"，即將散敕整理彙編，成爲具有普遍性的條文，長久運用。③ 故當宋代從"律令格式"改變到"敕令格式"體系，以及從《天聖令》到《條法事類》的法典編纂發展歷程來看，違制罪皆被頻繁采用。可説用其簡便性特質，配合詔敕的隨時發布，以及後續法典編纂删修，讓朝廷用概括性的立法方式，迅速補充既有成文法典。使宋代法律制度得以順暢進行，因應大環境的各種變化。

四、金代違制罪的承繼與變化

從上可知，兩宋是違制罪大幅擴張運用的開始，此後歷代王朝也延續承繼，但因現存金、蒙元史料有限，過往較少關注該罪在此時段的發展變化。故以下

① 《長編》卷108"宋仁宗天聖七年十月丁未"條，第2525頁。

② 高明士：《從律令制的演變看唐宋間的變革》，《臺大歷史學報》第32期，2003年。

③ 戴建國：《唐宋變革時期的法律與社會》第一章《唐宋變革時期法律形式的傳承與演變》，上海：上海古籍出版社，2010年，第35—96頁；同書第二章《唐宋法典修訂方式和修纂體例的傳承演變》，第97—219頁；同書第三章《唐宋刑罰的傳承演變》，第220—292頁。魏殿金：《宋代刑罰制度研究》，濟南：齊魯書社，2009年。孔學：《論宋代律敕關係》，《河南大學學報(社會科學版)》2001年第3期。

將試析金朝、大蒙古國、元代的違制罪相關材料，提出若干觀察淺見補充。金太宗天會五年(1127)汴京城破，北宋亡。因女真舊俗古樸，加之統治廣大華北地區所需，金朝實需儘快采納北宋規制。其中有些制度隨即依循，如恢復科舉。但就法律、司法而言，金廷對宋法的承繼並不順利，整體法制的完善經歷了漫長過程，如《金史・刑志》有言：

> 金初，法制簡易，無輕重貴賤之别，刑、贖並行，此可施諸新國，非經世久遠之規也。天會以來，漸從吏議，皇統頒制，兼用古律。厥後，正隆又有續降制書。

可見經歷太宗、世宗直到海陵王時，金代法典纔粗具規模，逐漸從女真故俗轉變到兼容中原法制。[①] 學者認爲金代對其他政權既有法律的接受過程，大致分四階段：首先，自完顔阿骨打建國到入侵遼朝前，仍保持女真舊慣，是爲第一期。之後連續攻滅遼、北宋兩朝，到熙宗初年逐漸采納遼、宋法律，即"太宗雖承太祖無變舊風之訓，亦稍用遼、宋法"，[②]但此時仍與南宋交戰對峙，女真舊慣與前朝法律並行，未及妥善修整彼此差異。[③]

隨著金宋合議，北南分峙已定，雖然金朝君主與女真貴族的上層權力鬥争不已，但隨著在華北的統治日久，政治、禮儀、法律等制度更加漢化，而金朝因未循遼代的各從本俗，故整編女真舊慣與前朝之法，成爲此時緊要之事。最終呈現即是章宗泰和元年(1201)的《泰和律令敕條格式》(簡稱"泰和律")，原則上主以唐律爲本，兼采女真舊慣與遼法、宋法，[④]此時也是金代法制最具規制時期。可惜不久蒙古南侵，宣宗貞祐南遷，在兵火亂局與國土日蹙下，好不容易建妥的金代法制體系無法順利運作，各種法外執法與權宜之法大量出現，直到金亡於

① 《金史》卷45《刑志》，北京：中華書局，1975年，第1013頁。
② 《金史》卷45《刑志》，第1014頁。
③ Bettine Birge(柏清韻)著，蔡京玉譯：《遼金元法律及其對中國法律傳統的影響》，柳立言編：《中國史新論——法律史分册》，臺北：聯經出版事業股份有限公司，2008年。
④ 金代法典編纂過程，參見傅百臣：《金代法制初探》，《史學集刊》1986年第4期；張博泉等著：《金史論稿》第2卷，長春：吉林文史出版社，1992年；曾代偉：《金律研究》，臺北：五南圖書出版公司，1995年，第21—28頁。

蒙古爲止。[①]

從上節可知,南宋初違制罪就已同北宋,廣受君臣運用。而入主中土的金朝,對違制罪的運用却晚了不少,目前較早記載始於海陵王時期。正隆六年(1161)三月,“改河南北邙山爲太平山,稱舊名者以違制論”,[②]此時海陵王自中都而下,積極準備南侵,此舉實有宣示皇權意味。《金史・刑志》亦載:“及海陵庶人以脊近心腹,遂禁之,雖主決奴婢,亦論以違制。”也可見違制罪此時確爲金廷所用。但熙宗時已有“以本朝舊制,兼采隋、唐之制,参遼、宋之法,類以成書”的《皇統制》,目前却未見違制罪相關記載,[③]或許是海陵王因熟悉漢文化、中原固有典制,瞭解違制罪在宋代的擴張情況,遂采行運用。

此後,違制罪在世宗、章宗盛世,直到晚期的宣宗時都見不少記載。如世宗大定十一年(1171)八月,有詔:“應因窩斡被掠女直及諸色人未經刷放者,官爲贖放。隱匿者,以違制論。”[④]章宗明昌二年(1191),“制諸部内災傷,主司應言而不言及妄言者杖七十,檢視不以實者罪如之,因而有傷人命者以違制論,致枉有徵免者坐贓論,妄告者户長坐詐不以實罪,計贓重從詐匿不輸法。”[⑤]待《泰和律》頒布後,泰和七年(1207)七月,“詔覈西夏人口,盡贖放還,敢有藏匿者以違制論”。[⑥] 宣宗興定四年(1220)十月,“河南水災,逋户太半,田野荒蕪,恐賦入少而國用乏,遂命唐、鄧、裕、蔡、息、壽、潁、亳及歸德府被水田,已燥者布種,未滲者種稻,復業之户免本租及一切差發,能代耕者如之,有司擅科者以違制論,闕牛及食者率富者就貸”。[⑦] 如此適用於各方事務的情況,與兩宋違制罪的擴張頗爲相似。

雖因《泰和律》等金代法典現已不存,難明金律的違制罪實際規定,但從其他相近條文可略推知。如章宗明昌二年(1191)九月,“定詐爲制書未

---

① 金末法治混亂情況,見陳昭揚:《金代地方管理中的杖殺》,《臺灣師大歷史學報》第 44 期,2010 年。
② 《金史》卷 5《海陵紀》,第 113 頁。
③ 《金史》卷 45《刑志》,第 1015 頁。
④ 《金史》卷 6《世宗紀上》,第 149 頁。
⑤ 《金史》卷 9《章宗紀一》,第 218 頁。
⑥ 《金史》卷 12《章宗紀四》,第 281 頁。
⑦ 《金史》卷 47《食貨志二》,第 1055 頁。

施行制"。[①] 承安四年(1199)又有詔"凡奉敕商量照勘公事皆期日聞奏",禮部尚書賈鉉對此上言:

> 若如此,恐官吏迫於限期,姑務苟簡,反害事體。況簿書自有常程,御史臺治其稽緩,如事有應密,三月未絶者,令具次第以聞。

最後尚書省商議決定:

> 如省部可即定奪者,須三月擬奏,如取會案牘卒難補勘者,先具次第奏知,更限一月結絶,違者准稽緩制書罪之。

可見違制罪的相關條文日趨完善,[②]而《泰和律》結合女真故俗與唐宋律典,按理應有違制罪的規定,刑度可能與唐、宋律典相同。[③]

雖然金代違制罪與宋代頗多相似,但仍存差異,如世宗時:

> 尚書省點差接送伴宋國使官,令史周昂具數員呈請,左司都事李炳乘醉見之,怒曰:"吾口舉兩人即是,安用許爲?"命左右攬昂衣欲杖之,會左司官召昂去乃已,詈諸令史爲奴畜。明日語權令史李秉鈞曰:"吾豈惟箠罵,汝進退去留,亦皆在我!"群吏將陳訴,會官劾奏,事下大理寺議:差接送伴官事當奏聞,炳謂口舉兩人,當科"違制"。谷曰:"口舉兩人,一時之言,當杖贖。攬昂衣欲加杖,當決三十。"上曰:"李炳讀書人,何乃至是?"宰臣對曰:"李炳疾惡,衆人不能容耳。"上曰:"炳誠過矣,告者未必是也。"乃從谷議。

① 《金史》卷9《章宗紀一》,第219頁。
② 《金史》卷99《賈鉉傳》,第2192頁。
③ 葉潛昭:《金律之研究》,臺北:臺灣商務印書館,1972年,第29頁。曾代偉:《金律研究》,第110—111頁。《金史》卷12《章宗紀四》(第282頁)載:泰和七年(1207)九月,"更定受制忘誤及誤寫制書事重加等罪"。可見《泰和律》頒行後,還有更動。

由“杖贖”來看，犯違制者可以贖免。而此時正值盛世，但“違制”的認定、刑度不定，皇帝也直接參與，[①]類似北宋真宗君臣討論違制案件的情况，應亦展現皇權定奪之意。

此現象直到金代晚期仍是如此。如宣宗興定二年(1218)張行信上言：

> 初，行信言：“今法，職官論罪，多從的決。伏見大定間世宗敕旨，職官犯故違聖旨，徒年、杖數並的決。然其後三十餘年，有司論罪，未嘗引用，蓋非經久爲例之事也。乞詳定之。”行信既出，上以其章付尚書省。至是，宰臣奏：“自今違奏條之所指揮、及諸條格，當坐違制旨者，其徒年、杖數論贖可也。特奉詔旨違者，依大定例。”制可。

可見金末違制罪是徒、杖刑，還可“論贖”，論刑却依舊不定。這時雖區分出“特奉詔旨”，[②]但當時已是亂世，能否確實遵行，頗值懷疑。

此種論刑不定情況，或與整體執法大環境有關。雖然金代法制頗有規模，但實踐上多見偏重，特别是違法施杖，甚而杖死，却又常爲朝廷所默許。最初是與女真從貴族合議轉變到皇權集中的手段有關，即：

> 原其立法初意，欲以同疏戚、壹小大，使之咸就繩約於律令之中，莫不齊手並足以聽公上之所爲，蓋秦人强主威之意也。是以待宗室少恩，待大夫士少禮。[③]

但之後由於時局緊迫，更爲普遍：“宣宗喜刑罰，朝士往往被笞楚，至用刀杖決殺言者。高琪用事，威刑自恣。南渡之後習以成風。”最終竟連士大夫官員也被此風氣所染。如進士出身、金末文壇領袖雷淵“爲御史，至蔡州得奸豪，杖殺五百

① 《金史》卷104《鄒谷傳》，第2289頁。
② 《金史》卷107《張行信傳》，第2369頁。
③ 《金史》卷45《刑志》，第1014頁。

人",被稱作"雷半千"。[①] 故金代違制罪雖有規定,但量刑、執行不一的可能性大,除用仗偏嚴外,也是皇權的一種展現。

再者,由於"制書"一詞在金代很多情況下是指律法之意,如:

> 舊禁民不得收制書,恐滋告訐之弊,章宗大定二十九年(1189),言事者乞許民藏之。平章張汝霖曰:"昔子產鑄刑書,叔向譏之者,蓋不欲預使民測其輕重也。今著不刊之典,使民曉然知之,猶江、河之易避而難犯,足以輔治,不禁爲便。"以衆議多不欲,詔姑令仍舊禁之。

故"違制"一詞在金代史料中並非全指違制罪,而是泛指違法之事。[②] 而自世宗起大量出現"制""制旨""制條"等"多從時宜"的條文,[③]如大定八年(1168)七月,"制盜群牧馬者死,告者給錢三百貫"。[④] 隔年世宗下令:"近聞法官或各執所見,或觀望宰執之意,自今制無正條者皆以律文爲準。"[⑤]十七年(1177)又稱:"制有闕者以律文足之。制、律俱闕及疑而不能決者,則取旨晝定。"[⑥]可見這些條文應各有罰則,但也不能排除適用違制罪的可能。

五、元代違制罪的延續和特色

不同於金代,蒙古滅金,很快接受前朝律法,"元興,其初未有法守,百司斷理獄訟,循用金律,頗傷嚴刻"。[⑦] 此後元代法律體系開始走上自身發展道路,除保留部分蒙古舊俗外,却始終未同唐、宋、金等王朝一樣制定"律典",亦没有采行宋朝敕令格式制度,而是改用"條畫""斷例"作爲主要立法方式,相較前代存在不

---

① 《金史》卷129《酷吏傳·蒲察合住傳》,第2778—2779頁。
② 《金史》卷45《刑志》,第1021頁。
③ 芮素平:《金代法律刑式與法律體系論考》,楊一凡主編:《中國古代法律形式研究》第10輯,北京:社會科學文獻出版社,2011年。
④ 《金史》卷6《世宗紀上》,第142頁。
⑤ 《金史》卷45《刑志》,第1016頁。
⑥ 《金史》卷45《刑志》,第1018頁。
⑦ 《元史》卷102《刑法志一》,北京:中華書局,1976年,第2603頁。

小差異。但並未影響元代法律整理發展,仍陸續公布《至元新格》《大元通制》《至正條格》等法典,[①]立法規定、司法制度完備,頗具規模,相較各代毫不遜色。

蒙元的違制罪情況也似如此,大蒙古國時期,於太宗六年(1234)滅金後不久,隔年八月有敕:

> 近劉冲禄言:"率水工二百餘人,已依期築閉盧溝河元破牙梳口,若不修隄固護,恐不時漲水衝壞,或貪利之人盗決溉灌,請令禁之。"劉冲禄可就主領,毋致衝塌盗決。犯者以違制論,徒二年,決杖七十。如遇修築時,所用丁夫器具,應差處調發之。其舊有水手人夫内,五十人差官存留不妨。已委管領,常切巡視體究,歲一交番,所司有不應副者罪之。

從"以違制論,徒二年,決杖七十"來看,蒙古杖刑特色是將一百改爲七十,[②]其餘應是承續金末。或可推知金代違制罪很可能與宋法相同,以徒二年、杖一百爲量刑基準。

世祖至元八年(1271)十一月忽必烈將國號改爲"大元",禁行《泰和律》,未及十年滅南宋,一統南北。從之後的《元典章》《通制條格》等元代法律史料仍可見"以違制論"的立法很多,如至元十七年(1280)六月:"太史院欽奉聖旨:印造授時曆,頒行天下。敢有私造者,以違制論。"[③]同是世祖時期,趙天麟也曾上書建言:

> 凡墻室鞍轡,器皿衣服,勿用金銀、璧貝、文繡、珠翠之飾。凡違令者,有司以違制論其可也。幸從臣言,則奢者雖家積萬金,亦無所矜其紛華榮耀之氣,而貪悋之志自皆止矣;僭者雖懷驕恣,亦無所啓其望外僥倖之心,而陵犯之念自皆息矣。奢僭既絶,而廉讓由興,廉者守潔於己,讓者推遜於

① 吴海航:《中國傳統法制的嬗遞:元代條畫與斷例》,北京:知識産權出版社,2009年;吴海航:《元代法文化研究》,北京:北京師範大學出版社,2000年。胡興東:《元代法律史研究幾個重要問題評析(2000—2011)》,《内蒙古師範大學學報(哲學社會科學版)》2013年第4期。

② 《元史》卷64《河渠志一》,第1593頁。

③ 黄時鑑點校:《通制條格》卷20《私曆》,杭州:浙江古籍出版社,1986年,第256頁。

人,聖人謂能以禮讓爲國乎何有。夫奢僭尚存,而欲禮讓之化行,兩者交戰,斷不能也。故臨民者,貴於明節制。

可見元代違制罪如同前代,成爲移風易俗方式之一。① 至於元英宗的至治改元詔書亦提到:

一、均平賦役,乃民政之要。今後,但凡科著和雇和買、里正主首、一切雜泛差役,除邊遠出征軍人,及自備首思站赤外,不以是何户計,與民一體均當。諸位下、諸衙門、各枝兒頭目,及權豪勢要人等,敢有似前影蔽占悋者,以違制論罪。州縣正官用心綜理,驗其物力,從公推排,明置文簿,務使高下得宜,民無偏負。廉訪分司所至之處,嚴行照刷。違者,究問。在前若有免役聖旨、懿旨,並行革撥。

三年多後英宗雖死於南坡之變,②但其在位期間大力推行漢法,並頒布《大元通制》,其中的違制罪條法也與金、南宋相似。③ 故可説違制罪自蒙古滅金采納後,並不受未制定律典的影響,直至元末仍廣泛運用。

就實踐上來看,《廟學典禮》有一案:

江南浙西道肅政廉訪司分司,至元三十年(1293)十一月　日指揮:據鹽官縣學教諭黄謙之呈,據本學儒户楊垕等狀告,近承奉司行下爲修築海塘公事,因奉上司劄付,有不問投下是何諸色户計,指揮被縣吏不問元係免役儒户,亦作投下户計,與民一體科差勾擾。

因儒户原可除免差役,却受不平對待,故由學校提出江南浙西道肅政廉訪司榜

① 陳得芝輯點:《元代奏議集録》上册《暢八脉以鼓天下之正風·節服章》,杭州:浙江古籍出版社,1998 年,第 294 頁。
② 洪金富校訂:《洪金富校定本元典章》,臺北:中研院史語所,2016 年,第 1733 頁。
③ 現存《通制條格》出自《大元通制》的條格部分,其中違制罪的規定方式與前代差別不大。

文上告，强調：

> 欽奉聖旨節該：今後在籍秀才，做買賣納商税，種田納地税，其餘一切雜泛差役並行蠲免，所在官司常切存恤。欽此。照得各處官司故縱胥吏，違背詔書，舞文弄法，往往將儒人户計與民一體當差。除已行移各路戒約所屬，欽依聖旨施行，仰司、縣官今後本處附籍儒户，除種田納地税，買賣納商税外，民間一切雜泛差役，欽依聖旨蠲免，毋得亂行勾擾，雷例差撥。如違，定將判署官以故違制書之罪罪之。今來本縣將儒户雷例科差夫役，顯見違别制書。

希望藉違制罪阻擋外部壓力，之後憲司確實也讓學校依舊得免差役。[①] 但是，值得注意的是於世祖後期，違制罪似出現新的發展：

> 時宣慰使樂實、姚演開膠州海道，有制禁戢諸人沮撓，糧舶遇暴風多漂覆。樂實弗信，督諸漕卒償之，搒掠慘毒，自殺者相繼。按察官懼違制，莫敢言。榮祖曰："第言之，若朝廷見譴，吾自當之。"即草辭以奏，詔免其徵。召入爲尚書參知政事。

按理若僅是徒二年、杖七十，按察官不應面對漕卒被"搒掠慘毒，自殺者相繼"慘況時，竟是"懼違制，莫敢言"。而從"有制禁戢諸人沮撓"理解，[②]可知此處是指直接違反了皇帝詔制，或許這裏的違制行爲當另有重罰。武宗至大元年（1308）十一月，也可見中書省上言：

> 銓選、錢糧，諸司乞毋干預。帝曰：已降制書，令諸人毋干中書之政。他日或有乘朕忽忘，持内降文記及傳旨至中書省，其執之以來，朕將加罪。

---

① 王頲點校：《廟學典禮》卷 4《辯明儒人難同諸色户計》，杭州：浙江古籍出版社，1986 年，第 78—80 頁。

② 《元史》卷 168《何榮祖傳》，第 3955 頁。

元代違反皇帝授與制書之處罰,或不同於一般違制罪。[①] 而《元史·刑法志》亦載:“諸妄增減制書者,處死。”[②]這是相當嚴重處罰,或許關於皇帝親授詔書的相關處罰著實提高。而金代皇帝也頗强調此事,如世宗大定十三年(1173):

> 欲以制書親授克寧,主者不知上意,及克寧已受制,上謂克寧曰:此制朕欲親授與卿,誤授之於外也。

此確爲“躬親授受”制書,[③]但對於違背親授制書的罰則目前未見,無法確知情況,亦不能排除另有處罰的可能。

元代的違制罪,一方面是承襲前代法律,一方面又更强調違反聖旨之舉。何以如此?或許可與元代特別重視皇帝親授旨意有關。[④] 既有研究指出,大蒙古國草創之初,制度未立,但晚至太宗窩闊台汗時,對漢地官員已頒發專門的除授文書,漢文史料也按漢地習慣稱爲“宣命”或“制書”,而蒙元違制罪的最早史料也見於此時期。由於蒙元是一多民族國家,且爲北宋之後的統一王朝,帝國内部存在不小南北、族群差異。統治階級又不似金朝如此漢化,故在各類制度、法律規定上都有與傳統中原王朝有所不同,如收繼婚、約會制等即是深具蒙元特色的制度。另一方面,又基於統治廣大漢地與漢族百姓,元代不少法律規定與司法制度仍依循南宋、金朝的規定,或僅略加修改。故元代制度、法律的變與不變,是項恒久值得探討的議題。[⑤]

推測詔敕方面的處罰也是如此,因蒙元未承繼唐宋詔敕制度長期發展下重視精細環節的傳統,從過往强調典雅、重文采的詔敕,一轉變爲質樸的漢文直譯、吏牘體聖旨。雖在元初,因忽必烈推行漢法,一時出現“凡王命,言必以文”的景象,[⑥]但

---

① 《元史》卷22《武宗紀一》,第504頁。
② 《元史》卷105《刑法志四》,第2667頁。
③ 《金史》卷92《徒單克寧傳》,第2047頁。
④ 張帆:《元朝詔敕制度研究》,袁行霈主編:《國學研究》第10卷,北京:北京大學出版社,2002年。
⑤ 李如鈞:《學校、法律、地方社會——宋元的學産糾紛與争訟》,臺北:臺大出版中心,2016年。
⑥ 胡祇遹:《紫山大全集》卷9《翰林院廳壁記》,《文淵閣四庫全書》本,臺北:臺灣商務印書館,1983年,第174頁。

蒙元統治者並不能完全理解中原制度的精微之處，之後詔敕内容趨於簡單、質實，而這種演變也與君權强化的趨勢吻合，或許也是違制罪更偏重於君權展現、刑罰不定性可能增高的原因。

雖然元代違制罪似比金代有增多趨勢，但前者整體實際施刑情況相對於後者似有減輕。如張養浩就指出："竊聞法者，天下公器，將以威奸弼教囿民于一者也。比見近年臣有贓敗，多以左右賄賂而免；民有賊殺，多以好事赦宥而原。加以三年之中，未嘗一歲無赦，殺人者固已幸矣，其無辜而死者，冤孰伸耶？故古人以赦爲偏枯者，政以謂此。"故在赦宥頻繁等因素下，元代刑罰實踐上恐輕於金朝，而違制罪當也似如此。①

六、結　　語

違制罪是傳統中國"概括性禁律"一項重要罪名。自先秦起已見雛形，隨著制、詔、敕等皇帝文書逐漸增多，至唐代律典已有完整規範並爲宋律所承繼。而自宋代違制罪開始擴大，因君王指令遍及各方事物，"違制罪"配合督催王言的執行，也順勢成爲範圍十分寬泛，具有涵攝、概括性的一種刑罰，亦是輔助補充既有法典的重要方式，並被金、元、明、清各朝沿襲，遠超出唐、宋律典原先的違制罪規定。

但看似不斷延續的景況，實際上却充滿起伏轉折。自北宋太宗、真宗朝起，違制罪由原先規範皇帝文書的規定，透過"以違制論"此一簡便立法論刑方式，即君臣認爲不適切、違法事務或"應罰事項而法無明定罪罰"，就可適用違制罪。此當是唐、宋兩代社會環境的頗多差異，讓宋廷需以違制罪的概括性特質，以簡便立法方式廣泛處理國家社會諸般問題，且有助於朝野行政事務推行。而《宋刑統》《慶元條法事類》等法典，也不斷將違制罪納入既有法律體系，也反映出兩宋君臣將此視爲重要治理工具。

又因律典違制罪之本意，是處罰違背皇帝文書指示的官員，確實是維護皇權之法。而真宗頻繁參與該罪的量刑定奪，違制罪在徽宗朝間接促成"以違御筆論"

① 邱樹森、何兆吉輯點：《元代奏議集録》下册《時政書》，杭州：浙江古籍出版社，1998 年，第 188 頁。

"以大不恭論罪"的產生,確實可證宋代君主藉該罪展現皇權之意圖。但兩宋時期君臣,主要仍著眼於違制罪在立法論刑上的簡便性,是否出於皇帝親意、"躬親收受"已屬次要,故違制罪在兩宋時期的發展大多與皇權彰顯未有太深聯繫。

金、元二代爲非漢民族的北亞王朝,雖然同樣承繼違制罪,却各有不同發展歷程。金代直至中期纔開始運用違制罪,刑度雖應依循宋法,但量刑情況不一,皇帝參與決定的機率高。又因用杖嚴懲風氣普遍,違制罪的執行恐是偏重。而蒙古滅金不久,就承金制出現違制罪,元滅南宋後"以違制論"仍普遍運用,使用情況與金、南宋相似,可見簡便立法論刑方式的延續。但是,元代又特別强調皇帝親授制書之舉,詔敕制度與宋代有顯著差異,雖因史料囿限無法確知違背親授制書的處罰詳情,推測刑度應比違制罪高,不確定性大。可是,在元代普遍減低施刑程度的氣氛下,違制罪的實際論處反可能較輕。

本文抛磚引玉,試以宋、金、元三朝違制罪的發展演變,與清代情況相較,可知該罪確具籠統性和涵攝性,但目的是求簡便立法論刑、促進行政效率,以便於因應社會百態變化,而非讓法律處於不可預知的未確定狀態。這也是違制罪雖不少是規範官員的條文,但不單是君主,朝臣們亦多主張擴大運用此罪之重要原因。至於違制罪與皇權展現的關係,確實日益明顯,而兩宋時期爲何不特著意於此,或許與朝廷文書運作制度有關。袁桷就嘗言:"王言之制,始分于唐;人文之精,特盛於宋。"[1]皇帝與士大夫官僚體制在宋代達到某種和諧共治,君主專制與文官政治看似矛盾,但在兩宋時期可説取得相對平衡,而此也與違制罪在宋代的發展相互映襯。可是,傳統中國皇權獨裁此後更加强化,也影響到違制罪發展,其中究竟如何轉變與是否承襲了北亞王朝政治傳統,當配合更多"概括性禁律"的長時段研究,考量自唐宋、金元到明清的發展歷程,方能有更進一步理解。

〔作者李如鈞,中國文化大學史學系助理教授〕

① 袁桷:《清容居士集》卷39《賀鄧善之修撰》,《文淵閣四庫全書》本,臺北:臺灣商務印書館,1983年,第517頁。

The Characteristic and Succession of Catch-All Status on Punishment for Violation of the System in the Song、Jin and Yuan Dynasties

Ju-chun Lee

Abstract: The "Catch-all Status" is an important form of traditional Chinese law. From the punishment for violation of the system in the Qing Dynasty, scholars emphasized that punishment made the law in an unpredictable state, and it was also a tool to protect the power of the Emperor. Starting from the punishment for violation of the system of the Song Dynasty, this research believes that the punishment exceeded the criminal laws of the song classified by category and became a penalty for violated the emperor's instructions. It was also a punishment standard of without clear penal provisions and became a simple way for the imperial court to legislate on punishment. The Jin and Yuan dynasties continued to follow up. Since the punishment for violation of the system represented the imperial power, the emperor after Renzong focused on the simplicity of the legislation of the punishment for violation of the system, and its connection with the imperial power was limited. The relationship between the punishment for violation of the system and the imperial power in the Jin and Yuan dynasties was gradually strengthened, especially in the Yuan Dynasty, but there was still a considerable gap with the punishment for violation of the system of the Qing Dynasty. Therefore, the "Catch-all Status" seems to have a long history, but it fluctuates greatly, and its character was different due to the environmental background of each dynasty.

Keywords: Punishment for violation of the system, Catch-all Status, Criminal Laws of the Song Classified by Category, The Jin code, Yuan law

《中外論壇》2021 年第 3 期
2021 年 9 月，第 123－155 頁

碑刻"法律化"的演進及特徵
——基於少林寺碑刻的分析*

李雪梅

提　要： 古代寺觀立碑傳統悠久。碑刻是寺觀主張權益、表達訴求的重要載體。中國古代典章制度健全，法律體系完備。但在寺院碑石上，幾乎很難看到《大明律》《大清律例》等通行法律條款，而有關御賜名額、賜撥田産、免徵差賦、禁約保護等事例却在碑石上經久綿延。本文以少林寺碑石上所載聖旨、公文、禁約等爲主體史料，探究寺觀碑刻"法律化"的過程、表現及特徵。涉及"寺政"的聖旨碑大小懸殊，取信度不同，故程式合法是碑刻"法律化"的基礎。聖旨碑所涉及的"寺政"包括保全寺産、免徵差賦，以及對住持的選定、授權。碑石上刻意挑選、原式摹刻的聖旨、公文，既可以借聖諭官威保護寺觀權益，也可以强化宗派傳承、彰顯護法業績，寺觀碑林由此而成。聖旨碑、公文碑中不乏有示禁内容。禁約由弱而强既是碑刻"法律化"的過程，也是法律碑刻"世俗化"的過程。古代碑刻"法律化"的演化路徑並非單一模式，少林寺碑刻以聖旨、公文、示禁等形式交替互補，成爲古代寺觀碑刻"法律化"演進的典範。

關鍵詞： 法律碑刻；寺政；聖旨；公文；示禁

---

* 本文爲國家社科基金項目"公文碑與中國古代行政權研究"（18BFX019）的階段性研究成果。

一、少林寺法律的碑刻構成

法律碑刻[①]强調綜合研究，碑石形制、尺寸，原始位置和遷移，碑文布局、文體性質，乃至立碑訴求等，均在考量範圍之内。這些信息在古今碑誌中並没有系統展現，加之傳統寺觀志、金石志"重文輕牘"的編纂取向，大量涉及寺觀權益及法律事項的碑刻被疏忽失載，故實地訪查、以一手史料爲據，是法律碑刻研究當遵循的方法。

（一）重文輕牘的傳統志書

從傳統金石志、寺觀志所載内容看，除涉及御製内容或重臣名筆者外，法律碑刻歷來不受太多關注。以明清少林寺志爲例。明傅梅撰《嵩山少林寺輯志》成書於萬曆四十年（1612），分寺院、竺業、韻始、章成等篇目。[②]"竺業"篇載自南北朝到明代的高僧大德 31 人；"韻始"總計七篇，載周、漢、魏至明代的詩文詞賦，爲該書中的長篇巨製。全書 22 卷計 776 頁，"韻始"七篇共 465 頁，約占全書篇幅的 60%。諸篇以年代爲序，按四言古詩、五言古詩、七言古詩、五言律詩、七言律詩、五言絶句、七言絶句等體例排列。"章成"計四篇，載歷代有關嵩山和少林寺及高僧大德的碑記、跋語，共 183 頁，約占全書篇幅的 23.6%，此篇中，除梁武帝《達磨大師碑頌》、唐太宗《告柏谷塢少林寺上座書》、武后《賜少林寺書》《御製修少林書》、唐代宗《戒壇敕》、程鉅夫《裕公禪師碑》外，均爲普通藝文之作。

清《嵩陽石刻集記》二卷由葉封（1624—1687）主持編撰，康熙十二年（1673）輯成，收録東漢至明代碑石 55 通，其中唐、宋碑數量最多，分别爲 23、16 通，而

① 法律碑刻内容能傳遞法律信息，並具有公開性、社會性和真實性等特徵。公開性、真實性是法律碑刻的標誌性特徵，但這些特徵在石刻法律文獻中的墓誌、買地券中難以體現。石刻法律文獻以載於碑刻者爲大宗，此即通稱的"碑刻法律史料"，簡稱爲"法律碑刻"；但在摩崖、墓誌、經幢、造像等石質銘刻中，也不乏與法律有關的内容。故石刻法律文獻的涵義較法律碑刻爲廣，而法律碑刻是石刻法律文獻的主體。參見徐世虹主編，中國政法大學法律古籍整理研究所編：《中國古代法律文獻概論》，上海：上海古籍出版社，2019 年，第 94 頁。

② 傅梅：《嵩山少林寺輯志》，萬曆末年刊，杜潔祥主編：《中國佛寺史志彙刊》第 2 輯第 23 册，臺北：明文書局，1980 年。傅梅爲登封縣知縣，字元鼎。

金、元碑分别爲2、3通,元碑全文著録程鉅夫撰、趙孟頫書《裕公禪師碑》。另有《嵩陽石刻集記紀遺》一卷,收録自漢至唐碑石28通(其中唐碑21通),僅羅列碑目。此書的編纂特色是以詩文、書法之善以及撰者“名世”爲要,①偏向於傳統金石學諸派中的書藝派。②

清《少林寺志》初輯者爲葉封、焦欽寵,後經施奕簪、焦如蘅續補,於乾隆十二年(1747)定稿,次年刊行。③ 全書分爲序、繪圖、形勝、營建、古迹、祥異、藝林、題詠八目。其中“藝林”中列有宸翰、藩王文翰、部劄、碑記、僧碑、僧傳等内容。“宸翰”爲皇帝御製碑文,有梁武帝《達磨大師碑頌》、唐太宗《告柏谷塢少林寺上座書》、武后《賜少林寺書》《御製修少林書》《御製詩》,明萬曆十五年十一月十九日《賜藏經敕諭》,以及一些未勒石的聖旨公文。“藩王文翰”收碑記兩篇,一爲嘉靖三十二年(1553)《重修少林寺記》,一爲隆慶二年(1568)《匾囤和尚碑》。“部劄”爲清順治十四年(1657)二月禮部確認少林寺第二十八代住持海寬的公文。“碑記”中,收唐碑4種、元碑1種、明碑12種、清碑4種。“僧碑”中,收唐、元、明碑8篇,元程鉅夫撰《裕公禪師碑》節録銘贊部分。“題詠”中收七言、五言絶句、律詩及贊、頌、詞、賦等,刊於碑石者不在少數。此書的一個可貴之處是,注明了重要碑誌所在位置及存世情況。

上述幾部少林寺志的主創者或曾任職於登封縣,如登封縣知事、教諭、訓導、典史等,或與登封少林寺往來密切,所輯録的志書内容偏重於御製和藝文,反映的是傳統文人學士心目中的少林寺歷史人文景觀。這一纂輯傳統相當程度上弱化了對法律碑刻的關注。清代文人和金石學家的觀點,也反映了這一趨勢,如黄生對漢代《金廣延母徐氏紀産碑》評論道:“此亦家庭分析瑣屑之語,與前碑(指漢《鄭子真宅舍殘碑》,筆者注)所紀同極鄙細,而勒之碑版與諸碑並壽,

① 俞汝言:《嵩陽石刻集記序》,林榮華校編:《石刻史料新編》第2輯第14册,臺北:新文豐出版公司,1979年,第10183—10184頁。

② 梁啓超將清代金石學細分爲考據派、義例派、鑒藏派、書藝派、綜合派,其中書藝派以包世臣爲代表,其特點是“專講書勢”。詳見梁啓超:《清代學術概論》,北京:東方出版社,1996年,第52—54頁。

③ 清《少林寺志》輯者葉封原任登封縣知事,焦欽寵爲登封縣候選訓導;續輯者施奕簪爲登封縣知事,焦如蘅爲登封縣舉人;校正者爲登封縣儒學教諭張鶚薦、儒學訓導牛承德、候選訓導傅汝躬;校刊者爲登封縣典史和生員計四人。參見葉封等輯:《少林寺志》,乾隆十三年(1748)刊本,哈佛大學哈佛燕京學社漢和圖書館藏,1948年影印。

真可笑之甚也。”[①]吴汝綸對明洪武八年(1375)頒行全國的《學校格式碑》論道:“蓋文辭不如宋《大觀碑》遠甚。是後公牘盡沿此體,大抵皆出吏胥之手,視事者無復事文學矣。而所謂聖旨,則鄙俚尤甚。”[②]

傳統寺觀志、金石志因“重文輕牘”的編纂傳統造成這樣一個結果,即御製名篇、藝文佳作因重複性載録而爲人們耳熟能詳,事關寺觀發展但缺乏文采的事務性碑刻,諸如公文、告示、規章、禁約、税賦、判詞等,因乏人問津而默默無聞,散佚失載者不計其數。

當然,明清時期的志書也不乏反傳統的特例,明代葛寅亮撰輯的《金陵梵刹志》堪爲代表。該志總計53卷,首兩卷爲《御製集》《欽録集》,之後各卷述大中小寺,按佛寺概況(規制、殿堂、公産、山水、古迹、人物等)、御製、文、傳、詩等順序排列,並特意將詩文作了精簡。撰者在凡例中交待:

> 序次先宸墨,尊昭代也。其下文自爲類,先寺中修建碑記,次遊記,次僧傳、誌銘,俱於各類中分朝代先後,即前帝王製作,亦與名公類編。惟詩概序朝代,不分諸體,不叙爵里,示簡雅云。

撰者葛寅亮(1570—1646)信奉佛教。他在任職南京禮部儀制司主事、祠祭清吏司郎中期間,爲南京諸佛寺清田定租,訂立各項制度。與其他方志、寺院志不同的是,《金陵梵刹志》不僅“述雄觀”,更“兼飭祠政”,而“祠政”重在管理與制度,這些是藝文所難以涵蓋的。故該志在記述南京180餘所佛寺時,詳列各寺土地數量、寺田經營、房産商業等,並附録寺田租税的判決文獻。該志於萬曆三十五年(1607)“發南京僧録司刊”,天啓年間(1621—1627)補刻刊行。[③]

從上述寺觀志看,編者是旁觀贊譽者還是管理監督者的身分,決定了寺觀志的輯纂角度和面貌。但如《金陵梵刹志》般搜羅全面、關注寺政的志書,仍是

---

① 黄生撰,黄承吉合按,包殿淑點校:《字詁義府合按》“義府卷下”,北京:中華書局,1984年,第243頁。

② 吴汝綸:《深州風土記》卷11,國家圖書館善本石組編:《明清石刻文獻全編》(二),北京:北京圖書館出版社,2003年,第466頁。

③ 葛寅亮撰,何孝榮點校:《金陵梵刹志·凡例》,天津:天津人民出版社,2007年,第3頁。

難得一見。是故對寺觀碑誌的研究,依據志書等文獻難免缺失遺漏。同樣,基於不同的視角解讀碑石,關注點也具有明顯差異。掌握碑石和拓本等一手"碑本"①史料,進行文本和功能的綜合解讀,當是法律碑刻研究需遵循的方法。

(二) 碑石結構與碑文性質

據筆者初步調查統計,河南登封嵩山少林寺中涉及寺觀權益、産業保護等法律内容的碑刻約17通,計唐碑3、宋刻2、元碑3、明碑4、清碑5通。需要注意的是,每通碑石所載文獻,有的是一種,有的是數種。故碑石之數和碑石所載文獻之數,不能等同視之。另碑文的結構和性質,乃至碑石的形制、尺寸,也都具有研究意義,特將相關信息列清單(見表1)如下。

表1　少林寺古代法律碑刻構成示要

	碑名、刻立時間	結構、性質、成文時間	形制,尺寸
唐	1.《太宗文武聖皇帝龍潛教書碑》,約天册萬歲二年(696)	王言·教1:武德四年(621)四月三十日教書	圓首,107＊44(高＊寬,單位釐米,下同)
	2.《皇唐嵩岳少林寺碑並御書碑記》,開元十六年(728)	王言·教2:武德四年(621)《秦王告少林寺主教》2 王言·敕牒2:武德八年(625)教並牒、開元十一年(723)《麗正殿修書使牒》 公文·判牒1:貞觀六年(632) 記1:裴漼撰記,開元十四年(726)	螭首方趺 360＊132
	3.《還神王師子敕》,天寶十四年(755)	王言·口敕3:久視元年(700)九月十三日、廿九日,十月 寺院文書1:久視元年十月六日	碑不存 拓97＊54
宋	4.《永安縣付少林寺執據碑》,崇寧四年(1105)	執據(公據)1:崇寧四年(1105)二月二十八日給	嵌墻,69＊69 鈐2印、1押
	5.《少林寺免諸般科役記》,政和五年(1115)	記1	未見

① 本文所稱"碑本"是指在文本基礎上以銘刻方式生成的新文本。"碑本"形成的基礎是手寫文本(包括局部和少量的印本),在銘刻碑石時,又在原文本基礎上附加碑額、題記、立碑責任者等關聯信息,形成功能和用途不同於原始文本的綜合文本。相關研究方法可參見李雪梅:《中國古代石刻法律文獻叙録·前言》,上海:上海古籍出版社,2020年,第1頁。

(續表)

	碑名、刻立時間	結構、性質、成文時間	形制，尺寸
蒙元	6.《勸請裕公住持緱山永慶寺疏》，至元三年(1266)	寺院文書 1：癸卯年(1243)四月十二日請疏	嵌墻，五位簽名者均有押
	7.《少林寺聖旨碑》，延祐元年(1314)孟冬	聖旨 4：癸丑年(1253)、雞兒年(1261)、龍兒年(1268)、鼠兒年(1312)聖旨	螭首龜趺 378 * 118，雙語
	8.《請疏碑》，延祐五年(1318)	寺院文書 3：皇慶二年(1313)大都三禪會、河南府路總管府、登封縣勸請普就住持大少林禪寺疏文	225 * 107 三截刻，每截依次有4、3、3 押
明	9.《司府豁免少林寺糧差帖文碑》，萬曆元年(1573)	公文・帖文 1：河南等處承宣布政使司批、河南府批	圓首方座，132 * 61 登封縣印、押
	10.《登封縣豁免少林寺糧差帖文碑》，天啓末年刻石	公文・帖文 1：登封縣帖文，萬曆九年(1581)文	圓首，座失，130 * 61 登封縣印、押
	11.《撫院明文碑》，萬曆十九年(1591)	公文・批文 1：呈文及批文。少林寺首僧呈文，欽差巡撫河南等處地方提督軍務、都察院右副都御史吴批	圓首，座失，110 * 60 額題"撫院明文"，鈐印不清
	12.《院道明文並登封縣告示碑》，萬曆二十三年(1595)	公文・批文 1：申文及批文。萬曆二十三年八月十四日批。登封縣申，欽差督理糧儲帶管分守河南道左參政房批。有印無押，有知縣丁應泰等署名(小字) 告示 1：登封縣告示，萬曆二十三年十月廿八示。有印押，有監寺、首僧等署名(小字)	圓首方趺，150 * 70 兩面刻，一面額題"院道明文"，一面額無字。兩面均鈐"登封縣印"
清	13.《河南布政使司管理通省驛鹽碑》，康熙二十七年(1688)	文體不詳 1	少林寺西圍墻外，未見
	14.《河南府正堂告示碑》，嘉慶二十年(1815)	告示 1：嘉慶二十年(1815)五月廿七日，河南府、汝州直隸州正堂熊示禁。"右仰通知"。合寺仝立	166 * 69 額題"流芳百代"，鈐"河南府印"，有押
	15.《登封縣正堂諭禁碑》，道光二十二年(1842)	告示 1：登封縣正堂示禁，合寺仝立	134 * 56 額題"永垂不朽"
	16.《合寺僧俗公議規矩碑》，咸豐五年(1855)	禁約 1：公議三條規約，咸豐五年(1855)六月立，禁伐林木、竊取禾稼、偷拿樹果	105 * 42
	17.《禁焚山林碑誌》，咸豐六年(1856)	禁約 1：咸豐五年(1855)六月立，禁伐	100 * 46

表 1 所列少林寺的 17 通法律碑刻，包括王言聖旨 12 種(教 3、敕牒 2、口敕 3、聖旨 4)、公文 6 種(判牒 1、帖文 2、批文 2、執據 1)、寺院文書 5 份、告示 3 種、禁約 2 種、記事 2 種、文體不詳 1 種，總計 31 種。17 通碑石中，嵌於墻上的 2 種尺寸不

大,在 1 米見方之内;立碑高度以 1—1.7 米之間較常見,超過 2 米的僅 3 通,其中超過 3 米的 2 通巨碑立於顯要之處:一是唐開元十六年(728)的《皇唐嵩岳少林寺碑並御書碑記》(以下出現者均簡稱《少林寺碑》),高 360、寬 132 釐米,螭首方趺,立於少林寺鐘樓前;一是元延祐元年(1314)《少林寺聖旨碑》,高 378、寬 118 釐米,螭首龜趺,立於少林寺大雄寶殿前。兩碑均雙面刻,碑文内容繁複。另就文體數量而言,王言聖旨碑、公文碑位居前列;表面看告示、禁約碑的數量不太突出,但因在聖旨碑、公文碑中含有禁示内容,故聖旨、公文與示禁的關係問題,也值得特别關注。

二、聖旨碑的規制與"寺政"

少林寺的王言、聖旨碑刻集中於唐、元兩朝,寓示少林寺在此時段擁有非同一般的政治能量。所刻碑石,也有明顯的護持寺院發展的目的。

(一) 唐代王言碑制

表 1 中唐代三通碑均有載有"御製"内容,但形制差别很大。《太宗文武聖皇帝龍潛教書碑》(圖 1)約刻於天册萬歲二年(698),尺寸不大,高 107、寬 44、厚 15 釐米,是武德四年(621)四月卅日《秦王告少林寺主教》最早刻於石者,内容與刻於開元十六年(728)《少林寺碑》碑陽、碑陰的李世民教書完全一致。《秦王告少林寺主教》在唐代碑石上出現三次,説明此"教書"對少林寺的意義非同尋常。少林寺在唐初曾歷經曲折。少林寺在武德四年因助李世民平定王世充而獲慰勞教書後,先是武德五年(622)"以寺居僞地,總被廢省,僧徒還俗,各從徭役",寺産被没收。通過數年努力,少林寺終於恢復合法身分,並於武德八年(625)獲李世民"賜少林寺肆拾頃地和水碾壹具"的教書和牒文(《武德八年教並牒》)。後是武德九年(626)因寺僧"妄注賜地爲口分田",少林寺在貞觀六年(632)開始"申牒立案",請改口分田爲常住田。① 當年的判牒記載了更改田籍

① 少林寺貞觀初年的經歷詳載於唐開元十六年(728)《少林寺碑》碑陰下部標爲貞觀六年六月二十九日的一份判牒中,筆者命名爲"貞觀六年緱氏縣牒"。詳見李雪梅:《昭昭千載:法律碑刻功能研究》第三章《"碑本"的制度内涵——以唐〈少林寺碑〉爲例》,上海:上海古籍出版社,2019 年,第 62—100 頁。《全唐文》名爲"少林寺准敕改正賜田牒",參見董誥編:《全唐文》卷 986,北京:中華書局,1983 年,第 10196 頁。傳統金石學家或名爲"少林寺賜田敕",參見繆荃孫著,張廷銀、朱玉麒主編:《繆荃孫全集・金石》第 1 册,南京:鳳凰出版社,2014 年,第 142 頁。

的過程和判准結果。在官府調査、核實中,武德四年"教書"和武德八年"教並牒"起到關鍵性支撑作用。

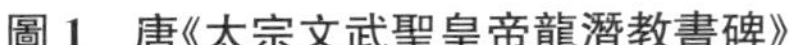

圖 1　唐《太宗文武聖皇帝龍潛教書碑》

圖 2　唐《還神王師子敕》拓本

較"教書"更能彰顯政治權力的是"御書"。在開元十六年(728)碑上,唐玄宗李隆基所書"太宗文皇帝御書"作爲碑額同時出現在碑陽、碑陰。碑身所刻開元十一年(723)牒文交代"御書"來歷道:"太宗文皇帝教書一本,御書碑額一本。牒:奉敕,付一行師,賜少林寺。謹牒。"[①]這是少林寺獲得"世民"簽押的武德四年教書和玄宗御書碑額的有效證明。"御書"是皇恩的體現,具有鮮明的政治景觀意義。而少林寺擁有太宗和玄宗的"雙重"御書,是一筆寶貴的政治財富,更是可以展示、利用的政治資本。

天寶十四年(755)《還神王師子敕》(圖 2)反映了少林寺與皇室的特殊關

① 李雪梅:《昭昭千載:法律碑刻功能研究》第三章《"碑本"的制度内涵——以唐〈少林寺碑〉爲例》,第 69 頁。

係。碑文記武周如意元年(692),少林寺奉敕將普光堂的神王像及獅子等敬送宫内,後"内出功德,散與諸寺"。少林寺的神王像被送給大福先寺。久視元年(700),少林寺僧請求將原普光堂内的神王像及獅子奉還,並兩次"詣光政門奉狀陳請",當年於九月十三日、廿九日得到武皇恩准口敕。①

值得注意的是,表1所列1、3號唐碑尺寸不大,高1米左右。既然爲銘刻皇恩,爲何不似2號碑以豐碑巨製的形式彰顯呢?可能的原因是,刻立御書碑需要朝廷示准。開元十六年(728)《少林寺碑》經過皇帝授權。碑陽裴漼撰記寫到:"此寺有先聖締構之跡,御書碑額七字,十一年冬,爰降恩旨,付一行師,賜少林寺鐫勒。"碑陰載開元十一年(723)《麗正殿修書使牒》稱:"録敕牒少林寺主,檢校了日狀報。敕書額及太宗與寺衆書,並分付寺主慧覺師領取。"敕書額即後來作爲碑額刻於兩面的"太宗文皇帝御書"7個大字,"太宗與寺衆書"即刻於碑石上方的武德四年(621)《秦王告少林寺主教》,同樣刻於碑石兩面,文中"世民"兩字均爲御筆手書。

而兩通小碑的刻立當是寺僧的自主行爲。《還神王師子敕》是以碑記形式載録敕文,立碑者爲少林寺普光院僧弘器,立碑原因是"恐後僧[徒]貴勝不知所由,立一小碑,述久視元年還神王敕"。《太宗文武聖皇帝龍潛教書碑》原嵌於少林寺達摩亭東山墻,碑陰朝外,爲金明昌三年(1192)摹刻的《蘇東坡觀音贊》。1980年修葺時拆碑發現了隱於墻内的唐代碑文。碑身斷爲三截,字殘損處頗耐人尋味。碑文中最爲關鍵的"世民"手書簽押及"教"等字均不存,碑上也無立碑責任者署名,"教書"來源的可靠性令人生疑。碑被毁斷,很可能是寺僧立碑後被發現有違規制所致。

(二)蒙元碑石上的"寺政"

"寺政"有狹義和廣義之分。狹義的指寺院系統内部的管理問題,廣義的還包括寺院與朝廷、地方官及民衆的關係,本文所指偏向於廣義。

1. 元代聖旨碑規制

延祐元年(1314)《少林寺聖旨碑》是表1所列17通碑中體量最高大者,且是諸碑中唯一采用螭首龜趺形制者(唐開元十六年碑爲螭首方趺)。碑總高

① 相關内容據唐天寶十四載(755)《還神王師子敕》拓本整理。參見北京圖書館金石組編:《北京圖書館藏中國歷代石刻拓本彙編》第26册,鄭州:中州古籍出版社,1989年,第137頁。

378釐米，額、身、座高依次爲78、248、52釐米。碑身兩面刻。一面額題“聖旨碑”，下面爲四截聖旨，其中上三截爲回鶻式蒙古字，第四截八思巴字，現立爲碑陰；一面碑額無字，四截聖旨均漢字，現立爲碑陽。

就現爲碑陽的漢字内容看，第一截刻蒙哥汗於癸丑年（憲宗三年，1253）十二月初七日口宣聖旨，24行；第二截刻忽必烈汗於雞兒年（中統二年，1261）六月初一日寫於上都（開平府）的聖旨，31行；第三截刻忽必烈汗於龍兒年（至元五年，1268）正月二十五日寫於青兒山的聖旨，32行；第四截刻仁宗愛育黎拔力八達在鼠兒年（皇慶元年，1312）三月十三日寫於大都的聖旨，29行。

此碑曾長期埋没，至1988年重新竪立後，①引起中外學者關注。但諸文章提到此碑時，均將題有“聖旨碑”的一面定爲碑陰，②即認可1988年重立爲原始形制。但筆者認爲此碑目前是錯置狀態，系將原爲碑陽的一面改爲碑陰。

確定碑陽、碑陰的關鍵，碑額最爲關鍵。此碑碑額、碑身連爲一體。刻有回鶻式蒙古文和八思巴字（也稱蒙古新字）的一面額題“聖旨碑”，漢字的一面碑額無字，且回鶻式蒙古文和八思巴字爲聖旨原始文本，漢字爲白話硬譯。至元六年（1269），忽必烈下詔定八思巴文爲國書後，③八思巴字刻於碑陽成爲普遍規制。④

2. 僧官名稱與職權

漢字刻蒙哥汗、忽必烈汗、元仁宗頒布的四道聖旨，時間跨度近一個甲子。前兩截載蒙哥汗、忽必烈汗的聖旨。第一截癸丑年（1253）聖旨（圖3）由禿魯黑台和

---

① 王雪寶推測此碑和明代萬曆六年（1578）陸書聲撰《幻休禪師碑》（高6.47米）、萬曆二十七年（1599）王錫爵撰《無言道公碑》（高5.21米）等碑被埋的原因，可能是乾隆年間在大雄寶殿前立御碑，因御碑高3.66米，爲諂媚皇帝，顯示御碑至高無上的地位，遂把高於御碑的幾通大碑埋於地下。參見王雪寶：《少林寺出土元明大碑》，《中國文物報》1988年7月1日。

② 參見道布、照那斯圖：《河南登封少林寺出土的回鶻式蒙古文和八思巴字聖旨碑考釋》，《民族語文》1993年第5—6期、1994年第1期；松川節、中村淳：《新發現的蒙漢合璧少林寺聖旨碑》（提要），《蒙古學信息》1995年第1期。

③ 《元史》卷202《釋老傳·八思巴傳》（北京：中華書局，1976年，第4518頁）：“中統元年，世祖即位，尊（八思巴）爲國師，授以玉印。命製蒙古新字……至元六年，詔頒行於天下。詔曰：‘朕惟字以書言，言以紀事，此古今之通制。我國家肇基朔方，俗尚簡古，未遑製作，凡施用文字，因用漢楷及畏吾字，以達本朝之言。考諸遼、金，以及遐方諸國，例各有字。今文治寖興，而字書有闕，於一代制度，實爲未備。故特命國師八思巴創爲蒙古新字，譯寫一切文字，期於順言達事而已。自今以往，凡有璽書頒降者，並用蒙古新字，仍各以其國字副之。’”

④ 蔡美彪認爲：依元碑通例，聖旨碑額宜刊“聖旨”二字，且例刻碑陽，不刊碑陰。見氏著：《八思巴字碑刻文物集釋》，北京：中國社會科學出版社，2011年，第63頁。

不花傳奉,主旨是任命少林長老福裕①爲“都僧省”,負責佛教管理事務。碑文爲:

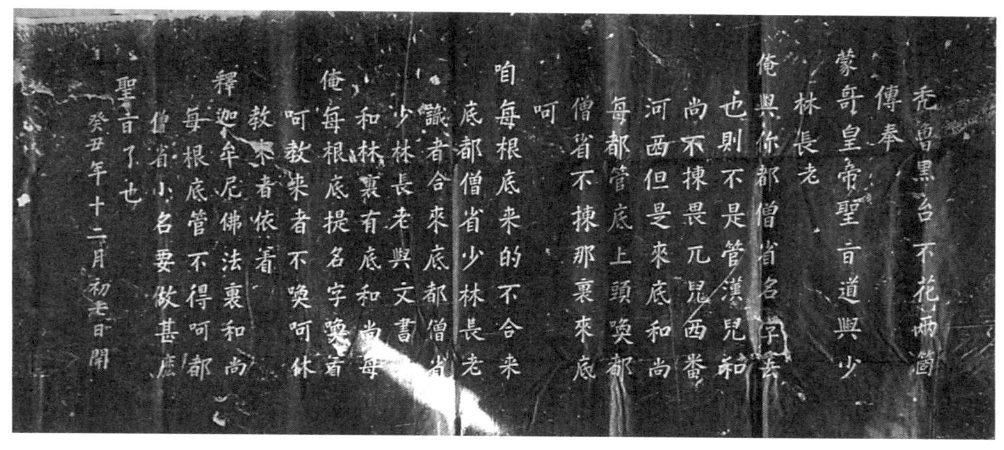

秃魯黑台不花兩箇
傳奉
蒙哥皇帝聖旨道與少
林長老
俺與你都僧省名字去
也則不是管漢兒和
尚不揀畏兀兒西番
河西但是來底和尚
每都管底上頭喚都
僧省不揀那裏來底
呵
咱每根底來的不合來
底都僧省少林長老
識者合來底都僧省
少林長老與文書
和林裏有底和尚每
俺每根底提名字喚着
呵教来者不喚呵休
教來者依着
釋迦牟尼佛法裏和尚
每根底管不得呵都
僧省小名要做甚麽
聖旨了也
癸丑年十二月初七日開

圖 3 癸丑年(1253)聖旨

01 秃魯黑台、不花兩箇

02 傳奉

03 蒙哥皇帝聖旨,道與少

04 林長老:

05 俺與你都僧省名字去

06 也。則不是管漢兒和

07 尚,不揀畏兀兒、西番、

08 河西,但是來底和尚

09 每都管底上頭,喚都

10 僧省。不揀那裏來底

11 呵,

12 咱每根底來的,不合來

13 底,都僧省少林長老

① 福裕(1203—1275),字好問,號雪庭,蒙元時期著名禪師和曹洞宗宗師。其生平可參見延祐元年(1314)《裕公禪師碑》。

14　識者。合來底，都僧省

15　少林長老與文書者。

16　和林裏有底和尚每，

17 俺每根底提名字喚着

18　呵，教來者。不喚呵，休

19　教來者。依着

20 釋迦牟尼佛法裏，和尚

21　每根底管不得呵，都

22　僧省小名要做甚麽。

23 聖旨了也。

24　 癸丑年十二月初七日開

碑文大意是：我命你爲“都僧省”。都僧省不僅要管漢地（投奔來）的和尚，畏兀兒、西番、河西（投奔來）的和尚，也在管理範圍。不管是哪兒的和尚，只要少林長老認可的，都可以發給證明文書……要按照釋迦牟尼的佛法管理和尚。如果管不了的話，“都僧省”的名號不配稱用。

從聖旨内容看，福裕所任“都僧省”職掌的對象不僅是漢地和尚，還包括畏兀兒、西番、河西等地來的和尚，其管轄範圍當以漠北和林爲主。①

對福裕授職任命之事也見證於其他碑石。延祐元年（1314）十一月立的《裕公禪師碑》載：“歲乙巳（1245），世祖潛邸，命師少林大作資戒會……戊申（1248），定宗（貴由）詔住和林興國。未期月，憲宗召詣帳殿，奏對稱旨。俾總領釋教，授都僧省之符。”②

“都僧省”源自“du singsing”的音譯。道布、照那斯圖認爲：“都”字用在職

① 和林即哈拉和林，蒙古窩闊台汗七年（1235）建都於此。故址即今蒙古國中部後杭愛省杭愛山南麓。史載：“始名和林，以西有哈剌和林河，因以名城。太祖十五年（1220），定河北諸郡，建都於此。初立元昌路，後改轉運和林使司，前後五朝都焉。太宗乙未年（1235），城和林，作萬安宮。”參見《元史》卷 58《地理志一 • 嶺北等處行中書省 • 和寧路》，第 1382 頁。

② 碑文可參見梅淑貞編著：《嵩山碑刻》，鄭州：河南人民出版社，2019 年，第 450 頁。但該頁碑拓圖版錯配爲明碑。另至元三十一年（1294）《少林藏雲大師山公庵主塔銘》也述“雪庭大和尚賞被恩照，住持天都大萬壽寺，爲都僧省”事，參見梅淑貞編著：《嵩山碑刻》，第 436 頁。

官名稱上有"總"的意思。與"僧省"兩字相接,構成職官名稱"都僧正",即"總僧正"。"僧正"是管理衆僧之官。[①] 此職後來多被譯爲"釋教總統"。[②]《裕公禪師碑》所言"俾總領釋教,授都僧省之符"相對更易理解。據目前文獻所知,擔任"都僧省"官職者只有福裕一人,此官稱也成爲福裕生平中的重要榮譽。立於至元二十四年(1287)的裕公塔,題刻"宣授都僧省少林長老特賜光宗正法大禪師裕公塔",書額者爲"宣授江淮都總攝扶宗弘教大師釋源白馬寺宗主龍川管錢"。

之前受蒙古朝廷青睞的佛、道領袖也曾被委以重任。如 1219 年成吉思汗在西域傳詔,命海雲(印簡,1203—1257)及其師中觀統漢地僧人,免其差發。定宗二年(1247),貴由頒詔命海雲統僧。憲宗元年(1251)蒙哥皇帝即位,頒降恩詔,"以僧海雲掌釋教事,以道士李真常掌道教事"。[③]

與海雲同時受到憲宗重用的還有密宗大師那摩。"憲宗尊那摩爲國師,授玉印,總天下釋教"。[④] 對於海雲和那摩的職權之分,野上俊靜認爲:海雲所掌者爲中原漢地佛教,而那摩則爲最高僧官,統領整個大蒙古國的佛教。[⑤]

綜上,從海雲掌釋教事尚無官職定名,至福裕"總領釋教,授都僧省之符"有了宣授官職和憑證,同時那摩國師"授玉印,總天下釋教",可證大蒙古國時期宗教與政治的關聯,以及僧官制度的演進。

3. 少林長老的權限

碑石上第二截聖旨(圖 4)是忽必烈汗於雞兒年(中統二年,1261)六月初一日寫於開平府。[⑥] 從聖旨内容看,此時大蒙古國的行政設置已初步健全。與其

① 道布、照那斯圖:《河南登封少林寺出土的回鶻式蒙古文和八思巴字聖旨碑考釋》(續一),《民族語文》1993 年 6 期,注釋 8、42。

② 史載:"至元初,立總制院,而領以國師。"見《元史》卷 87《百官志三・宣政院》,第 2193 頁。總制院亦稱釋教總制院,後改名宣政院,下設諸路釋教都總統等機構,爲管理諸路佛教寺院僧尼之僧官。史載:"癸酉,以隴西四川總攝輦真術納思爲諸路釋教都總統。"見《元史》卷 16《世祖紀十三》,第 344 頁。

③ 《元史》卷 3《憲宗紀》,第 45 頁。

④ 《元史》卷 125《鐵哥傳》,第 3075 頁。

⑤ 野上俊靜:《元代佛道二教的辯論》,氏著:《元史釋老傳の研究》,京都:野上俊靜博士頌壽記念刊行会,1978 年,第 157 頁,轉引自張雲:《元代管理吐蕃地方的中央機構——總制院與功德使司》,《青海社會科學》1995 年第 1 期。

⑥ 《元史》卷 58《地理志一・中書省・上都路》(第 1349—1350 頁):"上都路,唐爲奚、契丹地……憲宗五年,命世祖居其地,爲巨鎮……中統元年,爲開平府。五年,以闕庭所在,加號上都。"

他聖旨碑不同的是,此份聖旨宣諭的對象,“宣撫司”列在首位,之後才列達魯花赤、官人、使臣、軍官、軍人、和尚、民户。“宣撫司”的職責是據户籍定科差。①而聖旨的内容之一就是規定寺觀免科差:“但屬寺院裏的田地、水土、竹葦、園林、碾磨、解典庫、浴房、店、鋪席等内,醋、麯酵,揀那甚麼差發、稞程休要者。”在此份聖旨中,少林長老的職權較前一份聖旨有所萎縮。碑文第9—14行載:

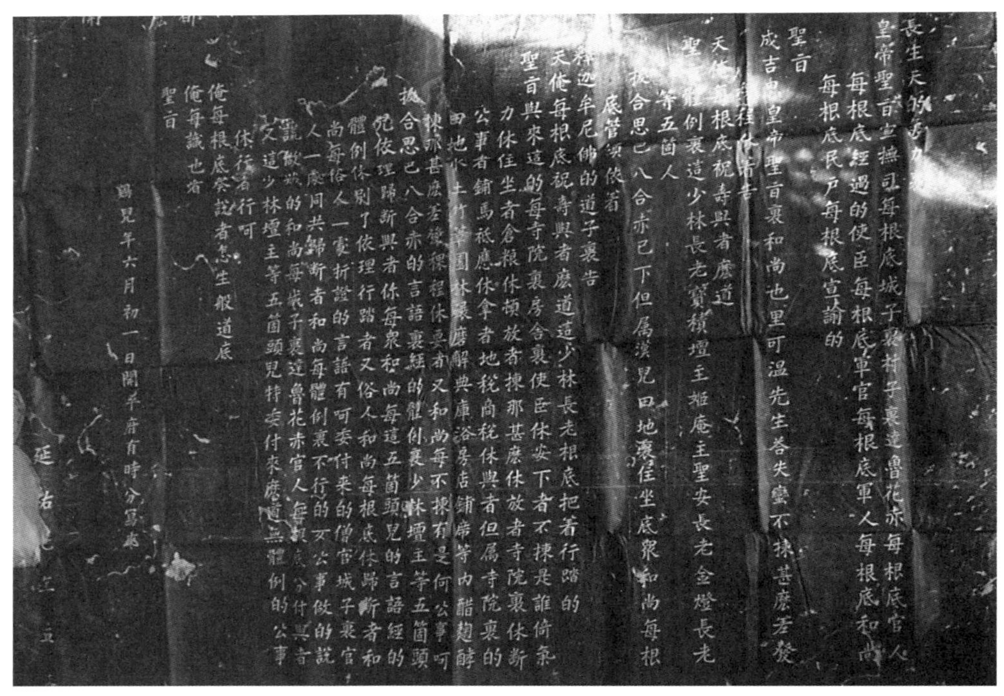

圖4 雞兒年(中統二年,1261)聖旨

這少林長老、寶積壇主、姬庵主、聖安長老、金燈長老等五箇人,拔合思巴八合赤②已下但屬漢兒田地裏住坐底衆和尚每根底管領,依着釋迦牟尼佛的道子裏告天,俺每根底祝壽與者麽道。

① 《元史》卷93《食貨志一·科差》(第2361—2362頁):“中統元年,立十路宣撫司,定户籍科差條例……凡儒士及軍、站、僧、道等户皆不與。”

② 據碑文,此聖旨有兩處“拔合思巴八合赤”,而在同碑第三截聖旨中三處均寫爲“拔合思巴八合失”。“拔合思巴”即八思巴,“八合赤”“八合失”均爲大師。

據碑文，八思巴爲大蒙古國佛教的總管，漢地的佛教事務由少林長老等五人共管，而非之前的由少林長老獨掌。聖旨還就僧、俗法律事項的管理許可權作了劃分。碑文第19—27行載：

和尚每不揀有是何公事呵，拔合思巴八合赤的言語裏、經的體例裏，少林壇主等五箇頭兒依理歸斷與者。你每衆和尚每，這五箇頭兒的言語、經的體例休别了，依理行踏者。又俗人、和尚每根底休歸斷者。和尚每、俗人一處折證的言語有呵，委付來的僧官、城子裏官人一處同共歸斷者。和尚每體例裏不行的歹公事做的，説謊做賊的和尚每，城子裏達魯花赤、官人每根底分付與者。又這少林壇主等五箇頭兒特委付來麽道，無體例的公事休行者。

根據聖旨，和尚之間的糾紛，由少林壇主等五人據佛教清規處理；僧、俗訟事，由僧官和地方官會同審理；和尚的違法行爲如欺詐、賊盜等，交地方官處理。此規定與元代法律一致。在傳統成文法典中，"職制"主要涉及諸司職掌。元代法律規定："諸僧人但犯姦盜詐僞，致傷人命及諸重罪，有司歸問。其自相争告，從各寺院住持本管頭目歸問。若僧俗相争田土，與有司約會。約會不至，有司就便歸問。"①因蒙元法律制定較爲滯後，大量聖旨斷例在實踐中發揮效用。②

第三截龍兒年（至元五年，1268）聖旨（圖5上）内容包括忽必烈汗委付足庵净肅長老爲河南府路衆和尚提領的任命，同時重複雞兒年（中統二年，1261）（圖4）聖旨中對僧、俗訟事管轄權的規定，但之前排在首位的"宣撫司"未再出現。

第四截鼠兒年（皇慶元年，1312）聖旨（圖5下）與前述聖旨間隔時間較長，爲仁宗於該年三月十三日寫於大都，中間跳過了成宗（1295—1307在位）、武宗（1307—1311在位）。聖旨是發給河南府少林寺、空相寺、寶應寺、天慶寺、維摩

① 《元史》卷102《刑法志一·職制上》，第2620頁。

② 《元史》卷102《刑法志一·序》（第2603—2604頁）載蒙元法律的製定情況道："元興，其初未有法守，百司斷理獄訟，循用金律，頗傷嚴刻。及世祖平宋，疆理混一，由是簡除繁苛，始定新律，頒之有司，號曰《至元新格》。仁宗之時，又以格例條畫有關於風紀者，類集成書，號曰《風憲宏綱》。至英宗時，復命宰執儒臣取前書而加損益焉，書成，號曰《大元通制》。其書之大綱有三：一曰詔制，二曰條格，三曰斷例。凡詔制爲條九十有四，條格爲條一千一百五十有一，斷例爲條七百十有七，大概纂集世祖以來法制事例而已。"

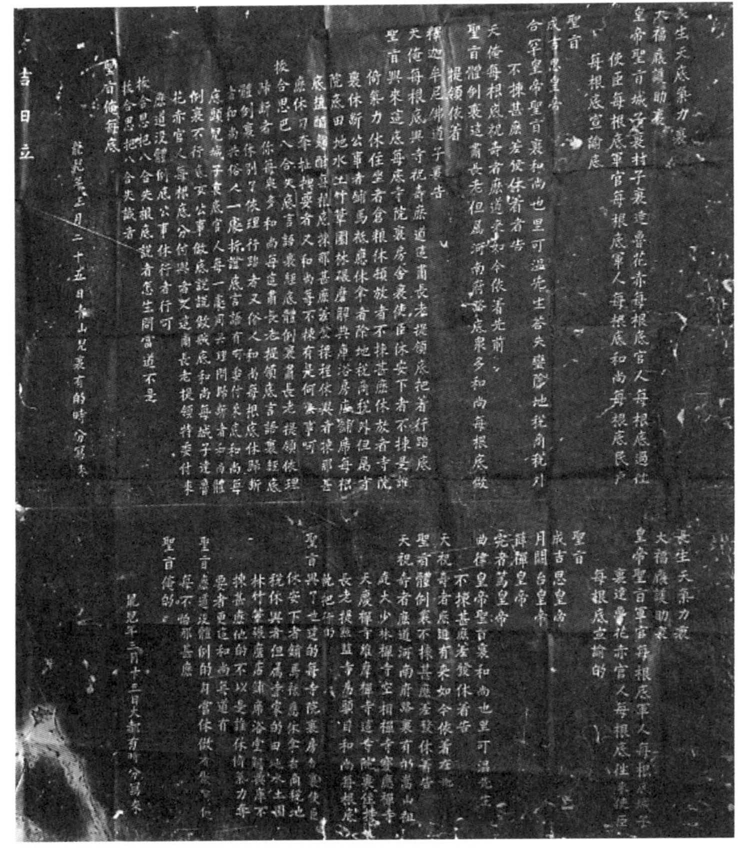

圖 5　龍兒年(1268)和鼠兒年(1312)聖旨

寺五座寺院的長老、提點、監寺等。按元代聖旨通例，中間加進了成吉思皇帝(太祖鐵木真)、月闊台皇帝(太宗窩闊台)、薛禪皇帝(世祖忽必烈)、完者篤皇帝(成宗鐵穆耳)、曲律皇帝(武宗海山)等聖號，重複自成吉思皇帝以來的保護寺觀財産、免徵差税的規定，示意蒙元宗教政策和相關法律的延續性。

時間落款同爲“鼠兒年三月十三日大都有時分寫來”的聖旨有立於山東肥城市空杏寺的《宣賜涌泉寺聖旨碑》。兩份聖旨，除將河南府少林寺等五座寺院的長老更换爲“濟寧路肥城縣有的涌泉寺裏住持的賢吉祥爲頭兒和尚”外，其餘内容幾完全一致。由此可證，此時少林長老的寺政管理權僅限於河南府路。

4. 立旨明宗

第三截聖旨給付的肅長老，法名净肅，號足庵，是福裕衣鉢的繼承者，至元二年(1265)任少林長老,至元十一年(1274)住持泰安靈巖寺。第四截聖旨所給付河南府少林寺等五座寺院的長老、提點、監寺,並未指名道姓,而同時的《宣賜涌泉寺聖旨碑》指名給涌泉寺住持賢吉祥。

第四截聖旨於皇慶元年(1312)寫出時,普就(號古巖,1241—1317)尚未成爲少林寺住持。表1所列元代《請疏碑》所載三份寺院文書,時間均是皇慶二年(1313),分别是大都三禪會、河南府路總管府、登封縣勸請普就住持大少林禪寺的疏文。大都三禪會疏文(圖6)的落款爲大萬壽寺住持靈峰、大聖安寺住持雲溪、大慶壽寺嗣祖西雲等,均爲僧界名流。疏文第9—16行寫道:

請疏

大都三禪會
謹請古巖就公大禪師住持河南府
嵩山祖庭大少林禪寺爲
國焚修祝延
皇帝聖壽萬歲者
世尊拈花妙心傳於迦葉達磨面壁宗
旨付於神光六葉敷榮千花媲媚枝分
派列代不乏人伏惟
古巖就公大禪師雪庭親孫足庵首
嗣建心慕遠清節不群扣寂寞以窮音
求虛無而責有論禪道神欽鬼伏具戒
德玉潔冰清既榮祿以吹嘘求
仁師之肯諾念叢林之凋弊須作者之
扶持五乳峰前重新
祖令單傳堂下再振宗風用荷法心展
爲人手[illegible]東[illegible]象駕莫辭千里之勞
高踞[illegible]仰祝
萬年之壽謹疏
皇慶二年　月　日疏
大萬壽寺住持靈峰
大聖安寺住持雲溪
大慶壽寺嗣祖西雲
集賢大學士榮祿大夫陳

圖6　元皇慶二年大都三禪會請疏文

伏惟古巖就公大禪師,雪庭親孫,足庵首嗣;建心慕遠,清節不群。扣寂寞以窮音,求虛無而責有。論禪道神欽鬼伏,具戒德玉潔冰清。既榮禄以吹噓,求仁師之肯諾;念叢林之凋弊,須作者之扶持。五乳峰前,重新祖令;單傳堂下,再振宗風。

疏文暗示少林寺管理出現了一些問題,需重振綱紀,且住持空缺。而更重要的是疏文所明示的法脈傳承,普就爲“雪庭親孫,足庵首嗣”,將福裕—净肅—普就示爲祖孫三代的正宗傳承。普就肩負“重新祖令”,即弘揚福裕佛法的使命。

載有 4 份聖旨的《少林寺聖旨碑》立於延祐元年(1314)孟冬,同一時間刻立的還有《裕公禪師碑》(圖 7),此時福裕已去世 39 年。《裕公禪師碑》高 3.85 米,螭首龜趺,與《少林寺聖旨碑》規制相近。碑文記述了裕公被尊爲“少林開山光宗正法大禪師”的主要業績和功德。

在本文重點分析的《少林寺聖旨碑》上,並没有刻碑責任者以及是否有恩准立碑的信息。刻碑的意圖,僅憑 4 份聖旨,難免臆測。而同時刻立的《裕公禪師碑》,起到關鍵的背書作用。

這兩通巨碑的刻立與普就有關。立於延祐五年(1318)的《就公禪師道行碑》詳載普就師承經歷及住持少林寺時的業績。碑載:

> 皇慶二年仲夏,祖庭少林知事不遠千里,齎疏禮請。師至祖庭,奉行《百丈清規》,整頓藂林,懿範接待,方來衲子,諄諄不倦。積歲弊風,翕然魯變,玄綱大振,道化日新。闔寺歡忻,諸方景仰。祖師庵創繪二十八年祖,大殿前樹碑二通……①

《裕公禪師碑》的碑陰,額題“少林開山雪庭宗派”,下刻嗣法門人,昭示普就意在確立福裕開山少林以來曹洞宗的法脈。聖旨碑所載聖旨,與福裕、净肅、普就關聯最爲密切。而少林寺收到的蒙元聖旨榜諭,遠不止碑石所載 4 份。投師於福裕的慧山(號藏雲,1243—1308)在少林寺任職事 50 餘年,其塔銘提到在至元三十一年(1294),藏雲“兩次詣至闕下,奏奉皇帝聖旨、皇儲令旨、諸王令旨、帝師法旨、都省榜文,爲嵩山祖庭少林寺、熊耳山祖庭空相寺……皆爲護持”。②碑石上的第四份八思巴文聖旨與前三份回鶻蒙古字聖旨間隔數十年,選擇性刊刻的目的已不言自明。

---

① 梅淑貞編著:《嵩山碑刻》,第 458 頁。碑文標點斷句筆者已作修改。

② 《少林藏雲大師山公庵主塔銘》,梅淑貞編著:《嵩山碑刻》,第 436 頁。

有關《少林寺聖旨碑》的刻立程式,《裕公禪師碑》也提供了較完備的信息。該碑額篆"皇元贈大司空晉國公少林大宗師裕公道行碑銘"20字,首題"大元贈大司空開府儀同三司追封晉國公少林開山光宗正法大禪師裕公之碑"。碑題之下的三行是撰文、書寫、篆額的官員名單,且均注明"奉敕":

翰林學士承旨、資善大夫、知制誥兼修國史臣程鉅夫奉敕撰

集賢侍講學士、中奉大夫臣趙孟頫奉敕書

嘉議大夫、禮部尚書臣郭貫奉敕篆額

程鉅夫所寫碑文中,頻見制書和帝命:

皇慶元年春,集賢大學士、榮禄大夫臣陳顥奏請:"封贈少林開山住持、光宗正法大禪師福裕。"

制:"贈大司空、開府儀同三司,追封晉國公,命詞臣文之碑。"臣鉅夫奉職惟謹。

……

帝命曰:"諮,章服是宜。百世其承之,四方其則之。惟爾法是依,惟爾言是師。"臣拜稽首。

聖敬不違,播爲聲請,永之茲碑。

碑的落款是:

延祐元年十一月吉日,門人慧慶建

宣授祖庭大少林寺傳法住持、嗣祖沙門普就,集賢大學士、榮禄大夫陳顥立石

洛陽耶律德思刻

據碑文,福裕在世祖時已獲賜"光宗正法"之號,皇慶元年(1312)仁宗又追

贈爲“大司空、開府儀同三司，追封晉國公”，程鉅夫撰寫的碑銘也應於同年完成。兩年後，精心選擇的四份聖旨和程鉅夫撰寫的文字，分刻於兩通巨碑上，並列於大雄寶殿前(《就公禪師道行碑》言“大殿前樹碑二通”)，福裕的仁慈護法業績和帝王的皇威聖德在碑石上交相輝映。

元《裕公禪師碑》現立於少林寺慈雲堂院内，與明萬曆三十七年(1609)董其昌撰書《道公碑銘》(圖7)並列於一方形台基之上。刊行於清乾隆十三年(1748)的《少林寺志》收録了《裕公禪師碑》，在“裕公碑銘”標題下，注明：“節。在墻外，僕。”“節”指節録碑文，僅録仁宗制書和銘辭部分。“在墻外，僕”説明此碑在乾隆時的處境：置於墻外，僕倒在地。同書收録的明董其昌書《道公碑銘》，標題下也注明“在東墻外，僕。”①

圖7　元《裕公禪師碑》(左)和明《道公碑銘》(右)

① 叶封等輯：《少林寺志・藝林・僧碑》，乾隆十三年(1748)刊本，1948年影印。

清乾隆時期，延祐元年同時刻立的《少林寺聖旨碑》和《裕公禪師碑》，一個被埋於地下，一個仆倒在地。如今，一碑仍立大雄寶殿前，一碑立慈雲堂院内，兩碑的天然關聯被人爲阻斷。明董其昌在《道公碑銘》中言："少林之於曹洞，亦猶魯之秉《周禮》也。"以此來贊譽少林開山宗師福裕，也不爲過。

三、碑刻上的禁約

（一）護持性禁約

唐代王言碑中多含有公文。因公文是王言實施的基礎，故王言和公文的依存度較高。唐代一些公文中偶見有訓誡内容，如唐開元十六年（728）《少林寺碑》碑陰所載貞觀六年（632）判牒言：

> 少林僧等先在世充僞地，寺經廢省，爲其有功翻柏谷塢，功績可嘉，道俗俱蒙官賞，特敕依舊置立其寺。寺既蒙立，還地不計俗數，足明齋田非惑。今以狀牒，帳次准敕從實改正，不得因兹浪有出没。故牒。

文中的"不得因兹浪有出没"即具有警誡意味。在宋金流行的敕牒碑、公據碑上，禁約内容開始增多。如山東曲阜北宋景德三年（1006）《敕修文宣王廟牒》載資政殿大學士、尚書兵部侍郎王欽若請修文宣王廟奏狀稱：

> ……欲乞特降敕命指揮，令諸道州府軍監文宣王廟摧毁處，量破倉庫頭子錢修葺。仍令曉示，今後不得占射充磨勘司推勘院，及不得令使臣官員等在廟内居□……候敕旨。牒奉敕：宜令逐路轉運司徧指揮轄下州府軍監，依王欽若所奏施行。牒至准敕，故牒。[1]

奏狀中兩項"不得"的内容均爲禁約，經朝廷批准得以正式實施。至於宋代

① 據碑石録文。碑原立山东曲阜孔庙毓粹門内東南第二亭，現存漢魏碑刻博物館。

御製學規碑和各地的水利條規碑，禁約條款已占有相當比重。但少林寺宋金法律碑刻較欠缺，難以全面反應禁約性規定在此時期的應用。至蒙元聖旨碑，禁約内容已成爲不可或缺的組成。在碑石上，向官民示禁、免寺觀課差、保護寺産及其經營、對寺觀住持授權及告誡等内容，往往融爲一體。現以《少林寺聖旨碑》第四截鼠兒年（皇慶元年，1312）聖旨（圖5下）爲例分析其構成（以下碑文系按原碑格式改横排標行整理）：

01 長生天氣力裏，
02 大福蔭護助裏，
03 皇帝聖旨。軍官每根底，軍人每根底，城子
04 　　裏達魯花赤、官人每根底，往來使臣
05 　　每根底，宣諭的
06 聖旨。
07 成吉思皇帝、
08 月闊台皇帝、
09 薛禪皇帝、
10 完者篤皇帝、
11 曲律皇帝聖旨裏：和尚、也里可温、先生，
12 　　不揀甚麽差發休着，告
13 天祝壽者麽道有來。如今依着在先
14 聖旨體例裏，不揀甚麽差發休着，告
15 天祝壽者麽道。河南府路裏有的嵩山祖
16 　　庭大少林禪寺、空相禪寺、寶應禪寺、
17 　　天慶禪寺、維摩禪寺，這寺院裏住持、
18 　　長老、提點、監寺爲頭目和尚每根底，
19 　　執把行的
20 聖旨與了也。這的每寺院裏、房舍裏，使臣
21 　　休安下者。鋪馬、祗應休拿者，商税、地

22　稅休與者。但屬寺家的田地、水土、園

23　林、竹葦、碾磨、店、鋪席、浴堂、解典庫，不

24　揀甚麼他的，不以是誰，休倚氣力奪

25　要者。更這和尚每道有

26 聖旨麼道，没體例的勾當休做者。做呵，他

27　每不怕那甚麼。

28 聖旨俺的。

29　　鼠兒年三月十三日大都有時分寫來

碑文第1—2行爲聖旨起詞；3—6行爲宣諭對象；7—13行稱引自成吉思汗到前任皇帝的聖旨及内容（寺觀享受免差發的權利，承擔爲朝廷禱告的義務），以示聖旨效力持久穩定；第13—15行重申遵依前代皇帝的聖旨及内容；第15—20行表明聖旨給發的對象和相關授權；第20—25行是對寺産和寺院經營的保護性措施，以及對官民的禁約；第25—27行告誡承旨者不得恃旨胡爲；第28行爲聖旨結束語；第29行爲聖旨書寫的時間和地點。

蒙元寺觀聖旨均大體按此結構而略有增減。因其内容的包融性尤其是其中有向官民宣諭的禁約，寺觀多視其爲保護自身權益的護身符——護持性聖旨，特刻石存留公示。這一作法對明清禁碑的普及具有一定刺激作用。

（二）示禁性公文

少林寺宋代法律碑刻數量少，現所知兩通均關乎寺院生存的根基——寺産和科役。崇寧四年（1105）《永安縣付少林寺執據碑》（圖8）原在寺院外德容和尚住宅，1980年移至寺院，1992年嵌於碑廊，①其内容與少林寺有直接關聯。碑文載住持清江到永安縣狀告，要求界定原屬少林寺的李莊段、少姨廟段地界。永安縣經查證後確認屬實，特明確四至地界並將公據給付少林寺收執。政和五年（1115）《少林寺免諸般科役記》未能流傳，從碑名可推測是官府同意減免少林寺賦役的内容。宋代不乏類似碑文，浙江嘉定年間（1208—1224）《蠲減版賦始

① 呂宏軍：《嵩山少林寺》，鄭州：河南人民出版社，2002年，第210頁。

末》《宋免役殘碑》、廣東韶關寶祐元年(1253)《南華寺新建免丁庫記》、江蘇吴縣(今蘇州)寶祐六年(1258)和紹定四年(1231)的《上方教院免差役公據》(《光福寺祈請道場免役公據》)等,均可作爲内容參照。

圖 8　宋崇寧四年《永安縣付少林寺執據碑》

表 1 所列少林寺明代四通碑石均聚焦於"豁免糧差"的訴求。其一是萬曆元年(1573)《司府豁免少林寺糧差帖文碑》(圖 9),載"河南等處承宣布政使司分守河南道左參政"因少林寺僧屢立戰功而批准豁免少林寺新加税糧的公文。公文經由登封縣知縣以帖文形式付少林寺。此事因登封知縣"熊爺新加税糧一拾二石六斗四升"而起,少林寺僧周參向河南府和布政使司分守河南道申訴。最終結果是少林寺"糧差除隆慶六年分照派納,其萬曆元年以後遵照司府帖文,查照一併除豁"。爲了作爲免糧差憑據以垂久遠,少林寺僧將帖文依原式摹刻於碑石。

其二是萬曆九年(1581)《登封縣豁免少林寺糧差帖文碑》。少林寺僧向登封縣申請“豁免糧差”理由時增加了少林寺在以往朝代的功績，“少林寺乃達磨靈跡之所，自古累朝，帝王崇重，欽賜田地，焚修香火，祝延聖壽”；同時提到了明初的法令實施和少林寺的境遇：

> 少林寺自我朝國初，寺僧當納糧差，照俗派列本里里長。於永樂十三年被蒙布政使司布政老爺年按臨本縣，見得寺僧應當俗差憫憐，前地盡數退與本縣寺莊等里，民人賀榮等一十八户承種當差，與寺無干。後僧各依寺荒山，用力開墾山坡。①

圖 9　明萬曆元年《司府豁免少林寺糧差帖文碑》

碑文提到明初法律對寺觀的約束，僧人也需當差納税，蒙元時期寺觀享有免差賦的特權一概取消，蒙元聖旨碑也因改朝换代而失去效力。《明史》載：“太祖籍天下户口，置户帖、户籍，具書名、歲、居地……僧道給度牒，有田者編册如民科。”②《大明會典》載明承差方式：“凡庵觀寺院、已給度牒僧道，如有田糧者，編入黄册，與里甲納糧當差。於户下開寫一户。某寺院庵觀、某僧某道，當幾年里長甲首。”③永樂十三年(1415)，河南布政使司下令將少林寺的田土退還，轉由十八農户耕種並承擔差役。此後，少林寺僧開墾荒地。而荒地能否豁免糧差，是少林寺最關心的問題。

第三通是萬曆十九年(1591)《撫院明文碑》，碑文磨泐較甚不易辨識，但因萬曆二十三年(1595)《院道明文並登封縣告示碑》引述了萬曆十九年的《撫院明文》，故内容仍可大致瞭解。

① 據自藏萬曆九年(1581)《登封縣豁免少林寺糧差帖文碑》拓本録文。
② 《明史》卷 77《食貨志一・户口》，北京：中華書局，1974 年，第 1878 頁。
③ 《大明會典》卷 20《户部七・户口二・黄册》，萬曆十五年司禮監刊本影印本。

萬曆九年(1581)、萬曆十九年(1591)、萬曆二十三年(1595)碑文都在重複强調兩個事例。一是“屢有徵調死功”,一是“本寺地土以經分豁,原額無糧”,實際是爲少林寺所墾荒地享有免糧差特權而背書。按照明代法律規定,少林寺墾荒山地經歷了“永不起科”到“核入賦額”的轉變。據《明史》載:

(太祖時)北方近城地多不治,召民耕……每歲中書省奏天下墾田數,少者畝以千計,多者至二十餘萬。官給牛及農具者,乃收其税,額外墾荒者永不起科……至宣德間,墾荒田永不起科及洿下斥鹵無糧者,皆覈入賦額。①

欲免受常法的約束,需要特殊理由並經官府批准。四通碑反復强調的少林寺“徵調死功”,便是具有説服力的理由。萬曆元年(1573)碑載“舊有准勇節應徵調,屢有死功,尤當加乞優恤,免致糧差累苦僧衆”;萬曆九年(1581)碑載“先年上司調遣寺僧隨征劉賊、王堂、師尚詔、倭寇等,陣亡數僧,屢有徵調死功,情實可哀。仍令操練聽調”。引述這些武僧護國事例,意在表述少林寺非普通寺觀,以加大獲准享受法外特權的機率。故萬曆二十三年(1595)碑還特别强調:

迨我國家護奉佛教,比之前代,其敕典最爲隆重。然而環寺皆山也,前後左右阿陵閭隴,薄有地土,耕不容鋤。昔唐太宗東征,寺僧有功賜田百頃,永無差糧。至國朝永樂間,僧應俗差,逃竄殆盡。遵奉文招還開墾,將有糧地土給賀榮等三十六户。而四山坡地,不堪載糧者,存之贍寺。此國家之明典、寺僧之薄齋也。嘉靖間,劉賊、王堂及倭寇並師尚照等倡亂,本寺武僧屢經調遣,奮勇殺賊,多著死功。則本寺僧徒文武並用,護國强兵,又與方内叢林徒修齋誦經、祝延聖壽者不同。

碑文所述少林寺僧兵護國之事,在《明史》中也有記載:“又僧兵,有少林、伏牛、五臺。倭亂,少林僧應募者四十餘人,戰亦多勝。”②但萬曆年間諸碑的刻立

① 《明史》卷 77《食貨志一・田制》,第 1882 頁。
② 《明史》卷 91《兵志三・民壯士兵》,第 2252 頁。

還有一個緊迫壓力，即張居正“一條鞭法”及“丈地均糧”政策的實施。官府由此著手清查隱漏田産，少林寺所開山荒地當在此列。各地寺廟因此而發生的山地林地糾紛不在少數。山西五臺山顯通寺萬曆九年《免糧卷案碑記》和隆慶初年的《卷案碑》，便集中反映了類似問題。① 針對新的賦税政策，各寺采取不同的對策。少林寺憑藉“武僧强兵護國”的功勞呈請豁免糧差，最終獲得院道、府縣等各級官府的批准。

上述批文、帖文中的示禁内容比重不大但針對性强，依次明示“里書人等毋得再行私自科派”，“少林寺系聖僧香火，且有護國克敵之功。原存山地准照舊例豁免糧差，里甲人等不許攀累”，“少林寺香火山地從來未聞起科者。既有撫院批允執照，即遵行繳，無令豪强者得遂其私謀也”。

從示禁中不難看出地方豪强借助“丈地均糧”新政而侵占寺産的企圖，僧、俗矛盾也因此有所暴露。尤其值得關注的是萬曆二十三年（1595）《院道明文並登封縣告示碑》。此碑兩面刻，一面是八月十四日的院道明文，另一面是十月廿八日的登封縣告示（圖 10）。告示内容涉及少林寺的内部管理和僧俗關係，兹按原碑格式改横排整理如下：

圖 10　明萬曆二十三年《登封縣告示碑》

01　登封縣知縣丁　爲肅清規、杜詐害以安叢林事。照得：少林禪寺自古祖庭，爲［天］

02　下名刹第一，而文武並用，僧衆雲集，遂致不遵戒律者有之。然住

① 參見韓朝建：《明中葉賦税制度在五臺山區的推行——以寺廟碑銘爲中心》，李雪梅主編：《法律文化研究》第 10 輯，北京：社會科學文獻出版社，2017 年，第 236—257 頁。

持之設出[自]

03 欽旨，一則衍振宗風，一則統攝徒衆。其任至專，其選至慎，非荷佩心印、端潔操履者，[不]

04 堪其職也。自今以往，凡有犯戒破律等項事情，小則住持逕自責處，大則當年[管]

05 事僧呈告到縣，依律懲治。如當年容隱姑息，訪出一併坐罪。近訪得郭店等處[地]

06 方保正人等往往接受呈詞，媒孽挾騙，或假公濟私，或將無作有，攪擾宗門，深[爲]

07 可恨。兹

08 明示已刊，各宜遵守。如干犯法紀、恣行誆詐者，舉呈、受呈之人各重責枷號，據賍[定]

09 罪。又查得歷代住持欽奉

10 聖旨，不許軍民人等攪擾及争占田土，犯者不饒。況本寺武僧疆兵護

11 國，其贍寺地土屢奉

12 明文，永遠耕種。敢有仍前不竣、肆行瀆亂及侵占尺寸之土者，許管事僧具實呈舉，

13 以憑拿究施行。須至告示者。

14 萬曆二十三年(印)十月　廿八　日示(注:"年"字上鈐"登封縣印")

15 告示　(押)　　監寺普忠 首僧宗鏡　錢帛庫普菜　倉庫宗移 米麵庫廣移
普寶　廣尉　道染　慶芳　宗起

此份類似公文體的告示如蒙元聖旨一樣具有較强的包融性。第1行明確發布告示的官府名稱和事由；第2—3行述少林寺文武並重的特色及敕賜住持的意義；第4—8行述僧、俗禁約和對違禁者的懲處；第9—12行引明代寺觀護持聖旨内容，繼而强調對少林寺田土的保全；12—13行是對不遵告示、侵犯寺産者的警告，及結尾詞；第14—15行爲告示發布時間、印押等公文權威性提示。監寺、首僧等題名以小字刻於第15行下方。

告示内容展示出少林寺與地方官府相處融洽。此時少林寺住持是正道(字無言,號雪居,1547—1623),於萬曆二十年(1592)正式出任少林寺住持,爲曹洞正宗第二十六代。萬曆二十三年(1595)碑石的刻立,爲其31年少林寺住持生涯中的功績之一。碑石所載“豁免糧差”的申文及批文,也是四通豁免糧差碑中内容最爲詳實者。刻碑的目的在申文中也有明確交待:

> 今據僧人所呈萬文丈量,一應糧差業已罷除,此税册明明可考。而本僧以居今之日,無差無糧,僧徒遂得稍稍安集。慮恐異日有司不查,復其差糧,貽累衆僧……合無俯將見今開除人丁地土,容令本縣刻石本寺,永免糧差,以示後來。

防患於未然是法律碑刻生成和傳世的主要原因。唐開元十六年(728)《少林寺碑》的刻立也是出於同樣的目的。裴漼撰記交待當時的背景道:

> 日者明敕,令天下寺觀、田莊,一切括責。皇上以此寺地及碾,先聖光錫,多歷年所,襟帶名山,延袤靈跡。群仙是宅,邁羅閲之金峰;上德居之,掩育王之石室,特還寺衆,不入官收。曾是國土崇絶,天人歸仰,固以名冠諸境,禮殊恒刹矣。①

碑文中提到的“令天下寺觀、田莊,一切括責”,指開元十年(722)正月二十三日的一項敕令:

> 敕祠部。天下寺觀田,宜准法據僧尼道士合給數外,一切管收,給貧下欠田丁。其寺觀常住田,聽以僧尼、道士、女冠退田充。一百人以上,不得過十頃。五十人以上,不得過七頃。五十人以下,不得過五頃。②

---

① 據自藏碑拓録文。
② 王溥:《唐會要》卷59《尚書省諸司下》“祠部員外郎”條,北京:中華書局,1955年,第1028頁。

與此敕同時頒布的還有廢除職官田的舉措。開元十年正月二十三日,"命有司收内外官職田,以給逃還貧下户。其職田以正倉粟畝二升給之"。[①] 可見這次田制改革所帶來的社會震動,與明代張居正的"一條鞭法"改革不相上下。少林寺在唐開元年間能成功免於"括責",是因爲"寺地及碾,先聖光錫",即因爲少林寺武僧功勞獲得武德四年(621)教書和武德八年(625)教並牒而"禮殊恒刹",朝廷遂將應收之地"特還寺衆,不入官收"。爲銘記此事,同時也爲避免類似事情再度發生,少林寺將教書、敕牒、判牒等重要公文並刻於碑陰,再以玄宗御書碑額爲加持,以圖一勞永逸。這一傳統在蒙元、明代得以延續,並在少林寺留下諸多碑石明證。

結語:寺觀刻石傳統與碑刻"法律化"

古代碑刻多爲彰顯功績和保護權益而立。紀功碑偏重於前者,重在歌功頌德、傳名後世;法律碑刻偏向於後者,明示經濟、法律等權益確證並防患於未然。法律碑刻的産生晚於紀功碑,其獨立化,也即碑石所載法律内容自成體系進而"法律化",有漫長的發展過程。而確證、維護權益,是碑刻"法律化"逐漸彰顯的重要動因。

古代維護權益的理想方式是借助王言、詔令、聖旨等政治資本,與此相關的碑刻多形體高大,書法、紋飾精美。而高大的碑體也適合展示多樣文體,唐開元十六年(728)《少林寺碑》即是將王言、公文、記文、銘贊等並刻一石。原樣摹刻聖旨、公文,是爲了强化碑刻的"權力化"和"政務化"的屬性,兩者相輔相成。"政務化"碑刻以公文碑爲主。自宋代開始的公文碑普及化過程,是碑刻"法律化"的一個重要甚至必經階段。蒙元法律碑刻具有明顯的"世俗化"特徵。聖旨碑依然高大並具有威懾力,但内容與法律和世俗社會更加貼近,禁示、警告之言因出於聖旨而具有至高效力,這一表現形式對明代敕諭碑有直接影響。明代碑刻逐漸完成了由"政務化"向"法律化"的轉變,其標誌是公文與告示、示禁的加

① 参見王欽若等編:《册府元龜》卷 150《惠民第二》,北京:中華書局,1960 年,第 1152 頁;同書卷 506《俸禄二》,第 5752 頁。

速融合。少林寺清代法律碑刻缺乏個性,其内容和形式與普通寺觀碑刻並無二致。而這也是碑刻“法律化”和“世俗化”的一個必要結果。

少林寺碑刻“法律化”的過程,既反映了古代法律碑刻發展的共性規律,也突顯了具體寺觀碑刻演進的個性特徵。需要説明的是,本文所據以研究的碑刻尚不够全面。除了散佚、内容失傳的碑刻外,還有大量塔銘、寺僧碑記未曾利用。一些重要高僧的道行碑如本文利用的《裕公禪師碑》,對解讀碑石的刻立緣由有重要參考價值。另與其他寺觀的法律碑刻相比,少林寺碑刻也表現出一些“不足”,如訟案碑的數量不如山東靈巖寺、山西五臺山豐富;有關蒙元佛道之争及寺産返還的内容,在少林寺碑石上表現的較爲平淡;明代寺觀常見的《頒賜藏經碑》,在少林寺尚未發現實物。正因爲這些相對的不足或欠缺,系列性和互補性的微觀法史研究方顯得更具有吸引力。

〔作者李雪梅,中國政法大學法律古籍整理研究所教授〕

The Process and Characteristics of Inscription Juridification: An Analysis Based on Inscriptions in Shaolin Temple

Li Xuemei

Abstract: In ancient China, there is a long tradition of stele-erection in Buddhism and Taoist Temples. Inscriptions were important ways of expression for Buddhism and Taoist Temples' right advocating and petition expressing. There were sound codes and rules as well as the complete legal system in ancient China. However, it is hard to see general legal provisions as *Da Ming Lü* or *Da Qing Lü Li* on the tablet stones in Buddhism and Taoist Temples, meanwhile the cases about Name-Tablet awarding by the emperor, land rights granting or transferring, corvee and tax exempting, bans and prohibitive agreements for protecting had been existing on the tablet stones time after time. Taking these imperial edicts, official documents, prohibition promulgations carved on the tablet stones in Shaolin Temple as main historical data, we intended to study the process, performance and characteristics of Inscription Legalization in Buddhism and Taoist Temples. There are great differences among the shapes and reliabilities of inscriptions of imperial edicts about "temple administration", so the procedural legality is the base for Inscription Juridification. The temple's properties protecting, corvee and tax-exempt, as well as the abbots' selecting and authorizing were involved in the "temple administration" promulgated by the inscriptions of imperial edicts. Choosing the imperial edicts and official documents deliberately and carving them on tablet stones by original looking could not only protect right by the authorities of the emperor and government officials, but also strengthen the sectarian inheritance and publicize the achievements of doctrines guard, and that was why the temples' tablet forests had been becoming larger and larger. In inscriptions of imperial edicts and inscriptions of official documents, there are a lot of contents about prohibition promulgations. The increasing strength of the bans and prohibitive agreements was the process of not only the juridification of ordinary inscriptions but also the secularization of legal inscriptions. There was not only one access for ancient Chinese Buddhism and Taoist temples' Inscriptions Juridification, a model of which was the complementary by the alternating and overlapping imperial edicts and official documents on the legal inscriptions in Shaolin Temple.

Keywords: Legal Inscriptions; Temple Administration; Imperial Edicts; Official Documents; Prohibition Promulgations

譯　文

《中外論壇》2021 年第 3 期
2021 年 9 月,第 159－196 頁

日唐格典的編纂與體裁的特徵*

[日] 坂上康俊(林娜譯)

前　言

日本古代通過遣隋使、遣唐使等進行日中交流,得到了隋唐時期的律令法典,以此爲參照,編纂了本國的律令法典並加以施行,從而建立了中央集權制的國家體系(參照表 1　中國的法典等編纂與日本的法制完善年表)。因此,比較隋唐與日本的律令法典,可窺知古代日本的施政者如何理解隋唐時期的國家體制,如何把握日本當時的社會現狀,又如何構想未來。正因如此,在日本,日唐律令的比較研究有悠久的學術傳統,可以説在剖析兩國法律與社會特徵方面已經留下了諸多可觀的成果。[1]

但是格典與律令不同。在日本,格的編纂始於九世紀之後,日唐在編纂過程與體裁(體例)方面出現了明顯的差異。但除了後述的川尻秋生的研究[2]之外,幾乎没有學者對此進行過比較探討。因此,本文將重點比較日本格與唐格,

---

* 本文的日文節本發表於大津透編《日本古代律令制と中国文明》(東京:山川出版社,2020 年),此次中譯依據的是修訂後的未刊全本底稿,譯文經中國政法大學法律古籍整理研究所趙晶教授校訂,特此説明。

① 參考大津透編《律令制研究入門》(東京:名著刊行会,2011 年)等。

② 川尻秋生:《奈良時代の格とその特質》,氏著:《日本古代の格と資財帳》,東京:吉川弘文館,2003 年。

表 1　中國的法典等編纂與日本的法制完善年表

中國編纂法典等	日本遣使	日本完善法制
隋（文帝）開皇律令格式 581-3		
	600　遣使者（《隋書·倭國傳》）	
		603 制定冠位十二階
		604 發布十七條憲法
隋（煬帝）大業律令 607	607-8　第 1 次遣隋使	
	608-9　第 2 次遣隋使	
	614-5　第 3 次遣隋使	
唐（高祖）武德律令 624		
	630-2　第 1 次遣唐使	
唐（太宗）貞觀律令格・貞觀禮 637		
	640　留學生回國	
		646 大化改新詔
唐（高宗）永徽律令格式 651		
唐（高宗）永徽律疏 653	653-4　第 2 次遣唐使	
	654-5　第 3 次遣唐使	
顯慶禮 658	659-61　第 4 次遣唐使	
	665-7　第 5 次遣唐使	
麟德令格式 665	669-71　第 6 次遣唐使	（670 庚午年籍）
		671 近江令？
儀鳳令格式 677	684　留學生回國	
	?	
唐（則天）垂拱律令格式 685		
		689 頒布浄御原令
		701 施行大寶律令
垂拱格後敕		
	702-4　第 7 次遣唐使（執節使）	
唐（中宗）神龍律令格式 705	707　同回國（副使）	
唐（睿宗）太極令格式 712		
唐（玄宗）開元前（3 年）令格式 715		
	717-8　第 8 次遣唐使	
唐（玄宗）開元後（7 年）令格式 719		
		約 721　修撰養老律令
唐（玄宗）格後長行敕 731		
大唐開元禮 732		
	? 733-6　第 9 次遣唐使	
唐（玄宗）開元新（25 年）律令格式・律疏・格式律令事類 737		
（《唐六典》738）		738《令集解》古記
	752-4　第 10 次遣唐使	
		757 施行養老律令
貞元定格後敕（未公布）785		
		（797《續日本紀》）
（《通典》801）		803 延曆交替式・（官曹事類）
	804-6　第 11 次遣唐使	
元和删定制敕（未公布）810		
元和格後敕 818		
		820 呈獻弘仁格
		830 施行弘仁格（第一次）
太和格後敕 833		
開成詳定格 839	838-9　第 12 次遣唐使	
		840 施行弘仁格
大中刑法總要格後敕 851		
大中刑律統類 853		
		869 呈獻施行貞觀格
		（此時，《日本國見在書目録》）
		907 呈獻施行《延喜格》

並從中分析日本格典的特徵。

一、唐代格典的編纂簡史

在比較日唐格典之前，首先需要明確唐代格典的編纂史。關於唐格的編纂歷史，最早是劉俊文進行了簡要的論述。① 之後，滋賀秀三②與樓勁③等學者在律令格式的編纂史中提及格的編纂，但仍有需要再探討之處。故筆者想重新梳理唐格的編纂史，並進行簡略的説明。以下所引與唐格編纂史有關的史料，出自《唐會要》卷 39《定格令》、《通典》卷 165《刑法三・刑制下・大唐》、《唐六典》卷 6"刑部郎中"條、《舊唐書》卷 46《經籍志上》與卷 50《刑法志》。④ 據仁井田陞⑤與滋賀秀三⑥等學者的研究，可知《新唐書》的《刑法志》與《藝文志》無參考價值，故筆者在此不涉及。

另外，武德元年(618)編纂了被稱爲"新格""五十三條格"的"格"，但其不屬可與律令式並列的、本稿所研究的格典範疇，故在此也不涉及。

《貞觀格》 根據《唐會要》"貞觀十一年正月十四日，頒新格于天下。凡律五百條(中略)格七百條"，《通典》"删武德、貞觀以來敕格三千餘件，定留七百條，以爲格十八卷"，《唐六典》"皇朝貞觀格十八卷，房玄齡等删定"(《經籍志》略

① 劉俊文：《唐代法制研究》第 2 章《唐代法典研究》第 3 節《唐格初探》，臺北：文津出版社，1999 年。除特别説明外，以下劉俊文之説皆出自此文。

② 滋賀秀三：《法典編纂の歴史》，氏著：《中国法制史論集：法典と刑罰》，東京：創文社，2003 年。

③ 樓勁：《魏晉南北朝隋唐立法與法律體系：敕例、法典與唐法系源流》下卷，北京：中國社會科學出版社，2014 年。

④ 《唐會要》采用上海古籍出版社版，《通典》《六典》《舊唐書》采用中華書局版，《令集解》《類聚三代格》采用國史大系本(吉川弘文館)，《続日本紀》采用新日本古典文学大系本(岩波書店)，敦煌吐魯番所發現的法制文獻基本引用山本達郎、池田温、岡野誠編 *Tun-huang And Turfan Documents Concerning Social And Economic History* I, Ⅴ: Legal Texts, Supplements(東洋文庫，1980、2001 年)的釋文等。但因本稿引用釋文的主要目的在於展示體例，故有幾處在字句表達方面與原文未盡一致。

⑤ 仁井田陞：《敦煌発見唐水部式の研究》(1936 年)，氏著：《〈補訂〉中国法制史研究(法と慣習・法と道徳)》，東京：東京大学出版会，1980 年，第 335 頁；同氏：《唐の律令および格の新資料——スタイン敦煌文献》(1957 年)，同前書，第 269 頁。

⑥ 滋賀秀三：《漢唐間の法典についての二三の考証》(1958 年)，氏著：《中国法制史論集：法典と刑罰》，第 425—428 頁。

表 2　唐格、格後敕年表

	施行年代	名　稱	卷　數	《日本國見在書目録》的記載
1	貞觀十一年(637)	《貞觀格》	十八卷	《貞觀敕格》十卷?
2	永徽二年(651)	《永徽散頒天下格》 《永徽留本司行格》	七卷 十八卷	《散頒格》七卷? 《永徽格》五卷
3	麟德二年(665)	《永徽散頒天下格》中本 《永徽留本司行格》中本	七卷 十八卷	
4	儀鳳二年(677)	《永徽散頒天下格》後本 《永徽留本司行格》後本	十一卷	
5	垂拱元年(685)	《垂拱格(垂拱散頒格)》 《垂拱留司格》	二卷 六卷	《垂拱格》二卷 《垂拱留司格》二卷
6		《格後敕》	十四卷以上	《垂拱後常行格》十五卷
7	神龍元年(705)	《神龍散頒格》 《神龍留司格》	七卷 一卷	
8	太極元年(712)	《太極格》	十卷	
9	開元三年(715)	《開元(前)格》	十卷	《開元格》十卷
10	開元七年(719)	《開元後格》留司格 散頒格	九卷 一卷	《開元後格》九卷
11	開元十九年(731)	《格後長行敕》	六卷	《長行敕》七卷
12	開元二十五年(737)	《開元新格》	十卷	《開元新格》五卷

同),《刑法志》"又删武德、貞觀已來敕格三千餘件,定留七百條,以爲格十八卷,留本司施行"的記載,《貞觀格》爲房玄齡等整理從武德至貞觀十年(636)前後頒行的三千餘條詔敕而成,是最終留存了七百條的法典。劉俊文稱《貞觀格》爲唐代編纂的首部能與律令比肩的真正的格典,並指出《貞觀格》按尚書省諸曹分爲二十四篇。《刑法志》記有"留本司施行",故《貞觀格》並未頒行於天下。① 其中,劉俊文認爲《貞觀格》按尚書省諸曹分爲二十四篇的根據在於,前述《刑法志》所載"留本司施行"之後的語句"斟酌今古,除煩去弊,甚爲寬簡,便於人者。

① 滋賀秀三也認爲《貞觀格》只有《留司格》(氏著:《法典編纂の歷史》,《中国法制史論集:法典と刑罰》,第 73 頁)。

以尚書省諸曹爲之目，初(《唐六典》作“共”)爲七卷。其曹之常務，但留本司者，別爲留司格一卷。蓋編録當時制敕，永爲法則，以爲故事”。劃綫部分與《唐六典》中有關格的説明幾乎一致，不過是抄寫了《開元後格》(七年格)的篇目與卷數。① 本來《貞觀格》的卷數在各書記載中皆爲“十八卷”，與“七卷”不符。如此看來，則不存在與《貞觀格》的篇目結構相關的史料。② 另外，《舊唐書》中的“留本司施行”與《唐會要》中的“頒新格于天下”相矛盾，這是由於《貞觀格》的卷數與《永徽格》(分爲《留司格》與《散頒格》)中的《留司格》卷數相同，在編纂《舊唐書》時憑推測記録了“留本司”，故不可信。應該如《唐會要》所載，《貞觀格》被頒行於天下。

此外，《唐律疏議》卷30《斷獄律》“輒引制敕斷罪”條(第486條)規定，“諸制敕斷罪，臨時處分，不爲永格者，不得引爲後比。若輒引，致罪有出入者，以故失論”。如果該規定可追溯至《貞觀律》，那麽除非詔敕中明確有“永格”字樣，否則應該不適用於斷罪。因此，《貞觀格》頒行後，從作爲使用者的官員來看，《貞觀格》對《貞觀律令》進行了補正，應以此爲依據操持政務。然而，實際上，也不可避免地出現了參考格典中未規定的單行指示(個別敕令)處理事情的狀況(參考後述)。

《永徽格》 根據《通典》“高宗永徽初，又令長孫無忌等撰定格式，舊制不便者，皆隨有無删改。遂分格爲兩部：曹司常務爲留司格，天下所共者爲散頒格”；《唐會要》“永徽二年閏九月十四日，上新删定律令格式。(中略)遂分格爲兩部，曹司常務者爲留司格，天下所共者爲散頒格。散頒格下州縣，留司格本司行用”；《唐六典》“永徽留司格十八卷，散頒格七卷”；《刑法志》“遂分格爲兩部，

---

① 滋賀秀三：《漢唐間の法典についての二三の考証》，氏著：《中国法制史論集：法典と刑罰》，第422—425頁。另外，滋賀秀三還指出“七卷”其實是“九卷”(第425頁)。

② 《通典》載“貞觀二年七月，刑部侍郎韓回(洄)奏(中略)又先有敕，當司格令並書於廳事之壁(中略)敕旨，宜委諸曹，各以本司雜錢，置所要律令格式。其中要節，仍准舊例，録郎官廳壁”，所以自《貞觀格》時起，官府可能開始整理與各曹相關的法條。但樓勁在《魏晉南北朝隋唐立法與法律體系：敕例、法典與唐法系源流》(第382頁)中指出，韓洄於貞元二年(786)正月由京兆尹遷至刑部侍郎，故此處的“貞觀”爲筆誤，《唐會要》所記的“貞元”是正確的。説到底，唐朝編纂施行的第一部式爲《永徽式》，滋賀秀三《漢唐間の法典についての二三の考証》(氏著：《中国法制史論集：法典と刑罰》)對此已作論證，故貞觀二年並不存在理應頒布的唐朝“格式”。

曹司常務爲留司格,天下所共者爲散頒格。其散頒格下州縣,留司格但留本司行用焉";《經籍志》"永徽留本司行格十八卷,長孫無忌撰","永徽散頒天下格七卷"的記載,《永徽格》以《貞觀格》爲基礎,是修訂永徽元年(650)之前所頒詔敕而成的法典。

《永徽格》首次把"天下所共"與"曹司常務"的相關事宜分開,前者爲《散頒格》七卷,後者爲《留司格》十八卷。《留司格》的卷數與《貞觀格》相同,故雖其内容不明,但有可能延續了《貞觀格》的篇目結構。關於《散頒格》的篇目結構,若從卷數來推測,可能是將《留司格》中與各州縣相關的條文,逐一從尚書諸曹的卷帙中摘出而編就。① 也可能是都省、吏部、户部、禮部、兵部、刑部、工部等七卷。② 若《留司格》以官府諸曹分篇,則與時間上略晚的"文明元年(684)四月敕。律令格式,内外官人退食之暇,各宜尋覽。仍以當司格令,書於廳事之壁,俯仰觀瞻,使免遺忘"(見載於《通典》)這一敕令的宗旨相符。

《麟德格》 根據《通典》"麟德二年,重定格式行之",《唐會要》"龍朔二年二月,改易官名,敕司刑太常伯源直心等重定格式,唯改曹局之名,而不易篇第,至麟德二年奏上之"(《刑法志》略同),《唐六典》"永徽中,又令源直心等删定,唯改易官號曹局之名,不易篇第",《經籍志》"永徽留本司行中本十八卷,源直心等撰""永徽散行天下格中本七卷"的記載,編纂《麟德格》的主要目的是吸收龍朔二年(662)改易官名的成果。劉俊文指出由於施行了《麟德格》,《永徽格》便被廢除了。官員今後以《永徽律令》及《麟德格》爲依據操持政務。對他們來説,此一"中本"(《麟德格》)施行的意義極小,實際上可説没有,但必須以《麟德格》爲法律依據,而非《永徽格》。

在此需注意的是,若根據官名改易的結果來修改格典中的官名,那麼應該附在單個條文後的年月日(最近在中國展開了關於每個格條是否附有年月日的討論,參照下節)與這一條文中出現的官名就會産生矛盾。此現象也可能出現

① 樓勁在《魏晉南北朝隋唐立法與法律體系:敕例、法典與唐法系源流》(第418、452—454頁)中進一步指出,《散頒格》是以删訂敕例制成的《留司格》爲基礎,將其一部分再行加工、編纂而成,《留司格》與原敕體例十分接近。由於此觀點也與《神龍散頒格》的體例問題相關,故容後再述。

② 樓勁:《魏晉南北朝隋唐立法與法律體系:敕例、法典與唐法系源流》,第436頁。

在編纂貞觀、永徽兩格典之時，但編纂《麟德格》時一定就發生了。

《儀鳳格》 根據《通典》“儀鳳二年，又刪緝格式行之”，《唐會要》“至儀鳳二年，官號復舊，又敕刪輯。三月九日刪輯格式畢，上之。尚書左僕射劉仁軌（中略）等”，《唐六典》“永徽留司格後本，劉仁軌等刪定”，《刑法志》“至儀鳳中，官號復舊，又敕左僕射劉仁軌（中略）等刪緝格式。儀鳳二年二月九日撰定奏上”，《經籍志》“永徽留本司格後本十一卷，劉仁軌撰”的記載，《儀鳳格》是在《麟德格》的基礎上修訂的。關注卷數變化的劉俊文認爲這次修訂的重點在留本司格，修訂的方針首先是官名的復原。儀鳳元年(676)十二月五日“刪定刑書制”(《文苑英華》卷464)“頒行新令制”(《唐大詔令集》卷82)稱：

> 比者在外州府，數陳表疏，京下諸司，亦多奏請。朕以爲帝命多緒，範圍之旨載弘，王言如綵，彌綸之道斯洽。前後處分，因事立文，歲序既淹，條流遂積。覽之者滋惑，行之者逾怠。但政貴有恒，詞務體要，道廣則難備，事簡則易從。故自永徽已來，詔敕惣(嚴?)令沙汰，詳稽得失，甄别異同，原始要終，捐華摭實。其有在俗非便，事縱省而悉除，於時適宜，文雖繁而必録。隨義刪定，以類區分。(中略)仍令所司編次，具爲卷帙施行，此外並停。

劉俊文據此認爲《儀鳳格》是將永徽以來的詔敕重新篩選後編成的。樓勁也認爲《儀鳳格》是在重視“詳稽得失，甄别異同”的前提下，所做的全面整理、修訂。[①] 也就是説，這份“後本”可謂是《永徽格》的全面修訂版。官員今後以《永徽律令》及《儀鳳格》爲依據操持政務。只是，特意標注“此外並停”説明也可能出現以未被律令格吸收的單行命令爲判斷標準的情況。

《垂拱格》 根據《唐會要》“至垂拱元年三月二十六日，刪改格式。(中略)又以武德以來垂拱已前詔敕便于時者，編爲新格二卷。(中略)其二卷之外，别編六卷，堪爲當司行用，爲垂拱留司格(中略)故垂拱格式，議者稱爲詳密”(《通典》略同)及《唐六典》《經籍志》的記載，《垂拱格》由兩卷《散頒格》與六卷《留司

① 樓勁：《魏晉南北朝隋唐立法與法律體系：敕例、法典與唐法系源流》，第428頁。

格》構成。劉俊文指出《垂拱格》並非《儀鳳格》的修訂版,是將武德至垂拱期間頒行的詔敕進行再討論後整理編成的。卷數也明顯減少,如評語所謂的"詳密",其内容十分簡練。反過來,可以設想這樣一種文書管理體制,即將 618 年建國以來至 684 年爲止頒行的詔敕保存下來,並以此爲參考,大幅修改現行法律《儀鳳格》,使之焕然一新。但是,滋賀秀三認爲"這個意思是重新修訂了《永徽格》所收建國初期以來之敕及其後頒布之敕,故没有必要理解爲是全部從原詔敕修訂而來的"。[①] 總之,官員今後以經《垂拱格》補訂的垂拱律令爲依據操持政務。

《垂拱格後敕》 該法典見於九世紀末藤原佐世編纂的舶來漢籍目録《日本國見在書目録》(列有"垂拱後常行格")、《令集解》所引《古記》(738 年成書,列有"格後敕"),原本也許應稱爲"垂拱格後(常行)敕"。其編纂年代不明,但由於《令集解・賦役令》(第 17 條)"孝子順孫"條的《古記》(第 411、413 頁)引用了(垂拱)格後敕[②]的條文,而這一條文又見於 S.1344(此爲格法典的斷簡,下節再述)所收證聖元年(695)四月九日敕(第 4—14 行),故推測《垂拱格後敕》的編纂、施行應在 695 年以後、704 年以前。編纂方針不明,從字面意思判斷,應是從垂拱律令格式施行後頒布的詔敕中選出今後長期持續有效的命令,加以集成而來。由於此次編纂未達到修訂格典的程度,故《垂拱格後敕》施行後,官員以垂拱律令、《垂拱格》及《垂拱格後敕》爲依據操持政務。未經《垂拱格後敕》修訂的條文,依然還須不避煩雜地參照垂拱律令、《垂拱格》。

《神龍格》 根據《通典》"神龍中,又删定垂拱格及神龍元年以來制敕,爲散頒格七卷"(《刑法志》略同),《唐會要》"至神龍元年六月二十七日,又删定垂拱格及格後敕。尚書左僕射唐休璟(中略)等同删定至神龍二年正月二十五日已前制敕,爲散頒格七卷"的記載(不知爲何,《唐六典》未載),《神龍格》删定了《垂拱格》編纂施行後至神龍元年前,即武則天執政期間的制敕。但根據下節提到

① 滋賀秀三:《法典編纂の歴史》,氏著:《中国法制史論集:法典と刑罰》,第 86 頁。
② 瀧川政次郎:《令集解に見える唐の法律史料》(1929 年),氏著:《中国法制史研究》,東京:巌南堂書店,1979 年,第 113—114 頁;拙稿:《〈令集解〉に引用された唐の格・格後勅について》,《史淵》第 128 號,1991 年,第 9 頁。

的敦煌出土《神龍散頒刑部格》殘卷開頭所載，編纂者之一蘇瓌的官銜爲“銀青光禄大夫行尚書右丞上柱國”，其中“右丞”任命於神龍元年，十月前遷爲左丞。① 由此可知，《神龍格》肯定成立於神龍元年，故不可能將“神龍元年以來制敕”作爲删定對象。此外，實際上《唐會要》明確記載，武則天下令編纂的《垂拱格》及《垂拱格》之後的敕也被作爲此次删定的對象，故《通典》的記述應改爲“神龍元年以前制敕”。再者，《唐會要》“神龍二年正月二十五日已前”也出現了紀年的錯誤，據《册府元龜》卷612《刑法部・定律令四》所載，應爲“神龍元年正月二十五日已前”，即中宗即位前。也就是説，《神龍格》是以《垂拱格》爲基礎，將神龍元年正月以前的詔敕加以修訂而編成的法典。正如《唐會要》對之後的《太極格》的明確記載所示，它制定於神龍元年（大概六月）。此時，《垂拱格後敕》也毫無疑問地被列爲删定編入的對象。官員今後以《神龍律令》及《神龍格》爲依據操持政務。由於《格後敕》被編入内，故一定程度降低了煩雜程度。

需要注意的是，至此，《散頒格》與《留司格》的卷數開始發生了逆轉。《太極格》之後格典固定在十卷。但由此開始，《太極格》以後格的主體内容不會延續一卷的《神龍留司格》，而應是七卷的《神龍散頒格》。

在此之後，據《唐會要》卷54《省號上・中書省》記載，景龍三年（709）八月九日頒行了以下需要注意的詔敕：

> 應酬功賞賜，須依格式。格式無文，然後比例。其制敕不言“自今已後”及“永爲常式”者，不得攀引爲例。（《通典》也記載了幾乎同樣的内容）

在皇帝頒布的命令中，有的想作制度性、恒久性改變，有的只被定性爲臨時措施，這一詔敕規定，只有前者纔能被作爲前例加以參考。將來會被編入格後敕或格的單行指令與規定單個事情的解決辦法的指令，在頒行之際就被區别開來。對官僚來説，若無前述的兩句文字，則可不必將其作爲規範考慮。對格後敕、格的編纂者來説，在編纂時只要把範圍限定在必須調查的單行指令上即可。

① 嚴耕望：《唐僕尚丞郎表》一，臺北：中研院史語所，1956年，第37頁。

也就是説，它是對前引《斷獄律》規定的重申（當然，嚴格來説，景龍三年現行的《斷獄律》規定不明），只不過當時的實際狀況並不清楚，從開元十四年九月敕“如聞，用例破敕及令式，深非道理。自今以後，不得更然”（《通典》《唐會要》）來看，必然存在著規定不被遵守的情況。也因如此，開元二十五年的律令格式頒布後，“二十五年九月三日，兵部尚書李林甫奏，今年五月三十日前敕，不入新格式者，並望不任行用限”（《唐會要》。《通典》略同），要求禁止適用未編入現行格的單行指令。反過來説，也可認爲，現實中有的官員在參照未編入格及格後敕的、以往頒布的單行指令。這種參照格典、格後敕、單獨指令的實例將在本節末予以列舉。

《太極格》 根據《通典》“景雲初，又敕刪定格式令。太極元年二月奏上，名太極格”，《唐會要》“景龍元年十月十九日，以神龍元年所刪定格式漏略，命刑部尚書張錫集諸明閑法理人，重加刪定。至景雲元年，敕又刪定格令。太極元年二月二十五日，奏上之。名爲太極格”，《唐六典》“太極格十卷，岑羲等刪定”的記載，《太極格》爲修訂《神龍格》的留司、散頒兩格而成。劉俊文認爲，《太極格》又改回到不區分留司、散頒的《貞觀格》的舊例，此形式也爲開元年間三次編纂的格典[①]所延續。從《舊唐書·睿宗紀》所載太極元年（712。景雲三年正月改元）二月“己巳頒新格式於天下”來看，此格似乎既散頒又留司格，但基本上記載了開元七年之制的《唐六典》却稱“凡格二十有四篇（以尚書省諸曹爲之目，共爲七卷。其曹之常務但留本司者，别爲留司格一卷。［中略］開元前格十卷，姚元崇等刪定）”（“共爲七卷”是“共爲九卷”的筆誤），由此可知，從《太極格》到開元前、後、新格，都是由九卷《散頒格》、一卷《留司格》共計十卷組成的。[②] 實際上，日本《貞觀格式》序載“准開元留司格，號貞觀臨時格”（《類聚三代格》卷1《序事》），可知傳到日本的開元年間的格無疑仍然存在留司、散頒之别。若作如此考慮，那麼可以説，《太極格》及開元年間三

① 劉俊文：《唐代法制研究》，第130頁。滋賀秀三也稱十卷“也許全部爲《散頒格》”，同時指出開元七年格“可能爲《散頒格》九卷，《留司格》一卷”（氏著：《法典編纂の歴史》，《中国法制史論集：法典と刑罰》，第75頁），但並未舉出《太極格》皆爲《散頒格》的依據。

② 拙稿：《有關唐格的若干問題》（2007年），趙晶主編：《法律文化研究》第13輯，北京：社會科學文獻出版社，2019年，第307—308頁。

次編纂的格皆爲十卷(九卷《散頒格》、一卷《留司格》),唐格的架構至《太極格》就已確定。

與此相關,滋賀秀三認爲"從此以後(坂上注:《太極格》以後)格的框架基本固定,當出現與前格中某一條文相衝突的後敕時,以此敕文取代格文,可能就是格的修改方式"。[1] 這種格編纂方式的具體實例可見於日本《令集解》。《令集解・賦役令》(第17條)"孝子順孫條"《古記》(738年成書)引用"格後敕""格後敕十三卷"對"孝"及"義"進行説明(第411、413頁)。其中對"義"的説明,與該條所附延曆年間成書的《令釋》(第412頁)所引《開元格》(從名稱判斷可能爲《開元前格》)所作的説明一致。由此可知,編入格後敕(《垂拱格後敕》)的詔敕中,存在著最遲在《開元格》(《開元前格》《開元三年格》)時被編入格典的條目。[2]

總之,《太極格》施行以後,官員就以它和《神龍律令》爲依據操持政務。

《開元(前)格》《開元後格》《開元新格》 《唐會要》載"開元三年正月,又敕刪定格式令,上之,名爲開元格,六卷。黄門監盧懷慎(中略)等同修。至七年三月十九日,修令格,仍舊名曰開元後格。吏部尚書宋璟(中略)等同修。(中略)二十五年九月一日,復刪輯舊格式律令,中書李林甫(中略)等,共加刪輯舊格式律令及敕總七千二(四?)十六(八?)條。其一千三百二(衍文?)十四條于事非要,並刪除之。二千一百八(五?)十條,隨事損益。三千五百九十四條,仍舊不改。總成律十二卷,律疏三十卷,令三十卷,式二十卷,開元新格十卷。又撰格式律令事類四十卷,以類相從,便于省覽。奉敕于尚書都省寫五十本,頒于天下。二十五年九月三日,兵部尚書李林甫奏,今年五月三十日前敕,不入新格式者,並望不任行用限[3]"(《通典》略同),《唐六典》載"凡格二十有四篇。以尚書省諸曹爲之目,共爲七(九?)卷。其曹之常務但留本司者,别爲留司格一卷。蓋

---

① 滋賀秀三:《法典編纂の歴史》,氏著:《中国法制史論集:法典と刑罰》,第86頁。

② 拙稿:《〈令集解〉に引用された唐の格・格後勅について》,《史淵》第128輯,1991年,第4—5頁。

③ 關於條文的數量,一般認爲是在傳寫過程中出現了訛誤。池田温在《唐令》(滋賀秀三編:《中国法制史——基本資料の研究》,東京:東京大学出版会,1993年,第211頁)、《唐朝開元後期土地政策の一考察》(1995年,氏著:《唐史論攷——氏族制と均田制》,東京:汲古書院,2014年,第570、581頁)中以( )標示補訂意見。

編録當時制敕永爲法則，以爲故事（中略）開元前格十卷，姚元崇等删定，開元後格十卷，宋璟等删定。皆以尚書省二十四司爲篇名”，《經籍志》載“開元前格十卷，姚崇等撰”“開元後格九卷，宋璟等撰”。《日本國見在書目録》載有“開元格十卷”“開元後格九卷”“開元新格五卷”（打亂其排列順序），應指《開元前格》（三年格）、《開元七年格》、《開元二十五年格》。從卷數判斷，《開元三年格》爲全本，《開元七年格》少一卷（也許只傳來了《散頒格》），《開元二十五年格》只有一半傳到了日本。

《（開元）格後長行敕》 與上述《開元後格》頒行時間相隔不久，《唐會要》載開元“十九年，侍中裴光庭、中書令蕭嵩又以格後制敕行用之後，與格文相違，于事非便，奏令所司删撰格後長行敕六卷，頒于天下”。《日本國見在書目録》中的“長行敕七卷”可能所指即此，但不知爲何《目録》所載卷數較多。另外，《日本國見在書目録》所見“格後敕三十卷”，應是開元之後的立法文本。[①]

以上梳理了盛唐之前格典的編纂史。爲了之後與日本格進行比較，以下將總結唐格編纂方針的特徵。一般認爲，唐代被稱爲律、令的法典一個時期只有一部，[②]而格並非如此。原因是，如果對皇帝命令的有效性進行排序的話，第一爲相對較新的詔敕，其次爲現行格，第三是現行律令，有時還會在新的詔敕與格典之間排入格後敕。官員一般（未編纂格後敕時）以最新的律令格爲基礎，參照對此律令格内容有所修訂的詔敕進行判斷。但如果最新的律令格施行之後又編纂、施行格後敕，則應將編入格後敕的詔敕視爲比現行律令格更有效的法律進行參照（格後敕會説明修訂現行律令格相應條文的理由），在格後敕施行之後頒布的、對現行律令格、格後敕有所改訂的詔敕，將被作爲更有效的新法，據以處理相關事務。

不過，由以下所引 P.4978《開元兵部選格》（暫稱）殘片可知，至少在開元二十五年以前，在現實中曾參照過格後敕編纂、施行之前的個别詔敕。

---

① 孫猛認爲，從時間來看，《見在書目録》中的“格後敕”爲《貞元定格後敕》《元和删定制敕》《元和格敕》等三十卷格後敕中後兩部之一（氏著：《日本國見在書目録詳考》上，上海：上海古籍出版社，2015年，第769頁）。由於前兩部未公布，所以應是《元和格敕》。

② 滋賀秀三：《法典編纂の歴史》，氏著：《中国法制史論集：法典と刑罰》，第20頁。

（前闕）

2　節度管内諸軍鎮健兒，其中所有勳官□□

3　諸色有資勞人，及前資常選□□□□□

4　勞考，每年爲申牒所（?）田（由?），並先在軍注（?）□□

5　已上有柱國、上柱國勳者，准勳官□滿□

6　聽簡試。十五年已上者，授武散官。兩個上柱

7　國已上者放選。各於當色量減次上定留放。

8　其中有先立戰功得上柱國勳，長征（?）□□□

9　軍由分明者，免簡聽選。餘依本條。

10 一 准兵部格後敕，同□□滿□□等，如簡□□

11　結二萬人數者，其中有得勞番考人□□

12　免，並申所司，准式合承，選日任依常例。

13 一 准兵部格，諸色有番考，資策出（?）身□□□

14　者，初至年及去軍年經三個月（?）已上□□

15　折成一年勞，中間每年與一年，不得累折。

16 一 准開元七年十月廿六日敕，上柱國及柱國子

17　年廿一已上，每年征資一千五百文。准本色宿

18　衛人，至八年滿聽簡。其及第者，隨文武□

（後闕）

該選格一并引用了《兵部格》（《開元後格》，開元七年三月施行）、《兵部格後敕》[①]（開元十九年編纂、施行的《格後長行敕》）及開元七年十月二十六日敕。先不論《格後敕》施行之後的情況，若把《格後敕》施行之前的敕文看作有效之法，則從結果上可知《格後長行敕》的編纂有所疏漏。也許在編纂《開元二十五

① 戴建國在《唐宋變革時期的法律與社會》（上海：上海古籍出版社，2010 年，第 159 頁）中提到，P.4978 的"兵部格後敕"未載年月日，故爲"兵部格敕"的誤寫，引用自《格式律令事類》。但若是"選格"，只要被收入開元十九年的《格後敕》，就作爲法源而具有法律效力，在引用時可以省略年月日。

年格》之際，爲了防止此種事態發生，李林甫在自負之下於開元二十五年九月奏上“今年五月三十日以前制敕，不入新格式者，望並不在行用”(《通典》)。但開元二十五年五月末之前的單行制敕是否果真不再使用，則無法證實。①

另外，正如後述，單行指令(單個敕所載的處分)被編入唐格典時，並非保持發布時的原樣，而是提煉成大概二至十行、每行二十字左右、抽象度較高的法律條文。通過這一操作，當發生與這些單行指令處理的案件相類似的事情時，這樣的條文應該就能應對了。然而，將過去發布的、今後可能適用的某一單行指令的内容用抽象化的方式全部編入格典條文中，這種做法果真可行嗎？這樣想的話，以格這種法典形式集中對律令進行修訂本身，從一開始就是不可能的。

二、西域所出有關唐代格典的定名問題

爲了與日本格作對比，本節與下節將探討唐格典的編纂方針，尤其考察在編纂格時，是否對原詔敕發布時的内容、表記進行了修改，若修改的話，又是如何進行的。在此之前，有必要確認格典中每一條文的體裁(體例)。這是因爲，唐格並未以完整的形式保存下來，主要形式爲① 敦煌吐魯番所出殘片、② 各書引用的佚文。關於①，必須要分析這些殘片是否本來就是格典的一部分；若是，則是哪個年代的格典，在抄寫過程中有無省略或更改。關於②，必須要判斷引用時有無省略；這些佚文究竟是與律令式並行的格典的一部分，還是只是單行詔敕。關於法典殘片的定名問題，除了池田温、岡野誠②梳理了日本的相關研究史外，還有劉俊文③、戴建國④、樓勁⑤等學者的先行論述。筆者也曾加以分析，但想利用日本典籍所引唐格、格後敕，再次對此進行探討。

關於《神龍格》，幸運的是，在敦煌文書中發現了標題爲“散頒刑部格”的殘卷(S.4673+P.3078)。其開頭部分如下：

① 拙稿：《有關唐格的若干問題》，《法律文化研究》第13輯，2019年，第314—315頁。
② 池田温、岡野誠：《敦煌·吐魯番発見唐代法制文献》，《法制史研究》第27號，第1977年。
③ 劉俊文：《敦煌吐魯番唐代法制文書考釋》，北京：中華書局，1989年。
④ 戴建國：《唐宋變革時期的法律與社會》。
⑤ 樓勁：《魏晉南北朝隋唐立法與法律體系：敕例、法典與唐法系源流》。

散頒刑部格卷

銀青光禄大夫行尚書右丞上柱國臣蘇瓌等奉 敕删定

刑部　都部　比部　司門

一　僞造官文書印，若轉將用行（行用），並盜用官文書印，及亡印而行用，並僞造前代官文書印，若將行用，因得成官，假與人官，同情受假，各先決杖一百。頭首配流嶺南遠惡處，從配緣邊有軍府小州，並不在會赦之限。其同情受用僞文書之人，亦准此。

一　官人在任，緣贓賄計罪成殿已上，雖非贓賄，罪至除免，會恩及别敕免，並即録奏。量所犯贓狀，貶授嶺南惡處及邊遠官。

一　流外行署州縣雜任，於監主犯贓一匹以上，先決杖六十。满五匹以上，先決一百。並配入軍。如當州無府，配側近州。斷後一月内，即差綱領送，所

（下略）

這是敦煌、吐魯番所出法典殘卷中唯一一份在標題處明確記有“格”字的文獻。其特點是：每條以“一”［日本古文書學用語爲“逐條列記”（一つ書き）］而非“敕”開頭；條文皆未記載原敕發布的年月日。對於如何看待該體例，目前有四種觀點。

首先，劉俊文探討了在敦煌發現、目前收藏在柏林的殘片 TⅡT（Ch.3841）。那波利貞認爲它是《吏部留司格》，池田温、岡野誠則記爲“（《吏部留司格》斷簡？）”。[①] 其釋文如下：

① 那波利貞：《唐鈔本唐格の一断簡》，《神田博士還暦記念書誌学論集》，東京：平凡社，1957年；池田温、岡野誠：《敦煌・吐魯番発見唐代法制文献》，《法制史研究》第 27 號，第 1977 年，第 216 頁。

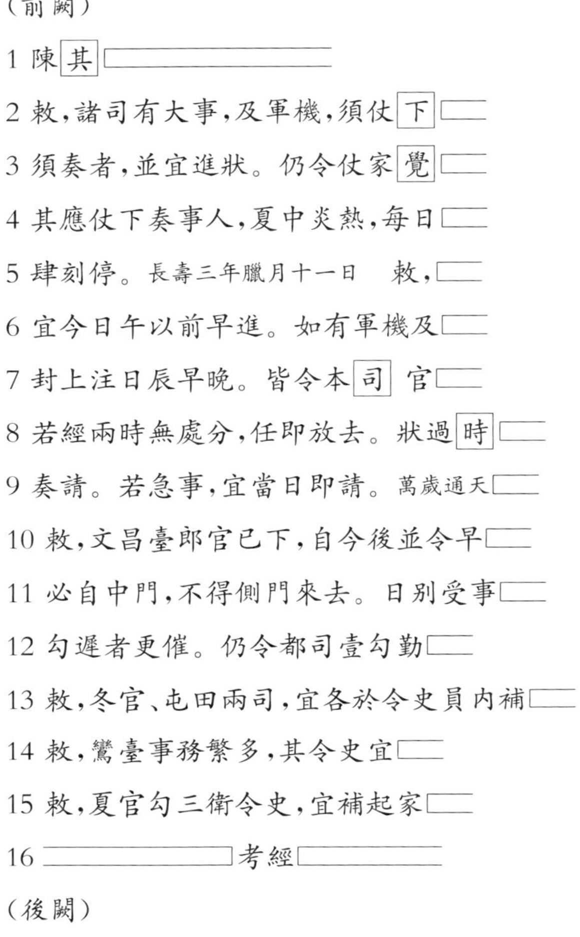

（前闕）

1 陳其□

2 敕，諸司有大事，及軍機，須仗下□

3 須奏者，並宜進狀。仍令仗家覺□

4 其應仗下奏事人，夏中炎熱，每日□

5 肆刻停。長壽三年臘月十一日　敕，□

6 宜令日午以前早進。如有軍機及□

7 封上注日辰早晚。皆令本司 官□

8 若經兩時無處分，任即放去。狀過時□

9 奏請。若急事，宜當日即請。萬歲通天□

10 敕，文昌臺郎官已下，自今後並令早□

11 必自中門，不得側門來去。日別受事□

12 勾遲者更催。仍令都司壹勾勤□

13 敕，冬官、屯田兩司，宜各於令史員内補□

14 敕，鸞臺事務繁多，其令史宜□

15 敕，夏官勾三衛令史，宜補起家□

16 □考經□

（後闕）

該殘片的體例特點有：每條以“敕”字開頭，條尾所附年月爲長壽三年(694)與萬歲通天(696—697)；可見“軍機”字樣，未避玄宗“隆基”之諱；可見光宅元年(684)至神龍元年(705)使用的官名（文昌臺、冬官、夏官、鸞臺）；内容多爲“曹司常務”之類。由此，劉俊文將TⅡT斷爲《神龍留司格》，[①]而把前述以

① 以TⅡT爲《神龍吏部留司格》的觀點，之後也見於唐耕耦、陸宏基主編《敦煌社會經濟文獻真迹釋録》第2輯（北京：全國圖書館文獻縮微複製中心，1990年，第574頁）、鄭顯文《唐代律令制研究》（北京：北京大學出版社，2004年，第43頁）、趙貞《唐尚書六部二十四格初探》（中國政法大學法律古籍整理研究所編：《中國古代法律文獻研究》第3輯，北京：中國政法大學出版社，2007年，第261頁）、桂齊遜《唐格再析》（徐世虹主編：《中國古代法律文獻研究》第4輯，北京：法律出版社，2010年，第256頁）等。

"一"爲條文起首的殘卷(S. 4673 + P. 3078)判爲《神龍散頒格》。[①] 也就是説,《留司格》與《散頒格》在體例上是有區別的。

但是,將 TⅡT 斷爲《神龍留司格》有以下幾點疑問:

(一) 無法解釋本應保管在尚書省各司、各曹的《留司格》爲何在僻遠的敦煌被發現。

(二) 無法解釋《散頒格》與《留司格》爲何在體例上有所區别,即爲何《散頒格》以"一"起首、結尾不附年月,而《留司格》起於"敕"字、結尾附年月。

(三) 倘若 TⅡT 爲神龍年間的《留司格》,那麽爲何該殘卷未用神龍年間的官名? 如前所述,編纂《麟德格》是專門爲了體現官名的改易。另外,《散頒刑部格》(S. 4673 + P. 3078)中有刑部、都部、比部、司門(第 3 行)、東都(第 17 行)、尚書省(第 18 行)、刑部、大理寺(第 26 行)、中書省(第 27 行)、雍、洛(第 106 行)、國子助教、大學四門博士(第 107 行),這些皆非武則天執政時的名稱,而與删定者蘇瓌的信息相契合,都是神龍元年的官司名及地名。這種《散頒格》與《留司格》之間官名書寫規則不統一的理由與背景並未明確説明。

由此可知,將 TⅡT 斷爲《神龍留司格》,並通過與它的對比,判定《散頒刑部格》爲《神龍散頒格》,甚至將特殊體例作爲認定《散頒格》的理由,並不具有説服力。其實,劉俊文自己曾將 TⅡT 推定爲《垂拱格後敕》,最近樓勁也認可此種觀點。[②]

其次,滋賀秀三對敦煌出土的《散頒刑部格》(S. 4673 + P. 3078)提出以下三點疑問:

(一) 第 1 行的"散頒刑部格卷"下方未載卷數。

(二) 第 2 行記録了删定者蘇瓌的名字,這原本應該記在卷末,而且只寫一人之名,本來就難以解釋。

(三) 第 3 行集中列舉了刑部四司的名稱,原本應各司分别編纂。

他指出,該殘卷與同樣以"一"爲條文起首的 P.4978《開元兵部選格斷簡》

① 劉俊文:《唐代法制研究》,第 130 頁。

② 劉俊文:《敦煌吐魯番唐代法制文書考釋》,第 272 頁;樓勁:《魏晉南北朝隋唐立法與法律體系:敕例、法典與唐法系源流》,第 450 頁。

(暫稱)一致,也應視作便於使用的私制本。[①] 但即便如此,它極有可能謄抄自《神龍散頒格》。再者,方便的私制本爲何采用以"一"作爲條文起首的形式,並非重要問題,可暫且擱置,但爲何會省略年月日呢? 由於《獄官令》規定"諸犯罪未發,及已發未斷決,逢格改者,若格重,聽依犯時,格輕,聽從輕法"(《唐令拾遺補》),[②]當官員作出判決之際,犯罪發生時該格條的原敕(本條所説的"格"不僅限於法典,也指之後編入格的個别詔敕(單行指令)[③])是否已發布,有時會成爲大問題。若重視這一點,則很難認同因是私制本而省略了年月日的看法,應該是這一殘卷的抄寫母本《神龍散頒格》本身就没有記載年月日。

然而,對於滋賀秀三提出的疑問(二)(三),池田温認爲並不是問題,還以《神龍散頒格》的卷首爲標準,復原了周字 69 號《開元新格・户部格》殘片(暫稱)的開頭部分:[④]

格卷第三

兵部尚書兼中書令集賢院學士修國史上柱國成紀縣開國男臣李林甫等奉 敕删定

户部

在條數次序上,也認爲可能會將所屬的部門(子司)編入别卷。

---

① 滋賀秀三:《法典編纂の歴史》,氏著:《中国法制史論集: 法典と刑罰》,第 85—86 頁。

② 仁井田陞著,池田温編集代表:《唐令拾遺補・獄官令》第 22 條,東京: 東京大学出版会,1997 年,第 1434 頁。關於本條的唐令復原,最近,岡野誠發表了極其細緻的考證(《唐令復原方法に関する一考察—唐獄官令第 22 条を中心として—》,陳俊强主編:《中國歷史文化新論——高明士教授八秩嵩壽文集》,臺北: 元華文創股份有限公司,2020 年)。此處所列爲岡野誠的開元二十五年令文復原方案。

③ 瀧川政次郎:《ペリオ氏将来の唐貞観吏部格断簡》,《国学院法学》第 15 卷第 1 號,1977 年,第 21 頁;滋賀秀三:《法典編纂の歴史》,氏著:《中国法制史論集: 法典と刑罰》,第 87 頁。莊爲斯(Wallace Johnson)也將《斷獄律》第 20 條引用的該《獄官令》條文中的"格"譯爲 regulation,並未譯爲 Regulations (ko)(*The Tang Code* Volume Ⅱ, Princeton: Princeton University Press, 1997, p.563, 589)。樓勁在《魏晉南北朝隋唐立法與法律體系: 敕例、法典與唐法系源流》(第 462 頁)中主張"格"指的是格後敕。若如此,則原本依敕也許能得救的被告,極有可能因該敕尚未編入格後敕而無法蒙受恩惠,由此獲罪,故無法認可此解釋。

④ 池田温:《唐朝開元後期土地政策の一考察》,氏著:《唐史論攷——氏族制と均田制》,第 571 頁。

最近學界開始提倡第三種觀點，即這纔是唐格普遍的體例。比如樓勁重視唐代的式與散頒格的編纂皆始於永徽年間，認爲它們在體例上也存在關聯性，兩者應皆爲"法典""制定法"，而非"敕例集"。[①] 如敦煌出土的《開元(二十五年)水部式》(P.2507)與《神龍散頒格》，雖然前者的條文以"諸"開頭，後者以"一"開頭，但兩者存在共同點，即逐條換行抄寫，各條文皆未記載原敕的日期。[②] 據此可知，敦煌發現的《神龍散頒格》絶非特殊情況，應視爲遵循了《散頒格》的一般體例。

但是，這個見解是不成立的。因爲如果這一《散頒格》殘卷遵循的是散頒格的一般體例，那麽在敦煌文書中發現的、一直被視爲《(開元户部)格》殘片的文獻(S.1344與周字69號)就無法得到解釋了。以下所列爲S.1344的一部分。這兩件殘片有共同的樣式，即每條換行抄寫且以"敕"字開頭，各條末尾皆載年月日。

(上略)

敕，長髮等，宜令州縣嚴加禁斷。其女婦識文解書，
堪理務者，並預送比校内職。
咸亨五年七月十九日
敕，諸山隱逸人，非規避等色，不須禁斷。仍令所由覺
察，勿使廣聚徒衆。
長安二年七月廿八日
敕，如聞諸州百姓，結構朋黨，作排山社。宜令州
縣嚴加禁斷。
景龍元年十月廿日

(下略)

---

① 樓勁：《魏晉南北朝隋唐立法與法律體系：敕例、法典與唐法系源流》，第435—439頁。

② 樓勁將大津透定名爲"儀鳳三年度支奏抄"的殘卷(《唐律令国家の予算について》(1986年，氏著：《日唐律令制の財政構造》，東京：岩波書店，2006年)，依循劉俊文的定名(《敦煌吐魯番唐代法制文書考釋》，第314、324頁)，定爲"儀鳳度支式"，並以每條始於"諸"字及欠缺年月日作爲式典的體例(氏著：《魏晉南北朝隋唐立法與法律體系：敕例、法典與唐法系源流》，第437頁)。然而，一是原本就没有儀鳳三年制定過式典的證據，二是從文書末尾的體例看，該殘卷爲皇太子監國期間對度支有關支度國用的提案予以裁可的奏抄(儀鳳四年度預算方案)，所以劉俊文、樓勁對此的定名是有誤的。

以上的確也可稱爲"敕例集"。但如前所述,司法判決時必須確認犯罪時的現行法律爲何,所以格中必須記録年月日。此外,從它與日本三代格的體例之間存在共同點來看,此兩件殘片極有可能是格典。①

其實,樓勁認爲此兩件殘片並非散頒格,而是開元十九年編纂、施行的《格後長行敕》的殘片,主張散頒格的體例即如《神龍散頒格》那般。② 由證聖元年(695)四月九日敕發展而來的 S. 1344 的一條條文(第 4—14 行),被《令集解・賦役令》(第 17 條)"孝子順孫條"所載《令釋》作爲《開元格》(如前所述,從名稱判斷,也許爲《開元三年格》)加以引用,而且該敕文又被該條所載《古記》作爲《(垂拱)格後敕》加以引用,所以都無法説明它没有被編入《開元十九年格後敕》。

接下來將詳細解釋這一點。關於證聖元年敕,樓勁推導出了其被删定、編纂、引用的複雜過程:原敕曾收入《垂拱格後敕》,被《古記》引用;又經若干修訂,被編入《開元十九年格後長行敕》,即爲 S.1344;到了開元二十五年,被收入《開元新格》,又被《令釋》引用。③ 换言之,該敕文被收入《垂拱格後敕》後,在神龍至開元七年間未被編入格,直至開元十九年再次被編入《格後敕》,開元二十五年終於被立爲格條。對"孝""義"這種並不複雜的概念爲何做如此複雜的處理,其理由並不可知;而且違背了"格後敕"這種"在最新格典之後頒行的敕"的語義,這本身就無法解釋。强行將《令釋》所引"開元格"限定爲《開元二十五年格》,就很難與其名稱相對應。所以以下解釋更爲簡單明瞭:該敕頒布在《垂拱格》之後的證聖元年,所以被編入《垂拱格後敕》,接著在格典編纂之際成爲《神龍格》的一條,繼而再被編入《開元格》(三年格)。

其實即使不要這麽冗繁的論證,從周字 69 號收録的開元二十年敕與開元二十三年敕便可簡單得知,該殘片不可能是開元十九年的《格後長行敕》。

---

① 仁井田陞在《唐の律令および格の新資料——スタイン敦煌文献》(氏著:《〈補訂〉中国法制史研究(法と慣習・法と道徳)》,第 283—301 頁)考證 S.1344 爲開元年間的《户部格》。

② 樓勁:《魏晉南北朝隋唐立法與法律體系:敕例、法典與唐法系源流》,第 455、515 頁;同氏:《證聖元年敕與南北朝至唐代的旌表孝義之制——兼論 S. 1344 號敦煌殘卷的定名問題》(《浙江學刊》2014 年第 1 期)。再早之前,馬小紅探討了 S. 1344 斷簡爲《格後敕》的可能性(《"格"的演變及其意義》,《北京大學學報(哲學社會科學版)》1987 年第 3 期,第 115 頁),但並未摆出根據。

③ 樓勁:《魏晉南北朝隋唐立法與法律體系:敕例、法典與唐法系源流》,第 518—519 頁。

另外，按照樓勁的定名，也無法解釋爲何格後敕必須有"敕"字及年月日，而《散頒格》却不需要。一般認爲，《宋刑統》所引格條未逐一標記年月日，是由於作爲這些格條前身的敕命頒行已久，敕命與罪行的先後關係不會影響量刑。各書所引佚文也包括欠缺年月日者，其理由恐亦如此。

其實，關於格典的每個條文有無必要標記年月日，戴建國也有論述。[①] 的確，條文被作爲格典整理編纂後，在判決時從結果上看似與原敕年月日無關。但是，在原敕頒行後被編入法典前這一時期，當出現量刑不當或伸冤等情形時，原敕的年月日就成爲了焦點，爲確定最初犯罪時的法律就需要年月日。戴建國將日本公認的《户部格》兩殘片視爲載入《格式律令事類》的長行敕，[②]這個推導的過程與樓勁説同樣複雜，也有年代上的矛盾。另外，下節所涉格後敕的體例，如較爲詳細記録了原敕的開頭文句與制定過程（戴建國對此也認可），與上述結論也存在矛盾。

再者，唐格典通常逐條標記年月日的體例，也可從最近公布的敦煌所出Дx. 6521《格式律令事類》殘片中得到證明。該殘片所載《户部格》佚文也始於"敕"字，條末標有原敕頒行日期（也許是"開元八年十一月十二日"）。[③] 現移録部分文字如下：

（上略）

4 考課令。諸都督、刺史、上佐□

5 □朝集。若上佐已上有闕及事故，只□有參軍代集，若録事參軍有□

① 戴建國：《唐宋變革時期的法律與社會》，第160頁。

② 戴建國：《唐宋變革時期的法律與社會》，第148—149頁。

③ 辻正博：《〈格式律令事類〉残巻の発見と唐代法典研究——俄藏敦煌文獻 Дx. 03558および Дx. 06521について——》，高田時雄主編：《敦煌寫本研究年報》創刊號，京都：京都大學人文科學研究所，2007年，第87頁。戴建國在《唐宋變革時期的法律與社會》（第141—146頁）中指出，該斷簡所見"户部格。敕"並非《户部格》條文，而是《長行敕》的一條，附屬於《户部格》。樓勁在《魏晉南北朝隋唐立法與法律體系：敕例、法典與唐法系源流》（第531頁）中認爲此處應斷句爲"户部格敕"，表示《格後長行敕》的一條被《格式律令事類》引用之意。但是，該斷簡最初的標題爲"考課令"，接著又羅列了"諸"字開頭的《考課令》的一條，説明"户部格"顯然爲法典的篇目名。此外，開元十九年《格後長行敕》的條文稱未編入《開元新格》之條目無效，故不太可能被收入《格式律令事類》。

6 月廿五日到京，十一月一日見。▭

7 解代，皆須知。其在任以▭

8 辯答。若知長官考，有不▭

9 以狀通送。

10 户部格。敕，諸州應朝▭

11 計，如次到有故，判▭

12 集限。其員外同正▭

13 ▭開▭

14 敕，刺□到任，當年▭

（後闕）

從以上所述可知，圍繞敦煌所出《神龍散頒格》的體例，學界一直以來嘗試著提出過諸多看法，但皆有可疑之處，無法得到完全認同。筆者曾經對此問題提出了第四種觀點：由於神龍年間法律的修訂具有特殊性，即編纂、删定法律只是表面否定武則天廣泛的改革，將重點放在宣揚李唐復辟上，因此删除了武則天執政時的年月日，同時將武則天執政時獨特的官名皆改爲唐朝復興後神龍年間的官名。① 换言之，朝廷借此表達一種態度，實則充分利用武則天執政時的制度變革，②但不承認這種改變源於武則天時期。《神龍散頒格》的體例是特例，散頒格的一般體例應以 S.1344 與周字 69 號（兩者皆爲開元年間的《户部格》，從發現地點來判斷爲散頒格）爲標準。現在筆者依然堅持這一觀點。

本節最後想考察 TⅡT 的定名問題。關於該殘片的特點，正如之前劉俊文的梳理所示，筆者對此没有異議。只是，劉俊文也提到了該殘片未使用武周新字。但不知爲何（也許由於其中出現的年號與官名?），劉俊文主張該殘片爲神龍元年以前法典的一部分，曾定名爲《垂拱格後敕》，該觀點現在成爲了權威學説之一。然而，如前所述，《垂拱格後敕》包含了證聖元年（695）四月九日敕，所

① 拙稿：《有關唐格的若干問題》，《法律文化研究》第 13 輯，2019 年，第 310—311 頁。

② 金子修一在《唐代詔勅文中の則天武后の評価について》（《東洋史研究》第 68 卷第 2 號，2009 年）中指出，難以否認，中宗、睿宗時期的政治方針與武則天執政時具有連續性。

以必定在該敕之後頒行。這已是載初元年(690)武周革命之後,也是使用武周新字(則天文字)的時期。敦煌發現的唐律殘片(P. 3608 + P. 3252)使用了武周新字,《垂拱格後敕》應該也使用武周新字。因此,没有武周新字的該殘片應該爲神龍元年以後、開元以前的散頒格斷簡,而對照前節梳理的格典編纂史,只能是《太極格》。如下節所述,編纂格後敕時一般多保留原敕頒行的經過及原敕的開頭部分,從這點來看,將 TⅡT 視爲格後敕也存在疑問。

TⅡT 一旦被視爲《太極格》,其中值得注意的是,像"臘月""文昌臺""鸞臺""夏官""冬官"並非編纂、施行時的用語、官名,保留了原敕頒行時(武則天執政期)的原貌。這種現象不僅存在於 TⅡT, S. 1344《開元户部格》殘片(第 28 行)也保留了原敕頒行時(垂拱元年)的名稱"庭(州)"(開元年間爲北庭州。《唐六典》卷 3"户部郎中員外郎"條、《舊唐書》卷 40《地理志三》)。由此可知,在編纂格典時,官名、地名等有時會保留原敕的原貌,這從殘片的官名等推測年代時需要格外留意的。但並非所有的格典在編纂時都會保留原敕的地名、官名等,也有前述《神龍散頒格》或《麟德格》的情況。

三、唐代格典的編纂方針
——原敕、格後敕、格

接下來考察原敕與格條的關係。下文所引《開元格》佚文(《通典》卷 170《刑法八》"峻酷"條)末尾有"敕依前件",接著標記頒行日期"開元十三年三月十二日"。由此可判斷,該格條一定程度上保留了原敕的體例。

《開元格》

周朝酷吏來子珣〈京兆府萬年縣〉萬國俊〈荆州江陵縣〉(中略)王處貞〈以上檢州貫未獲及〉

右二十三人,殘害宗支,毒陷良善,情狀尤重。身在者宜長流嶺南遠處,縱身没,子孫亦不許仕宦。

陳嘉言〈河南府河南縣〉魚承曄〈京兆府櫟陽縣〉皇甫文備〈河南府緱氏

縣〉傅遊藝。

右四人，殘害宗支，毒陷良善，情狀稍輕。身在者，宜配嶺南，縱身没，子孫亦不許近任。

敕依前件。

開元十三年三月十二日

樓勁認爲該格條爲《留司刑部格》的佚文，其根據有二：一是内容涉及刑部職掌，二是其體例與樓勁主張的《散頒格》體例標準(《(神龍)散頒刑部格》)不同。[①] 筆者不認同此觀點。對酷吏子孫的處理也涉及吏部許多事務，不能簡單説由刑部專管。本來抓捕酷吏及其子孫的責任首先應在全國的州縣，既然未提"無必要下至各地州府"，則更有可能是散頒格。也就是説，雖然敦煌發現的兩件《户部格》殘片未能體現，但有些散頒格也可能在一定程度保留了原敕的格式。

不過，此"《開元格》"或許如戴建國所述，[②]引自《開元格後長行敕》，呈現的並非格的體例，而是格後敕的體例。的確，在已知的格後敕佚文中，被《令集解・考課令》(第 50 條)"一最以上條"《古記》(第 581 頁)所引的條文，規定了京官文武九品以上的表請需經群議，可能被收入《垂拱格後敕》。如下所示，它以"敕旨"開頭，根據敕旨式頒布，並記録了制定的過程。該格後敕佚文有"軍機"字樣，未避玄宗"隆基"之諱，可以推斷爲《垂拱格後敕》條文。

格後敕下帙十四卷云。敕旨。京官文武九品已上壹千貳百貳人表請，内外官各出壹月俸料錢供軍。其無俸料，請准往例，節級處分者。卿等情切奉公，志存憂國，請申私俸式助軍機。修覽所陳，深以嘉尚。今依來奏，以遂群議。其蕃官不在此例也。

另外，《令集解・公式令》(第 69 條)"奉詔敕條"《令釋》(第 893 頁)載：

① 樓勁：《魏晋南北朝隋唐立法與法律體系：敕例、法典與唐法系源流》，第 447 頁。
② 戴建國：《唐宋變革時期的法律與社會》，第 145 頁。

格後敕云，令楊州造甲八千領。長史裹(李)懷遠奏不辦之狀。

同條《古記》(第894頁)載：

檢格後敕文，敕令造甲八千領。楊州事長史裹(李)懷遠奏不辦之狀之類。

所引的《格後敕》佚文同樣記録了敕文制定的部分過程。但是P.4978《兵部選格》(暫稱)殘片引用的“兵部格後敕”未記録此類敕令的頒行過程。因此，收入格後敕的敕文也許並非都明載其制定過程，也有可能在引用“兵部格後敕”時進行了删節。總之，從敦煌發現的格典殘片與各書所引格後敕佚文的對比中可得出以下推論：在編纂格後敕的時候，原敕的樣態被很大程度地保留下來；而在編纂格典時，原敕被改造成更加抽象與簡潔的條文(也有合并或分割敕文的情況)。①

抛開從典籍中輯佚出來的條文，在敦煌所出的格殘片中，每條都以“敕”字開頭，以下將對此進行考察。唐代皇帝下令修改律令格的規定時，使用的文書極有可能采用七種王言中詔(制)書、發日敕、敕旨、敕牒的樣式，册書、慰勞詔書、論事敕書雖然也是王言，但恐怕不會用以下令修改律令格。因此，其各自的開頭本應爲“門下”(或“詔”“制”)、“敕”“敕旨”“中書門下牒”。若格典保留了原敕開頭的體例，敦煌所出唐格殘片的各個條文皆以“敕”字開頭，所以會得出原

① 滋賀秀三也從淺井虎夫指出的(《支那ニ於ケル法典編纂ノ沿革》，京都：京都法学会，1911年，第205頁)《令集解》收載《格後敕》下帙十四卷佚文(本文前述)中得出結論認爲“格後敕也許是收録的敕文原文，未充分精選、簡化”(氏著：《法典編纂の歴史》，《中国法制史論集：法典と刑罰》，第91頁)。侯雯也主張“格後敕與格的編纂方式不同，(中略)編入格的制敕(中略)經過改寫、删輯、加工；而格後敕却只是將大量的制敕‘分朋比類，删去前後矛盾及理例重錯者，條流編次’(《唐會要》卷39《定格令》)。制敕在内容上没有進行删減和改動，只是制敕的編集。所以，與唐前期法律對比而言，格後敕的適用範圍比較窄，僅適用於制敕中所指的人和事”(《唐代格後敕的編纂及特點》，《北京師範大學學報(社會科學版)》2002年第1期，第143頁)。此外，戴建國在推斷《宋刑統》收載的附年月日的敕節文來自《格後敕》的引載後，關於《格後敕》的編纂闡述道：“對收載的敕文通常不再進行大幅度改寫加工，最大程度地保持了詔敕的原貌，並保留了當初皇帝頒布制敕的日期，每條末尾署有年月日。”(《唐格後敕修纂體例考》，《江西社會科學》2010年第9期，第146頁)但記録原詔敕的日期這種現象不僅存在於《格後敕》，筆者在前文已有論述，格同樣也存在，故此不是《格後敕》的特徵。

敕皆爲發日敕的結論，但這是不成立的。因爲《公式令》規定，發日敕用於"增減官員，廢置州縣，徵發兵馬，除免官爵，授六品已上官，處流已上罪，用庫物五百段、錢二百千、倉糧五百石、奴婢二十人、馬五十匹、牛五十頭、羊五百口已上"（《唐令拾遺補》）。① 雖然規定增減官員、廢置州縣的發日敕也有可能被收入格典，但正如敦煌所出唐格殘片所收的敕命不會涉及使用發日敕的各種法定事項一樣，發日敕幾乎不用於修訂律令格的規定。也就是説，敦煌發現的唐格殘片每條皆以"敕"字開頭，這只能被視爲編纂格典時統一格式的結果。② 而另一方面，從前引格後敕的佚文來判斷，原敕被編入格後敕時，"敕旨"等開頭文句被原樣保留了下來。其實，就S.1344所收唐（隆）元年七月十九日敕而言，其最初頒行的樣態可見《唐大詔令集》卷110《政事・誡諭》所收同日詔書，以"門下"開頭，前段的篇幅較長，但被收入格時，僅從中段提取出要點，且將開頭改爲"敕"。

以上爲編纂格典時修改原敕樣式的事例。關於取捨原敕内容的例子，已爲川尻秋生指出。③ 川尻秋生將上述S.1344所收唐（隆）元年七月十九日敕與《唐大詔令集》的詔書進行比較，指出詔書的"納州縣倉""租地人"被格文改爲"充課役""鄰保"，格條增加了詔書没有的"有賸官收，若逃人三年内歸者，還其賸者。其無田宅，逃經三年以上不還者"字樣，而且除詔書特有的文句外，格條還删除了明經進士貢進，聖廟、學校修建，鄉飲酒禮，州縣長官勸農，僧尼、道士的戒行，禁止私度，禁止州縣官依其專斷而授奪官位，禁止寺觀兼并土地等。也許删除的部分皆已是令、式、格等的基本規定，只是在敕令頒布時要求州縣官遵守，所以未編入格文。

此外，還有一度編入格典的條文在之後編纂格典時又被删改的例子，這見於《神龍散頒刑部格》與《令集解・儀制令》（第23條）"内外官人條"或云（在穴）所引的《刑部格》（第726頁）。前者記爲"班秩""故犯情狀可責者"的文句，在後者中被改爲"班品""故違憲法者"；前者未載的"其徒以上，依常法"，被附在後者

① 《唐令拾遺補・公式令補二》"發日敕式"，第727頁。

② 《册府元龜》開元二十三年九月的命令開頭爲"詔曰"，而周字69號（《開元新格》）却以"敕"開頭，由此，池田温判斷"官員在編纂格時改爲了敕"（氏著：《唐朝開元後期土地政策の一考察》，《唐史論攷——氏族制と均田制》，第576頁）。

③ 川尻秋生：《三代の格の格文改変とその淵源》（1995年），氏著：《日本古代の格と資財帳》，第107—109頁。

的末尾。如此删改的原因不明，也許《穴記》所引《刑部格》爲《開元三年格》，《養老令》中的“故違憲法者”的表達模仿自《開元三年格》。①

關於詔敕入格以及修改現行格條時采取的方針，川尻秋生舉出第一節提到的開元二十五年編纂法典時的三個方針：① 删除不需要的内容，② 加以增删修改，③ 維持原樣不改；同時也指出日本編纂三代之格時遵循的三個方針：① 删除無法律效力的部分，② 更改增補部分内容，③ 删除有關施行的文句及修辭性文字。上述二者具有共通性，推測其原因在於日本格的編纂方針模仿自唐格。另外，在格條的排列上，《弘仁格抄》將有關聯的内容按照年代順序排列，同樣的方針也體現在 S.1344(《開元户部格》)上，該格大體上分爲與禁止結黨有關的條文、與諸藩邊境有關的條文、與逃棄田宅有關的條文，且各自基本皆按年代順序排列。② 由此也可知，日本格典模仿自唐格。但樓勁認爲《神龍散頒格》殘卷“看不出其排序背後有何理致”。③ 若認可兩位學者的觀點，則必須探討其觀點爲何不同。如前所述，樓勁視 S.1344 爲格後敕，若該主張成立，則會得出格後敕的條文排列比散頒格更有秩序這一不可思議的結論。由此也可佐證不能將 S.1344 視爲格後敕。

還有一點是川尻秋生未言及的。上節提到唐格在地名與官司名、官名上有時還明顯保留了原敕的痕迹，這種情況在日本編纂《弘仁格》時也有五處體現(《類聚三代格》，第 115、137、166、298、348 頁)，即保留了原本的唐風官名(在 758 年 8 月—764 年 9 月使用)，如開頭所用並非“太政官符”而是“乾政官符”，並非“太政官奏”而是“乾政官奏”。但如《類聚三代格》卷 3 元慶六年六月三日太政官符所載“右得權僧正法印大和尚位遍照奏狀稱，謹案太政官去天平寶字三年(759)六月二十三日符稱(下略)”(第 135 頁)、卷 5 天平寶字三年七月三日敕所載“准令彈正尹者從四位上官，官位已輕，人不敢畏(下略)”(第 220 頁。當時“彈正臺”改稱爲“糾政臺”)，當時也有不使用唐風官名的情況。從《續日本

① 拙稿：《〈令集解〉に引用された唐の格・格後勅について》，《史淵》第 128 輯，1991 年，第 14—16 頁。

② 川尻秋生：《三代の格の格文改変とその淵源》，氏著：《日本古代の格と資財帳》，第 109—111 頁。

③ 樓勁：《魏晉南北朝隋唐立法與法律體系：敕例、法典與唐法系源流》，第 441—442 頁。

紀》及正倉院文書來看，在那個期間内使用唐風官名的規則是得到遵守的，所以編纂《弘仁格》時，格條中的官名又改爲原本令制的官名（即編纂時的官名），在開頭則保留“乾政官”字樣。

唐格與日本格最大的區别在於，與日本格相比，唐格典的條文在體例上較爲簡潔，而日本格文多爲太政官符，事無巨細地記載了單行指令的成立過程，對於詔敕，也原樣保留了華麗的辭藻，二者差别極大。也就是説，唐格十分抽象，適用範圍相對廣泛。可能發生的事情儘量都用律（及律疏）、令、格處理，可以説是想讓格得到廣泛的適用。反過來，這也可以説是爲了防止律、令、格之外的規範成爲判斷的標準。

日本的格條大幅度保留了頒行時的樣態，也許是由於日本在編纂格時模仿的不是唐格，而是格後敕。如前所述，唐格後敕一定程度上保留了頒行時敕令的文書樣式及背景説明，這與日本格典相同。

其實，這也與日本格編纂的基本方針有關。日本共編纂了三次格典，最初的《弘仁格》暫先不提，《貞觀格》所收格條來自《弘仁格》編纂後發布的詔敕、官符，包含著修改律、令及《弘仁格》的内容，且被賦予永久的效力，故稱其爲《弘仁格後敕》也不爲過。《延喜格》延續了《貞觀格》的編纂方針，也可稱其爲《貞觀格後敕》或《弘仁格後敕後敕》。日本格的編纂方針與原本唐格不同，其背景也許可從以下兩個方面考慮：一是收於《弘仁格》的詔敕、官符記録了各個具體的成立情況，抽象化程度不高，因此適用範圍小，在處理當前的事情時，不僅要參照編纂的格典，還必須參考該格典實施時的每個詔敕、官符，否則政務無法正常運行。二是唐代自安史之亂後，放棄了一個時期編纂一套律、令、格、式作爲有效之法的理念，只編纂如格後敕這種敕例集形式的法典，同時代的日本對此也有瞭解。在制定貞觀格、式的編纂方針時，日本放棄了編纂一套律、令、格、式的原則，這極有可能是效仿唐代所爲。

關於唐後期的幾次格後敕，滋賀秀三認爲都是以《開元二十五年格》爲起點的“格後”之敕，①戴建國也作相同理解。② 也就是説，《貞元定格後敕》《元和格

① 滋賀秀三：《法典編纂の歷史》，氏著：《中国法制史論集：法典と刑罰》，第 89—91 頁。
② 戴建國：《唐宋變革時期的法律與社會》，第 49—53 頁。

後敕》《太和格後敕》等皆以開元二十五年律、令、格、式爲基準，收録的條文分别是在各自編纂之前頒行的、被認爲在編纂之後依然有效的敕令（因此，在法律適用上以格後敕最爲優先），至於體例，事實上采用了與格相同的立法方式。唐代雖然的確放棄了一個時期編纂一套律、令、格、式作爲有效之法的立法模式，但一直致力於實現一個時期編纂一套律、令、格、式和一部格後敕作爲有效之法。日本與此不同，即使在《延喜格》施行後，《弘仁格》《貞觀格》中還依然保留著有效的條文。

四、日本的《弘仁格》及其編纂材料

日本古代格的編纂史，不如虎尾俊哉等學者精心梳理的式的編纂史①那樣清楚。梳理格典的編纂史首先應參考如下所引《弘仁格式序》：

> 先帝（桓武天皇）（中略）以爲，律令是爲從政之本，格式乃爲守職之要。方今雖律令頻經刊修，而格式未加編輯。稽之政道，尚有所闕。乃詔贈從一位行左大臣藤原朝臣内麻吕、故参議從三位行常陸守菅野朝臣真道等，始令撰定，草創未成，遭時遏密，寢而不爲。天朝（嵯峨天皇）（中略）爰降綸言，尋令修撰。申詔大納言正三位兼行左近衛大將陸奥出羽按察使臣藤原朝臣冬嗣（中略）等，上遵叡旨，下考時宜，采官府之故事，摭諸曹之遺例，商量今古，審察用捨，以類相從，分隸諸司。

也就是説，桓武朝開始編纂格、式，但並未完成。嵯峨朝再次編纂，終於完成了《弘仁格式》。由此我們無法從中瞭解桓武朝以及之前編纂格典的具體情況。

可作爲參考的是，《續日本紀》前半部分集中出現了"語具别格""語在格中"等字句。具體臚列如下。

① 虎尾俊哉：《貞観式の体裁》《〈例〉の研究》（1951 年、1962 年，同收入《古代典籍文書論考》，東京：吉川弘文館，1982 年）、同氏：《延喜式》（東京：吉川弘文館，1964 年）等。

① 和銅六年(713)二月壬子(19 日)條：

始制度量調庸義倉等類五條事。語具别格。

② 靈龜元年(715)五月己亥(19 日)條：

太政官奏。更定義倉出粟法，分爲九等。語在别格。

③ 養老元年(717)十一月戊午(22 日)條：

詔曰。(中略)於是，太政官議奏精麁絹絁長短廣闊之法。語在格中。

④ 養老六年(722)閏四月乙丑(25 日)條：

太政官奏曰。(中略。百萬町步開墾計劃等)奏可之。其六位已下，至八位已上，隨程遠近運穀多少，亦各有差。語具格中。

⑤ 神龜元年(724)三月甲申(25 日)條：

令七道諸國依國大小，割取税稻四萬已上廿萬束已下，每年出舉，取其息利，以充下朝集使在京及非時差使，除運調庸外，向京擔夫等糧料上。語在格中。

⑥ 神龜五年(728)三月甲子(28 日)條：

敕定外五位位禄蔭階等科。又敕，補事業位分資人者，依養老三年十二月七日格更無改張。(中略)餘依令。敕，京官文武職事五位以上給防閤者，(中略)。事並在格。

⑦ 神龜五年(728)八月甲子朔條:

詔曰。朕有所思,比日之間,不欲養鷹(中略)布告天下,咸令聞知。是日,敕始置内匠寮。頭一人,助一人,(中略)使部已下雜色匠手各有數。又置中衛府。大將一人〈從四位上〉(中略)使部已下亦有數。其職掌,常在大内,以備周衛。事並在格。

⑧ 神龜五年(728)八月壬申(9日)條:

太政官議奏。改定諸國史生博士醫師員並考選叙限。(中略)醫師每國補焉。選滿與替,同於史生。語並在格。

這些文末注記與《延喜式》式條末尾所載"事見儀式"相同,被認爲是"詳情參見格"之意。既然爲《續日本紀》的讀者做了如此標注,則一般認爲在《續日本紀》編纂時,已經準備好了"格",作爲參考資料,或者已經形成了完備的"格"的文本。

但《續日本紀》的編纂過程十分複雜,簡單總結如下:

A. 延曆十三年(794)八月,藤原繼繩、菅野真道、秋篠安人等編纂、奏上現在《續日本紀》卷二十一至三十四[天平寶字二年(758)八月至寶龜八年(777)],

B. 之後某個時間又奏上卷三十五至四十[寶龜九年(778)至延曆十年(791)],

C. 延曆十六年(797)二月,菅野真道、秋篠安人等奏上卷一至二十[文武元年(697)至天平寶字二年(758)七月]。

其中,C以淳仁朝(758—764)整理的《曹案》三十卷爲基礎編纂。這是在藤原仲麻呂的主導下,以同於《日本書紀》的卷數,對文武朝(697—707)至聖武朝(724—749)之事加以編集,但藤原仲麻呂之亂導致這一編纂活動中斷。之後的光仁朝(770—781)對此《曹案》進行修訂整理,進呈了除天平寶字元年(757)一卷之外的其他二十九卷。在光仁朝期間,A的原型也得以完成。[①]

① 笹山晴生:《続日本紀と古代の史書》(1989年),氏著:《平安初期の王権と文化》,東京:吉川弘文館,2016年。

由以上《續日本紀》編纂史可知，淳仁朝整理的《曹案》三十卷收録了文武朝至聖武朝之事，其中二十九卷於光仁朝進呈。而據延曆十六年奏上《續日本紀》前半部分的菅野真道等人的叙述，《曹案》三十卷所載"米鹽"即瑣碎之事太多（可謂是精於理財的藤原仲麻吕的特色），他們又重新整理記載，將三十卷編修爲二十卷。"語在格中"等之類的表達僅存在於《續日本紀》元明朝（707—715）至聖武朝部分，所以有可能是菅野真道等人在編纂前半部分二十卷時，從國史原文中删除了被視爲"米鹽"的部分，然後在其中數處標以參照"别格"，來應付了事。實際上，從前引《弘仁格式序》可知，菅野真道參加桓武朝的編格事業。也就是説，《續日本紀》的"語在格中""語具别格""事並在格"等透露了桓武朝格典編纂事業的些許痕迹，這意味著編格事業與國史編纂事業同時進行，且由相同的責任者推進。所以筆者曾認爲由此注記可依稀窺見《延曆格》的影子。[①] 進一步説，桓武朝的編格事業也可能開始於延曆十三年以後、十六年以前，因爲在延曆十三年奏上的《續日本紀》後半部分未再見類似於"語在格中"的注記。

此外，川尻秋生也收集了同樣的史料，發現《續日本紀》的"語在别格"注記在神龜五年（728）之後消失，推測彼時作爲法典的格已經編纂完畢，且正是《本朝法家文書目録》（《續續群書類從》雜部）所見的《古格》廿三卷。[②] 川尻秋生還指出，這些記載集中在《續日本紀》前半部分，可能是爲了將《曹案》三十卷壓縮至二十卷，菅野真道等人在編集於延曆十六年（797）完成的《續日本紀》前半部分時，將不晚於神龜年間成書的《别格》與三十卷《曹案》相比較，對於二者的重複之處，采取了删除《續日本紀》所載瑣碎細節、委諸七十年前編纂的《别格》的方式。然而，同時負責編纂延曆朝格典的真道，竟會讓《續日本紀》未來的讀者參照七十年前的《别格》去瞭解其中的細節，這未免不够體貼。在《令集解》諸説中，並没有出現只能被認爲是成書、法典的"别格""古格"，這意味著《續日本紀》

---

① 拙著：《日本の歷史》第5卷《律令国家の転換と〈日本〉》，東京：講談社，2001年，第200—201頁。

② 川尻秋生：《奈良時代の格とその特質》，氏著：《日本古代の格と資財帳》，第71—75頁。此外，岩橋小弥太關注《東大寺要録》所載"雜格中卷""雜格佛法僧中卷""雜格課役卷中"，指出天平至天平勝寶年間的敕旨、官符、省符有十一條被作爲雜格引用。但岩橋小弥太也指出，其爲官撰還是私撰尚不清楚（《格式考》，氏著：《上代史籍の研究》第2集，東京：吉川弘文館，1958年，第129—130頁）。

注記的“別格”應該指的是真道等人於同時期編纂的格。[①]

《續日本紀》指示參照的“別格”其實可能並未成書,其理由是:與①、③對應的格,其殘文皆見於《令集解・賦役令》(第4條)“歲役條”《古記》,且正如川尻秋生所指,①被③否定了。由此,川尻秋生認爲神龜年間之後不久編集的“格”並未只收録如《弘仁格》以後的有效法律。對此,本稿推測在菅野真道手中的是延曆年間收集的、用於將來編格的原始材料,由於格典尚未定稿,其中有可能並存著相互矛盾的法令。

作爲《續日本紀》編纂材料收集起來的詔敕、官符等單行指令,其實並未被菅野真道等人編入格典,而是與其他記事之文一同編成了史料集,即《官曹事類》三十卷(803年成書)與《外官事類》。在《本朝法家文書目録》中,記載了《官曹事類》的序文與篇目(按照神事部、齋王部、佛寺部等分類,並非按官司分類),目前只留下該書的一些佚文,見引於《西宮記》等各書。[②] 佚文幾乎都是年中行事性質的記録,這是因爲加以引用的都是此類書籍。據《類聚符宣抄》卷6《文譜・勘解由使》“請借行官曹事類大同抄事”記載,延喜十四年(914)九月,在編纂《延喜交替式》時,勘解由使爲了確認原官符,欲從外記局借出《官曹事類》,[③] 由此可知官符之類也大量收於《官曹事類》中。因此,延曆年間計劃修纂的格典,若從這一史料集中選出單行指令並加以調整,這當然很理想,但此工作未能完成。而同樣由菅野真道(時兼勘解由使長官)等人編纂,與《官曹事類》一同完成於延曆二十二年並奏上的《延曆交替式》,雖然名爲式,但其實編入了與國司輪替程序有關的四十一條令條及詔敕、太政官符等,基本上采用了不妨稱之爲

① 《本朝法家文書目録》成書於平安中期之後,一般認爲其中編入了實際未見的著作,如大寶的“律六卷”“令十一卷”等。(所功:《平安朝儀式書成立史の研究》,東京:国書刊行会,1985年,第8頁。)“古格”是否真實存在也尚未確定。

② 和田英松《国書逸文》(私家版,1940年,第148—150頁)收録八條佚文,所功《〈官曹事類〉逸文と〈続日本紀〉》(1983年,氏著:《宮廷儀式書成立史の再検討》,東京:国書刊行会,2001年)收録兩條佚文。最近,京都御所東山御文庫藏《新撰年中行事》及陽明文庫藏《勘例》也收録了佚文殘片。參見西本昌弘《〈官曹事類〉〈弘仁式〉〈貞觀式〉などの新出逸文——〈新撰年中行事〉に引かれる新史料——》(氏著:《日本古代の年中行事書と新史料》,東京:吉川弘文館,2012年)等。

③ 岩橋小弥太《官曹事類と天長格抄》(氏著:《上代史籍の研究》第2集,第170—173頁)有相關叙述。

"勘解由使格"的體例。官員在編纂《延曆交替式》時，無疑使用了被視爲史料集的《官曹事類》與《外官事類》(現已失傳，據《本朝法家文書目録》載，共十一卷，收録了大寶元年〈701〉至延曆二十二年〈803〉間與外官即國司、郡司有關的史料與法令)的稿本。"官曹事類""外官事類"之類的名稱，與唐代的《格式律令事類》或者宋代的《慶元條法事類》相似。日本的"事類"包含成書之前或成書之時頒行的格，並作爲此後編格的材料，這是與唐、宋的不同之處；然而，與唐、宋相同的是，它們都對法令等規定及前例進行分門别類，與格、格後敕、編敕的編纂有著密切的聯繫。

從《續日本紀》之後的正史《日本後紀》的編纂過程，也能看出正史的編纂與格的編纂之間存在密切聯繫。那時編集的是《天長格抄》三十卷，雖未傳存至今，但據《本朝法家文書目録》載"撰日本後紀之次，所抄出之例"可知，其與《日本後紀》相同，皆收集了延曆十一年(792)正月至天長十年(833)二月的史料(佚文皆爲太政官符①)並將其分門别類。從名稱上看，這似乎爲格典，但實際上是比《官曹事類》更專門的官符等的法令集，②既可用作正史編修時的框架，也可當做編纂格典的基本材料。《類聚符宣抄》卷 6《文譜》載，在編集《延喜交替式》時，勘解由使爲了確認原官符，自延喜十二年(912)至十四年間將保管於外記曹司的《天長格抄》三十卷借出查閲。其實，由於《弘仁格》的修訂事業頗費工夫，所以朝廷放棄了同時編纂《日本後紀》與新格典的計劃，之後的正史編纂也不再與格典的編纂同時進行。但可以想象，格典的編纂與正史的編纂的確緊密聯繫在一起。古代日本格典的特徵是條文的精煉度極低，但過程記録得很詳細，這種史料集的性質，可能就説明了與正史編纂事業的"雙生子"關係。相反，起居注→實録→國史這種層累而成的唐代史書編纂與格典的關係，目前不知道是否有討論的實例。

總之，日本在延曆年間提出編格之前，並不存在對詔敕、官符等進行收集、分類，從而編集、施行的格典。不過，就删定令格或者删定律令，有必要做一些説明。關於删定律令，神護景雲三年(769)，吉備真備、大和長岡等人爲了補訂

① 和田英松《国書逸文》(私家版，第 175—177 頁)收録五條(六官符)。

② 岩橋小弥太：《官曹事類と天長格抄》，氏著：《上代史籍の研究》第 2 集，第 176—179 頁。

(養老)律令的不足而制定了二十四條法律,直到延曆十年(791)三月纔付諸施行,反而招致混亂,於弘仁三年(812)五月被廢止。關於删定令格,神王、橘入居等人作爲編者同樣制定了四十五條法律,於延曆十六年(797)六月付諸實施,據推測,這些與删定律令的法律同時被廢止。《令集解》所見"删定令""删定"等三處,被認爲是删定律令或删定令格的痕迹。[①] 二者的條文數量都很少,且說不定是以詔敕、官符等單行指令爲基礎編集而成,不能稱爲真正的格典,故未在《弘仁格式序》中提及。

另外,在編纂《弘仁格》時,原詔敕、太政官符、太政官奏等署名部分被統一删除,太政官符的接收地以及與格的主旨無直接關係的部分也都被删除了。這種簡潔化處理,只要比對《政事要略》卷 51(第 255 頁)所載寬平二年九月十五日官符本身(辯、史的位署除外)與《類聚三代格》卷 8(第 343 頁)從《延喜格》中收録來的該官符,就可以直接看出。

不過,更爲重要的是,收集原詔敕、官符、官奏是爲了彰顯編纂時依然有效的法律,所以格的編纂不單單是敕令、官符集的製作,而是一種立法行爲。吉田孝通過舉例詳細論述了這一具體樣態。[②]

吉田孝之後,川尻秋生對《弘仁格》編纂時對原詔敕、官符等的改變進行了深入探討,列舉了 A 格文的製作、B 官符的改寫增補、C 換用措詞、D 分割條文等事例,指出日本的格對編纂時確實依然有效的原詔敕、官符、官奏進行了删除、增補、改寫、分割,但同時也承擔了展現歷史脈絡的矛盾使命,因此在編纂格時也會保留已經無效的舊規定。[③] 如前所述,川尻秋生也指出,原法令的内容在編入格後被删除、改寫、增補,這在唐代也存在。

川尻秋生又進一步指出,《弘仁格》頒行後,官員在引用法令時,無論該法令

① 瀧川政次郎:《律令の研究》第 6 章"删定律令及び令格",東京:刀江書院,1931 年。

② 吉田孝:《墾田永年私財法の基礎的研究》(原題《墾田永年私財法の変質》,1967 年),氏著:《律令国家と古代の社会》,東京:岩波書店,1983 年,第 239—263 頁;同氏:《類聚三代格》(1971 年),氏著:《続律令国家と古代の社会》,東京:岩波書店,2018 年,第 295—299 頁。

③ 川尻秋生:《〈弘仁格抄〉の特質》(原題《弘仁格抄》,2001 年),氏著:《日本古代の格と資財帳》,第 12—23 頁。也可參見福井俊彦《〈弘仁格〉の編纂方針について》,《史観》第 98 卷,1978 年。此外,在編纂《貞觀格》《延喜格》時也發生了同樣的改變,詳見川尻秋生:《三代の格の格文改変とその淵源》,氏著:《日本古代の格と資財帳》。

是否被收入《弘仁格》,有時稱"格",有時稱"符";《貞觀格》頒行後,引用收入《貞觀格》的法令時基本稱"格",引用未收入的法令時基本稱"符";《延喜格》頒行後也如此,由此形成了一種認識,即通過某法令是否被收入格,來判斷此法令是否受重視。對於此變化的背景、原因,川尻秋生舉出以下幾點:一是《弘仁格》的編纂、修訂過程複雜,先對弘仁十一年(820)四月撰上的文本進行修訂,至天長七年(830)十一月施行,又因不足之處明顯而再行補訂,至承和七年(840)四月最終施行(此爲收於《類聚三代格》的《弘仁格》);[①]二是官員使用不便;三是《貞觀格》也收入了與天皇衣服相關的規定,遵循的是中國禮法的觀念;四是在編纂《貞觀格》時,撰格所的活動十分頻繁。[②] 但據昌泰元年(898)十二月九日官符(《類聚三代格》卷2,第47頁)載"藤原朝臣時平宣。奉敕,每年正月修吉祥悔過者,爲祈年穀攘災難也。其禦願之趣,格條既存"可知,施行《貞觀格》之後,也出現了將從未收入格典的單行指令(神護景雲二年四月十五日官符)稱爲"格條"的情況。[③] 因此,是否斷然以《貞觀格》的編纂、頒行爲契機,以及能否區分收録與未收録格典的條文,依然有所疑問。

以上概述了日本格典,尤其編纂《弘仁格》時對原法令的處理方針,既有與唐代格典的編纂方針基本相同的一面,也存在不同點。主要的不同點有兩處:一是川尻秋生所言,日本在編纂格時執著於展示"歷史過程",反過來説,作爲法條,它的抽象程度較低;二是編纂《貞觀格》時采用了格後敕方式,編纂《延喜格》時也是如此,所以日本古代在編纂《貞觀格》時放棄了唐代編格的方針,即特定時期只有一部律令格式法典有效。這兩個特徵也許是日本的立法技術尚不成熟使然,但至少就後者而言,自唐代後期開始多次編纂的"格後敕"也存在相似之處(如前節末所述,差異性也很大),這可以説是因爲格作爲法典本身就具有不徹底性、臨時性的特點。

① 鎌田元一:《〈弘仁格式〉の撰進と施行について》(1976年),氏著:《律令国家史の研究》,東京:塙書房,2008年。
② 川尻秋生:《平安時代における格の特質》(1994年),氏著:《日本古代の格と資財帳》。
③ 西本昌弘:《〈官曹事類〉〈弘仁式〉〈貞観式〉などの新出逸文——〈新撰年中行事〉に引かれる新史料——》,氏著:《日本古代の年中行事書と新史料》,第81頁。

結　語

以下對本稿所述略作總結。

（一）唐代真正的格典始於《貞觀格》，《永徽格》出現了《留司格》（十八卷）、《散頒格》（七卷）的區别。經麟德、儀鳳的修訂，《垂拱格》條數減少，卷數也被壓縮（留司六卷、散頒二卷）。《神龍格》與之前相反，《散頒格》的卷數多於《留司格》。接下來的《太極格》有《散頒格》九卷、《留司格》一卷，爲《開元（前）格》《開元後格》《開元新格》所延續。

（二）唐代在編纂格典期間還編纂格後敕（格後常行敕、格後長行敕）的情況始於《垂拱格後敕》（695 年以後、704 年以前編纂），第二次編纂則在開元十九年，之後的中晚唐只編纂格後敕。格後敕在起首文句及制定過程等方面比較完整地保留了原敕的形式，比格典的簡化程度低。

（三）關於敦煌、吐魯番所見格典殘片的定名，最近出現許多觀點，本稿的考證結果如下：

P.3078＋S.4673	《神龍散頒刑部格》
TⅡT（Ch.3841）	《太極散頒（吏部？）格》（非《神龍留司格》與《垂拱格後敕》）
S.1344	《開元（三年？）散頒户部格》（非《開元格後長行敕》）
周字 69 號	《開元新（二十五年）散頒户部格》（非《開元格後長行敕》）

（四）唐代格典的每個條文皆以“敕”字起首，且各條末尾皆標記原敕頒行的年月日（《神龍散頒格》例外）。原敕所載官司名、官名及地名在收入格典時，部分被修改（《麟德格》及《神龍散頒格》），部分未被修改（《太極散頒格》及《開元散頒户部格》）。

（五）在日本，延曆十三年以後、十六年以前，於編纂《續日本紀》前半部分的同時,開始編纂格典,也開展了與之相關的史料收集工作,但一度終止。史料集最後彙編爲《官曹事類》《外官事類》,其體例在編集相當於格典的《延曆交替式》時得到運用。

(六)《弘仁格》條文的體例比較完整地保留了原法令頒行時的樣式及内容,簡化程度低。因此,作爲法條,它的抽象度低,缺乏廣泛適用性。這既有立法技術拙劣的原因,也可能是運用原始史料集、尊重歷史由來使然,甚至還可能因爲參照的對象並非唐格,而是格後敕的體例。

(七)在編纂《貞觀格》《延喜格》之際,有時也遵循盛唐以前格後敕的編纂方針,彙集了可被稱爲"弘仁格後敕""貞觀格後敕"的内容。在同期的唐朝,已不再編纂格典,只編纂格後敕,乍看之下,日本似乎效仿了這種編纂方式。但是,同時期的唐格後敕與開元二十五年律令格式組成一套法律體系,遵循一個時期只有一套有效法典的原則。與此相對,日本的三代之格,産生的是三部格同時有效(當然,有所矛盾時以最新格典所收法令爲準)的現象。

(八)先行學説指出,日本在編纂格典時,爲了與編纂、施行時的現行法地位匹配,對原法令進行了加工。但與一部分唐格典相同,有些官司名也保留了原法令的表述。

總結如上。徒耗紙張,但所獲成果極少,暫且擱筆,廣求指正。

〔作者坂上康俊,日本九州大学人文科学研究院教授;
譯者林娜,聊城大學外國語學院講師〕

《中外論壇》2021 年第 3 期
2021 年 9 月，第 197－206 頁

《名公書判清明集》之名公與法律利用[*]

［日］青木敦（尤東進譯）

緒　言

作爲宋代江西健訟的歷史背景，本書前兩章關注了人口增長與社會變動兩個側面，還一并論述了其史料上的證據與户口統計之間的關係。[①] 然而，至今仍存在一問題，亦即序章中所言的江西士風問題。江西派的人士，也即從經濟開發地區來到王朝（中央）政府出人頭地，並急需迅速鞏固其地位、江西出身的官僚群體；他們聯繫緊密、政治上有很强的執行力[②]以及剛直且愛講道理的獨特士風與江西地區的健訟乃至重視法律之間在客觀上或許存在某種關聯。本章主要通過判詞作者法條引用的數量，嘗試對上述問題作一簡短的考察。

當然，正如滋賀秀三所言，作爲高層次的規範即裁判的法源是情理，但同時也必須認識到：引用與上述規範毫無矛盾的法律的裁判官和不引用法律的裁判官之間並没有根本差異。[③] 只要瀏覽一下《名公書判清明集》（以下簡稱《清明集》）等宋代的判詞——其他時代恐怕也差不多——便可知每位地方官都有

---

*　日文原文：青木敦：《宋代民事法の世界》第 3 章《『清明集』名公と法利用》，東京：慶應義塾大学出版会株式会社，2014 年，第 65—74 頁。

①　青木敦：《宋代民事法の世界》第 1 章《宋朝と長江中下流域》和第 2 章《珥筆の民》。

②　宮崎市定：《江西派の文人官僚》，氏著：《アジア史研究》第 5 册，京都：同朋舍，1978 年。

③　滋賀秀三：《清代中国の法と裁判》，東京：創文社，1984 年。

自己獨特的判決文體,存在喜好引用法律和不喜好引用法律之差異。如此,可以推測:江西作爲健訟、訟學發達之地,且士風剛直、愛講道理,那麽在江西出身的地方官的判詞中,法律引用的頻率一定會非常高。對於此點,本文將從數字上進一步加以考察。

一、基於判決者的差異

不僅是宋代,在前近代中國書判集中,《清明集》都具有代表性。但是,《清明集》的編纂目的,現在尚不明晰。一種觀點認爲其是面向地方官的行政指南,①然而本書中並没有發現如在條法事類等中常見的吏務氛圍,同時書判作者之間的差異性一清二楚。首先,書中的名公幾乎全是朱子學者。② 其中有真德秀、蔡杭、劉克莊等名人,且無名之輩亦不少。其次,將在《清明集》中留有判詞的作者,以判詞數目的多少爲序,同時注明他們的出身地,製成表格,是爲表 1。瀏覽表 1,可知福建、特别是朱熹寄寓之地閩北建州的出身者極其多。這表明:正如蔡元定之孫蔡杭所代表的那樣,《清明集》與閩北的理學家集團之間有著非常深厚的關係。③ 進而,繼續研讀《清明集》,並對各個書判作者加以關注,可見由於作者的不同,文章間的個人特徵也非常明顯。例如,范應鈴在卷四户婚門(争業上)的開頭連載了十條以上的判詞,且關涉民事的案件非常多。又如蔡杭在懲惡門、人倫門中留下了大量意味深長的文章。可是,著名學者真德秀的文章則非常少,除有一件財務案件外,其他的都是關於孝行以及入仕思

① 高橋芳郎:《名公書判清明集》,滋賀秀三編:《中国法制史——基本資料の研究》,東京:東京大学出版会,1993 年;中砂明德:《中国近世の福建人——士大夫と出版人》,名古屋:名古屋大学出版会,2012 年。

② 然而,《清明集》中並没有收録黄榦的判詞。黄榦在其《勉齋集》中留有大量判詞,同時他在江西臨川政績顯著,且師從朱熹。至於其原因,與《清明集》的書判作者相比,黄榦所處的年代早了很多,或許與此點不無關係,但具體的原因尚不明晰。可參看王德毅:《黄榦的學術與政事》,《漢學研究》第 9 卷第 2 期,1991 年。

③ 關於以十二世紀爲中心的福建理學家們的地域交際圈,可參看市來津由彦:《朱熹門人集團形成の研究》,東京:創文社,2002 年。同時,朱熹的門徒中,如曾祖道、包揚等出身江西的亦不少。另,關於江西的朱子學,可參看吾妻重二:《宋代思想の研究——儒教·道教·仏教をめぐる考察》(大阪:関西大学出版部,2009 年)以及田中謙二:《朱門弟子師事年攷》(京都《東方學報》第 44 册,1973 年)一文。

想準備的篇什。

表 1 《清明集》書判作者的判詞數目及其出身地

姓名(號)	判詞數目	出　身
(1) 胡(石壁)穎	72	湖南潭州湘潭人
(2) 蔡(久軒)杭	68※	福建建寧府建陽人
(3) 范(西堂)應鈴	23 + 19※※	江西隆興府豐城人
(4) 翁(浩堂)甫	27	福建建寧府崇安人
(5) 吴(雨岩)勢卿	25	福建建寧府建安人
(6) 吴(恕齋)革	23	江西江州廬山人
(7) 劉(後村)克莊	21	福建興化軍莆田人
(8) 葉岩峰	13	?
(9) 方(秋崖)岳	9	浙西衢州人
(10) 宋(自牧)慈	8	福建建寧府建陽人
(11) 真(西山)德秀	6	福建建寧府蒲城人
(12) 人境	5	?
(13) 天水	5	?
(14) 馬(裕齋)光祖	3	浙東婺州金華人
(15) 韓竹坡	3	?
(16) 韓似齋	3	?
(17) 葉提刑	3	?
(18) 莆陽	3	?
(19) 王(實齋)遂	2	浙西鎮江府金壇人
(20) 姚(立齋)珤	2	福建南劍州順昌人
(21) 李(文溪)英	2	廣東廣州番禺人
(22) 葉(息庵)武子	1	福建邵武人
(23) 趙(庸齋)汝騰	1	福建福州人
(24) 王(留耕)伯大	1	福建福州人

（續表）

姓名(號)	判詞數目	出　　身
(25) 史(滄州)彌堅	1	浙東慶元府鄞縣人
(26) 方(鐵庵)大琮	1	福建興化軍莆田人
(27) 陳(仲能)漕增	1	福建興化軍莆田人

出身地據陳智超《清明集》附録七《宋史研究的珍貴史料——明刻本〈名公書判清明集〉》，北京：中華書局，2002 年第 2 版，第 681—684 頁。陳增是根據《清明集》原文(第 42 頁)補充。

※蔡杭"白鹿書院田"下一條作"又判"(第 95 頁)，蔡杭"引試"下一條作"又"(第 404 頁)，可見上述兩條無疑是蔡杭的判詞。

※※《清明集》卷 4《户婚門・争業上》的開頭云："范應鈴，後同。"由此可見，以下的十九條判詞皆是范應鈴所作。

下面，從法律利用的角度來剖析上述個體間的差異。在判詞中，引用法律之際，開頭部分均有"在法"云云；連續引用多條法律之時，則有"在法…… 又法……"等字樣，類似上述格式的最多。但"法"有時也换成更加具體的"令""敕"。同時，在范應鈴、胡穎的判詞中可較多地見到"准法""准令"等字眼，如此格式的亦不少。甚至，存在諸如"謹按令(律)曰"等使用"謹"字的用法，而其僅僅是翁甫個人獨特的表現方式，[①]在其他名公身上尚未發現。與此同時，上述個人之間的差異，在判詞中是否引用法律條文這一點上也有所體現。可舉一極端例子：吴勢卿不援引法律條文即直接作出判決。在他留下的二十五條判詞中，引用法律的似乎只有一條，即卷一"不許縣官寨官擅自押人下寨"條中有"殊不思法有明禁，赦有明條，除監司、州郡外，諸縣不得擅自押人下寨，違者從提刑司案劾"云云，然而究竟是法是赦，並未明言，只叙述了被認爲是法條的内容。此外，蔡杭也極少引用法律。即使是引用，也不是與事實一一對應的引用，只是在開頭部分以"敕……律……敕……"或"按律…… 又律…… 又律…… 又敕……"[②]等形式列舉法律條文，接著便隨意作出判決，這樣的形式確實令人瞠目結舌。然而，在禁止分割父親生前財産之際，蔡杭僅簡單地説此是"國家條例"。[③] 與此相

① 《清明集》卷 8"已立昭穆相當人而同宗妄訴"條，卷 9"婚嫁皆違條法"條，卷 10"弟婦與伯成奸且棄逐其男女盗賣其田業"條，卷 13"姊妄訴妹身死不明而其夫願免檢驗"條。

② 《清明集》卷 12"豪横"亦爲此種列舉型。

③ 《清明集》卷 10"兄弟之争"條。

對,在母親希望兒子們分割生前財産之時,胡穎却積極支持,並努力使之實現,在提示"祖父母、父母在,子孫不許别籍異財"之律文存在的同時,又引用了紹熙三年三月九日户部看詳(第七章[①]産1看詳):"凡祖父母、父母願爲摽撥而有照據者,合與行使。"並且以看詳爲優先。[②]

另一方面,與不引用法律條文的蔡杭、吴勢卿等人相對照的是范應鈴。范應鈴本傳中云:

> 冠裳聽訟,發擿如神。故事無不依期結正,雖負者亦無不心服。真德秀扁其堂曰"對越"。[③]

正如上文所言,范應鈴處理法律裁判非常出色,並留下了四十九卷、題爲《對越集》的書判集。他的裁判技巧正如其自身所言:"且如田訟,自有專條,引條定斷,一言可決。"[④]即與事案相對,如有合適的法律條文存在,不管是律、是敕、是令、是指揮,都不厭其煩地加以詳細引用,使之能够與現實之間相互對應,然後再依據法律作出判决。在分割家産方面,他曾兩次援引户絶法,從而縝密判定(第七章産12);同時,關於官員冒充事件,在事實認定之後,還援引了六條相關法律條文進行量刑。[⑤] 此外,在參照了鄉原體例、鄉庶體例等地域社會的習慣之後,進而作出令人信服的判决,也是范應鈴的特徵之一。[⑥]

下面,舉一個嚴格援引法律條文的事例來加以説明。1223年前後江西或湖南的判詞主要是圍繞土地買賣過程中的契約而作出的裁决,如關於契約何時生效、有效截止時間等,援引條文:"諸典賣田宅,已印契而訴畝步不同者,止以

① 前揭青木敦:《宋代民事法の世界》第7章《宋代法令拾遺試論——南宋判語所見條文》,編碼爲著者自加,下同。

② 《清明集》卷10"兄弟之訟"條。

③ 《宋史》卷410《范應鈴傳》。

④ 《清明集》卷4"漕司送下互争田産"條。

⑤ 《清明集》卷2"冒官借補權攝不法"條。

⑥ 《清明集》卷4范應鈴的判詞,如"吴盟訴吴錫賣田""高七一狀訴防慶占田""曾沂訴陳增取典田未盡價錢"等條。

契内四至爲定，其理年限者，以印契之日爲始，或交業在印契日後者，以交業日爲始。"（第七章田20）關於契約的有效期限等，則援引條文："理訴田宅而契要不明，過二十年，錢主或業主死者，官司不得受理。"（第七章田5）通過上述條文來裁定土地買賣的正當性。基於上述事態而掌握法律運用技巧的不僅僅是范應鈴，此外還可舉出翁甫、①方岳、吴革等人。

同時，宋代判詞中的法律引用與清代裁判中的擬律完全不同。擬律作爲一種手續，是被嚴格要求的；原本是律例的適用案，因而在關涉刑法的重大案件中舉足輕重，但在州縣自理的案件以及户婚、田土等微小案件中並没有實施。②與此相對，宋代名公的法律引用並不是一種手續，只可謂一種文辭上的修飾。因此，對范應鈴等人而言，不管民事、刑事以及案件的大小、輕重，法律條文作爲金科玉律，是必須援引的存在。由此可見：清代地方官是面向皇帝，以提出原案的姿態進行擬律；與此相對，宋代名公是爲了當事者的訴訟得以解決而引用法律。

以上，探討了《清明集》書判作者之間法令引用的個性與特徵，下文再舉出若干數字以作進一步考察。表2顯示了判詞中法律條文的引用率。在《清明集》的書判作者當中，判詞比較多的，可以舉出胡穎、蔡杭、翁甫、吴勢、劉克莊、范應鈴、吴革等名公，他們每人都留有二十條以上。載有十三條判詞的葉岩峰，由於史料比較缺乏，目前無從加以考察。葉岩峰以下諸人的判詞都不足十條，開展比較研究亦較爲困難。於是，對於那些屬於多數派的書判作者，在《清明集》全書當中留有多少條判詞，其中引用法律條文的判詞又有多少條，而所謂引用率即是用後者除以前者所得之數字，而且這個數字也是各個書判作者的所有判詞内，其引用法律條文的判詞所占百分比。根據統計結果，法律條文引用率最高的是翁甫，在全體中占四成以上；緊接其後的是范應鈴和吴革，約占三成，

① 特別是《清明集》卷9翁甫判詞"重疊"條中，其是兩重的不動産典賣案件，在責任判定和量刑時，一一對應地適用了"典賣田地，以有利債負准折價錢者，業還主，錢不追"（第七章田15），"諸以已田宅重疊典賣者，杖一百，牙保知情與同罪"等條文。

② 中島楽章：《明代の訴訟制度と老人制—越訴問題と懲罰権をめぐって—》，《中国——社会と文化》第15號，2000年；前揭滋賀秀三：《清代中国の法と裁判》，第270頁；寺田浩明：《自理と上申の間——清代州県レベルにおける命案処理の実態》，夫馬進編：《中国訴訟社会史の研究》，京都：京都大学学術出版会，2011年。

而最少的則是吴勢卿,完全没有。蔡杭引用法律條文的判詞也只不過占其自身總數的百分之九。以上表明:由於書判作者的個體不同,在是否引用法律之間存在著巨大差異。然而,如前文所述,蔡杭不是基於事案内容的引用,而僅僅是列舉法律條文,他這種形式非常多。此外,還可確定另一數字,即用引用多少法律條文的數字除以引用條文的判詞數字,也就是每條判詞中平均引用條文的數目。除幾乎不引用條文的吴勢卿之外,其他書判作者在引用法律條文的情況下,平均每一條判詞引用 1.1—1.9 條法律條文。然而,蔡杭的平均數在三條以上,顯得極其多。

表 2　法律條文引用率較高的書判作者

姓　名	總判詞數	引用法律條文的判詞數(占全體判詞的百分比)	法律條文總數	引用條文的判詞中平均條文數	出　　身
翁　甫	27	12(44.4%)	22	1.83	福建建寧府崇安人
范應鈴	42	16(38.1%)	25	1.56	江西隆興府豐城人
吴　革	23	7(30.4%)	8	1.14	江西江州廬山人
劉克莊	21	5(23.8%)	9	1.80	福建興化軍莆田人
胡　穎	72	13(18.1%)	23	1.77	湖南潭州湘潭人
蔡　杭	69	6(8.7%)	19	3.17	福建建寧府建陽人
吴勢卿	25	0(0%)	0	0	福建建寧府建安人

以往學界有兩種觀點,一種認爲宋代的裁判標準是重視法律,①而另一種認爲從根本上來看其更加重視情理。② 面對不同的事案,或者根據事實詳細援用法律進行判決,或者不引用法律而進行勸諭説服,宋代名公之間個體差異非常明顯。但是,如果無視地域以及其他因素而籠統地來論述宋代裁判是否重視法律,則幾乎是不可能的。

① 佐立治人:《『清明集』の「法意」と「人情」——訴訟当事者による法律解釈の痕跡》,梅原郁編:《中国近世の法制と社会》,京都:京都大學人文科學研究所,1993 年。

② 前揭滋賀秀三:《清代中国の法と裁判》。

二、偏差産生的背景

那麽,上述偏差是因何而産生的呢? 當然,完全可以理解爲是因爲個人嗜好的不同。但是,還有兩個背景不得不考慮。第一是南宋理學家們對待法典的態度。葉適、朱熹認爲宋代獨特的法典新書即敕令格式非常煩瑣,從而進行了批判,並呼籲應該重視律。特别是葉適將宋代舉手投足等一舉一動中都有瑣細的法律視爲一問題。① 上述對待敕令格式的態度,極有可能對裁判中法律的利用給予一定影響。第二,即特定地域法律的重要性。如第二章所述,士大夫常常將健訟理解爲與人口流入密切關聯,同時根據户口統計,可知江西的袁州、筠州等地當時人口增長率最高,上述袁州、筠州等地存在著强烈的健訟意識以及重視法律的現象。再者,如果從江西地區是訟學(訴訟之學)發達之地這一點出發,可以預見: 在現實社會中的法律裁判領域江西也具有鮮明的地域特色。

然而,再進一步探討上述影響並非易事。何以言之? 首先關於第一點的影響,名公絶大多數都不是非常有名的人物。真西山(德秀)雖然是著名的朱子學者,但他留下來的判詞只有區區六條。因此,根據他們對待法律態度的不同進行分類,從而進一步研究他們的思想背景則是極其困難的。即使參考《宋元學案》或者《宋元學案補遺》等,可以獲悉留有二十條判詞以上的名公的學統,但所能揭示的只不過是蔡杭、劉克莊等數人。② 同時,根據他們的出身地,還可以發現一個有趣的現象,即作爲《清明集》這部書的特徵之一: 名公出身福建特别是閩北的非常多,在明確出身地的二十人中,福建出身者達到十二人之多。可是,作爲著名健訟之地的江西、湖南,其地出身者只不過是范應鈴、吴革、胡穎三人而已。但范應鈴等三人都屬於《清明集》中留有判詞數量較多的名公,再從判詞數所占全體的比重來看,三人分别位於第二、三、五位。他們不僅出身地,即以

① 葉適:《水心别集》卷14《新書》。

② 關於朱熹弟子們的學統,可參閲田中謙二《朱門弟子師事年攷》(《東方學報》第44册,1973年)、《朱門弟子師事年攷 續》(《東方學報》第48册,1975年)。關於閩北地區的朱子學集團,可參閲前揭市來津由彦《朱熹門人集團形成の研究》一書。

仕宦履歷而言，范應鈴、胡穎的大半任官地也分别是江西、湖南。此外，據説吴革擔任江西提刑期間曾大顯身手。處於第一位的翁甫的確是福建人，同時援引女子分財法的劉克莊本人也是閩北出身，但是在他們的仕宦履歷中，翁甫曾擔任過江西提刑，劉克莊在饒州留下書判並曾擔任江東提刑。可是，與其他出身福建的同道相比，他們二人的傾向性並不明顯。與引用法律條文較多的翁甫、劉克莊相對，像蔡杭、吴勢卿一樣作出極度輕視法律的判詞也存在。然而，不管是劉克莊、還是蔡杭，作爲仕宦履歷，都曾活躍於信州、饒州。

另外，還有一點需要考慮。正如濱島敦俊先生在研究清代判詞時所指出的那樣，在基層審判中，爲了有助於其後的公審，嚴格要求認真地進行擬律。[①] 如將此點類推至宋代，或可認爲擬筆階段比最後階段的審判更加積極地引用法律。但是，實際上詳細考察湖南地區一系列相關聯的三條擁立養子的判詞，[②]可見它最初從通城縣送至鄂州，再從鄂州送至提舉司，最後又從提舉司回到通城縣；先是通城縣的判詞，接著是提舉司僚屬的擬筆，最後是提舉司作出的判決。[③] 因此，在探討這件事案的適用法律時，題爲"倉司擬筆"的提舉司僚屬之擬筆非常引人注目，但是其在通城縣的判詞和提舉司的判詞中均無引用。又如與"因賭博自縊(潘司理擬)"條相對應的"斷(蔡杭)"與其説是擬筆，還不如説是蔡杭自身依據法律而作出的判決。[④]

小　　結

據上文分析，至少可以得出：范應鈴、吴革、胡穎等人在福建人占絶大多數的《清明集》名公中是少數；在他們的判詞中，非常詳細地援引法律條文，然後再作出判決。北宋至明代前中期，江西出身的官僚形成了獨特的關係網絡；他們行政作風中有"剛直且愛講道理"的一面；然據本文分析，江西出身的官僚有意

① 濱島敦俊：《明代の判牘》，前揭滋賀秀三編：《中国法制史——基本資料の研究》。
② 《清明集》卷 7"雙立母命之子與同宗之子"條之"通城宰書擬""倉司擬筆""提舉判"。
③ 關於這一系列判詞之間的内在關係，可參閲高橋芳郎：《宋—清身分法の研究》，札幌：北海道大学図書刊行会，2001 年，第 107 頁。
④ 《清明集》卷 14"因賭博自縊"條之"斷"。

識地引用法律條文的比率亦非常高,或可認爲這是江西派的特徵在司法領域的具體體現。其最典型的代表人物是范應鈴,他是江西隆興府豐城人,被同是江西廬陵人的周必大所發現、賞識。其是開禧元年(1205)進士,歷任江西吉州永新縣尉、湖南衡州録事、湖南總領所屬官、江西撫州崇仁縣知縣、撫州通判等,在江西履歷豐富。其後又在江西、湖南擔任江西吉州知州、江西提舉常平、湖南運判兼安撫等職,此外還曾擔任淮西蘄州通判、廣西提刑、浙東提刑等職。如前所述,江西地域色彩濃厚的范應鈴處理訴訟事件得心應手,其裁判技巧則是充分引用法律,然後非常痛快、果斷地作出判決。至於清代的裁判是否重視法律程序,重視法律,其自身並不是目的,而基於"平衡感"作出的判決的最終安穩,才是裁判官們所孜孜以求的。① 同樣,在宋代也就没有必要强調范應鈴、吴雨岩作出了性質不同的判決,因爲兩人的裁判方式完全不同。

〔作者青木敦,日本青山學院大學文學部教授;
譯者尤東進,杭州師範大學人文學院副教授〕

① 前揭滋賀秀三:《清代中国の法と裁判》,第 283 頁。

書　評

《中外論壇》2021 年第 3 期
2021 年 9 月，第 209－215 頁

樓勁《魏晉南北朝隋唐立法與法律體系：敕例、法典與唐法系源流》書評

孫英剛

樓勁先生《魏晉南北朝隋唐立法與法律體系：敕例、法典與唐法系源流》[①]以兩大册 80 余萬字的規模，詳細梳理了魏晉南北朝到唐宋之際的立法和法律體系演變的脈絡及其内在邏輯。全書十二章，共分兩部分。第一章到第十一章，涵蓋了上起“魏晉以來敕例的編纂與《格》《式》之源”，下止“宋初三朝的‘例’與規範形態的變遷”，按照編年史順序詳論《律》《令》《格》《式》體系的形成、發展和作用、地位。第十二章《中古“制定法運動”與“法律儒家化”進程》則一改文風，深入思索其背後的思想和體制動力。全書内容極其豐富，新見迭出，可謂近年來從歷史學角度討論中古法制史的重要著作。

中國法制史的研究，以及中古史的研究，往往强調唐代《律》《令》《格》《式》體系的重要性，在講述中國法制史的時候，以唐代律令制爲核心，前期圍繞著它的成型，後期則强調它的影響。但是作者認爲，自魏晉形成不同於秦漢的新型《律》《令》體制，進而到唐代《律》《令》《格》《式》體系的定型和瓦解，乃是中國古代法制史上一個異峰突起。唐律或者唐代《律》《令》《格》《式》體系並不代表中國古代法律傳統的基本形態。或者説，在魏晉至隋唐的法制領域，出現了一個

① 樓勁：《魏晉南北朝隋唐立法與法律體系：敕例、法典與唐法系源流》，北京：中國社會科學出版社，2014 年。

圍繞著重視和講究法典作用和地位而展開，有其特定的指導思想、基本任務及相關舉措，主幹脈絡和興衰曲綫明晰可辨的“制定法運動”。作者深層次關懷的問題，是帝制時代君權（敕例、王言）和法律體系的關係問題。作者認爲，貫穿於魏晉南北朝隋唐法制發展整個過程的，是“今上制敕與法典的關係”這個帝制時代法制的核心問題。

秦漢時代的法律運作，是以敕例爲中心而信奉“當時爲是”原則，法典建設並未成爲朝廷的核心議題。魏晉之際法律體系發生重大轉折，開始强調新型《律》《令》體制。曹魏和西晉整頓和改造秦漢時代的律令，逐漸形成《律》正罪名，《令》定事例，互爲經緯指導全國行政的趨勢。法典之外存在的日益增多的法律規範，作者概括爲“敕例”。這些敕例大多是君權的體現，通過王言（制敕）形式發布，隨時隨事，常在主者上奏和皇帝批復過程中産生。西晉泰始三年（267）將這些敕例編纂爲《故事》，和《律》《令》並行，就形成了《律》《令》《故事》的新法律體系。既保證了《律》《令》的嚴肅性和穩定性，也增加了法律的彈性。《隋書 • 經籍志》記載：“晉初賈充、杜預删而定之，有《律》，有《令》，有《故事》。”①但是因爲故事駁雜多端，梁代取其中對當時政治社會適用的部分編爲《梁科》。所以從魏晉到南朝，在《律》《令》之外另删定敕例編纂《故事》《科》作爲補充，是沿襲的慣例。

“故事”的來源，大體是之前的成例或者傳統，或者説習慣法，在某種意義上有了一定法律色彩。比如《晉書 • 張昌傳》云：“乃下赦書，建元神鳳，郊祀、服色依漢故事。”②《舊唐書 • 蕭銑傳》云：“義寧二年，僭稱皇帝，署置百官，一準梁故事。”③《舊唐書 • 五行志》云：“引建章故事，令薛懷義重造明堂以厭勝之。”④“建章故事”，指的是漢武帝時期發生火災後采取的應對措施。《晉書 • 慕容儁載記》云：“永和五年，僭即燕王位，依春秋列國故事稱元年，赦於境内。”⑤稱元年、不建年號，被稱爲“春秋列國故事”；與之相對的，稱皇帝，建年號，也被稱爲“秦漢故事”。從《魏武故事》到《晉故事》，都是將相關敕例、慣例編纂整理。要討論

---

① 《隋書》卷 33《經籍志二》，北京：中華書局，1973 年，第 974 頁。
② 《晉書》卷 100《張昌傳》，北京：中華書局，1974 年，第 2613 頁。
③ 《舊唐書》卷 56《蕭銑傳》，北京：中華書局，1975 年，第 2264 頁。
④ 《舊唐書》卷 37《五行志》，第 1366 頁。
⑤ 《晉書》卷 110《慕容儁載記》，第 2831 頁。

唐代《格》《式》的源頭，不得不追溯到西晉《故事》。《故事》作爲《律》《令》的補充，在指導國家行政上發揮著重要作用，比如江統就引用故事來討論政策："故事：父祖與官職同名，皆得改選。而未有身與官職同名，不在改選之例。"①

南朝梁、陳進一步釐清了《律》《令》的關係，鞏固了《律》《令》《故事》的法律體系；而在北朝，敕例非常活躍，"條制"盛行。在史籍中有很多相關的記載，比如"故敕有司頒九條之制"、②"班乞養雜户及户籍之制五條"，③等等。太和十七年（493）"詔立僧制四十七條"，④就是專門規範僧尼行爲和處置其違法情狀的條制集。自文明太后和孝文帝改革以來，諸如俸禄、均田、三長等制，起初都在《律》《令》之外下詔制定、推行、增補，從而形成了內容相當系統的條制集。到了北齊、北周，不再滿足於敕例集和條制，而是要以新的法典補充《律》《令》，形成了《律》《令》和敕例集相輔而行的局面。北朝《麟趾格》和《大統式》變删定"敕條"爲起草"法條"，這就讓敕例編纂法典化。

關於南北朝隋唐法律體系的演進脈絡，陳寅恪《隋唐制度淵源略論稿》認爲，"拓跋部落入主中原，初期議定刑律諸人多爲中原士族，其家世所傳之律學乃漢代之舊，與南朝之顓守《晉律》者大異也。……至宣武正始定律河西與江左二因子俱關重要，於是元魏之律遂匯集中原、河西、江左三大文化因子於一爐而冶之，取精用宏，宜其經由北齊，至於隋唐，成爲二千年來東亞刑律之準則也。"⑤在討論唐律的源頭時，陳寅恪强調的是影響制度變化的文化基因，並未對法律和制度演進本身做系統的梳理。作者認爲，魏晉之際四十多年完成的《律》《令》法典化，在北魏經歷了曲折的反復。北族自身發展決定了他們在制度和法制建設上要走鑿空創制之路，把經過通盤斟酌起草的制度條文以制詔的形式頒行天下，是北朝改革的重要手段。北魏道武帝一方面改變拓跋部落制及軍令的舊貌，一方面要大幅簡化華夏之法，所以雜糅胡漢，制定的《天興律》即爲編集科條詔令而成的條制集。魏孝文帝遷都之後，欲以《律》《令》推進和鞏固改革

① 《晉書》卷56《江統傳》，第1534—1535頁。

② 《魏書》卷6《顯祖紀》，北京：中華書局，1974年，第126頁。

③ 《魏書》卷7上《高祖紀上》，第151頁。

④ 《魏書》卷114《釋老志》，第3039頁。

⑤ 陳寅恪：《隋唐制度淵源略論稿》卷4《刑律》，上海：上海古籍出版社，1982年，第107頁。

成果,但是實際上從太和十五年(491)開始,《律》《令》修訂和執行都存在巨大困難。反而通過制詔頒布條制,成爲立法的重要手段。

西晉法典化的影響,要到孝文帝改革之後。馮太后和魏孝文帝的改革與立法相輔相成。太和年間的改革、立法路徑,大體是先以制詔或條制即時改革有關制度加以實施,然後將其修入、完善和刊定爲《律》《令》加以頒行,以此鞏固改革的成果,並爲改革的進一步深入奠定法律基礎。

北魏百餘年中,"制定法運動"在漢化和保守的反復和否定之否定的改革創新中前進,雖然不斷反復,但是逐浪走高。改革和立法相輔而行,在馮太后和魏孝文帝之後,使北魏《律》《令》向曹魏、南朝一脈靠攏且有所超越的態勢。在具體的法律形態上,凸顯了《令》的獨立性和《律》正罪名、《令》定事制的格局。同時,北朝法典化的過程中,得以更多地取其精神而卸下歷史包袱。其法典形態較南朝一脈更爲成熟和簡要明審,制定法理念也更加徹底和堅決。法爲公器和準繩的觀念和實踐,在北族政權中要較魏晉、南朝一脈更加明晰和發達。正如北魏太武帝所説,"法者,朕與天下共之",[①]這和儒家所説刑不上大夫是有區別的。作者對自北朝至隋唐時代法律體系的演進,給出了更爲清晰、系統的梳理。這一梳理不僅僅局限於史是的堆砌,而是給出了明確的思想、制度主綫。在這一主綫下,北族的華夏化、改革與立法的關係、不同法律傳統和政治遺産的影響,都得到了清晰的解釋,也讓我們清晰地看到了唐代律令制的發展脈絡和演進邏輯。

從西晉《故事》,經過幾百年發展,《律》《令》之外的法律規範——主要是敕例——不斷被朝廷加以整理、編纂,到了唐代終於在歷代對其編纂的基礎上,分别被納入和規範爲《格》《式》這兩種形態和性質不同於以往的新法典。最終奠定了唐代《律》《令》《格》《式》法律體系。隋代君權强大,君主所下制敕對《律》《令》多有干擾和侵蝕。唐高祖入關中,約法十二條,内容大概包括"殺人、劫盗、背軍、叛逆者死"。[②] 即位後在此基礎上制行新格五十三條,"唯吏受賕、犯盗、

① 《魏書》卷 4 下《世祖紀下》,第 107 頁。

② 《舊唐書》卷 50《刑法志》,第 2133 頁;《新唐書》卷 56《刑法志》,北京: 中華書局,1975 年,第 1408 頁。

詐冒府庫物，赦不原”[①]等内容。後又令裴寂等撰定《律》《令》，凡《律》五百條，格入於新《律》。當時“式”還不是法律專有名詞。到了永徽二年(651)，《律》《令》《格》《式》體系形成。這一獨特的法律體系，並挾唐文明對周邊的文化影響，影響了周邊各國的法制建設和歷史進程，進而成爲近代學術關注的重要問題。在作者研究的基礎上，我們對《律》《令》《格》《式》體系有了更清晰的認識。以前通常認爲，《律》《令》是基本法典，而《格》《式》是其補充；或者《律》《令》是基本法典，《格》是補充法，《式》是行政細則等等，這些説法可能都没有抓到問題的關鍵。

本書隱含了一個重大問題，即皇權與法的關係。法典的推行，壓縮了代表君權的敕例和百官在司法過程中自由裁量的餘地。自漢魏之際到盛唐四百餘年的法制領域，實際上出現了一個連綿不絶和逐浪高漲地强調法典作用和地位的歷史運動，作者稱之爲“異峰突起”，也就是認爲這不是帝制時代的常態。這個脈絡大概是：從魏晉以來法典作用和地位的持續上升，至唐永徽二年及開元二十五年(737)臻於頂點。開元二十五年，制定法運動迅速跌落。法典修訂長期停滯。《律》《令》成爲具文，形形色色的敕例成爲司法過程中最爲重要的依據，安史之亂以後迅速滑落。歷晚唐五代及於宋初而再度向近乎秦漢舊式《律》《令》體制發展的軌道復歸。

唐代《律》《令》《格》《式》法律體系的形成，可謂自魏晉以來制定法運動的高潮。但是它始終没有解決法律權威性來源問題。法律只不過是統治的手段，而没有上升到君民共之的高度。君主隨時可以變法，唯一擔心的是“法既無常，則萬姓何所措其手足”。[②] 它没有得到全民的授權，僅僅是君權出於治理的需要進行的創制。在陰陽五行的學説中，“陽者，德也；陰者，刑也。故日蝕修德，月蝕修刑”。[③] 儒家對道德禮法的强調，從精神上又往往壓倒按照《律》《令》進行國家治理；從統治合法性來説，儒家的天命學説中，也並没有法律存在的空間。北魏太武帝所説的“法者，朕與天下共之”，只不過是君權自我約束的一句虚詞。甚至在儒家話語裏，“好法術”“貴刑名”都不是最好的統治手段，甚

① 《新唐書》卷56《刑法志》，第1408頁。
② 《舊唐書》卷89《狄仁傑傳》，第2886頁。
③ 《魏書》卷35《崔浩傳》，第816頁。

至往往含有貶義。

帝制時代,實際上對法律的尊重,依靠的是王者的自我約束,所謂"忍小忿而存大信",不要用王言代替法律。唐太宗强調法律的嚴肅性,抑制"朕即法律"的衝動,他説:"朕比來臨朝斷決,亦有乖於《律》《令》者,公等以爲小事,遂不執言。凡大事皆起於小事,小事不論,大事又將不可救。社稷傾危,莫不由此。"①太宗的做法延續到高宗,終於形成了《律》《令》《格》《式》的法律體系。但是這並非是法律淩駕於君權之上,而是君主出於維護統治(社稷)的考慮。君主仍然可以隨時破壞法律,甚至連大臣們也覺得並無不妥。這也顯示出律令制的脆弱性——君權隨時可以侵蝕法律的權威,以王言代替律條。就如貞觀朝大臣戴冑所説:"法者,國家所以布大信於天下;言者,當時喜怒之所發耳。"②

《律》《令》《格》《式》體系的正常運行,一個重要前提,是唐太宗所説的"詔令必須常加審定"的原則。(第656頁)也就是説,要及時删定編纂後續下達的敕例,保證敕例能够及時變成法典的一部分,保證其權威性,同時適應新的形勢發展。但是玄宗以後這一工作嚴重停滯,大量敕例不斷出現,衝擊之前法典的影響力和權威性。敕例不能上升爲法典,形勢發展又需要新的法律規定,於是法律的實用主義壓倒了法典的穩定性,導致了律令制的瓦解。這其實也正是君權(敕例)對法律體系的侵奪。到了唐後期,敕例已經居於首要地位,而法典只能起到輔助作用。律令制在技術上的早熟,並没有從思想根源和權力體制上得到配套支持,隨著盛唐的崩潰,也就煙消雲散,帝制時代重新以敕例(王言)爲軸心立法。從思想意涵上説,實際上就是"朕即法律",至少法律體系的建設,要通過君主之口(王言)來制訂和頒布。"王言即法"的提法,讓法律始終没有上升到宇宙秩序層面的神聖性。它的來源是君權,是君主進行統治的工具,君主隨時可以根據情勢發展而變法。

作者也注意到政治體制變化與法律體系變化之間的關係。漢代到魏晉時期,文法吏的地位滑落。重大案件的裁決權收歸中央,不再像漢代郡縣長官皆可專殺。需要通過立法來指導全國的治理。魏晉南北朝隋唐時期,中央政府體

① 吴兢撰,謝保成集校:《貞觀政要集校》卷1《政體》,北京,中華書局,2009年,第35頁。

② 《舊唐書》卷70《戴冑傳》,第2532頁。

制最終發展爲三省六部制，行政體制的發展也帶來了法律體系的變化。唐《律》大半條文都是行政規範，《令》則正面規定各項行政制度。永徽以來的《格》《式》是以各類行政條例、禁限和範式來補充《律》《令》。盛唐以後，使職差遣大量出現，皇帝對各類政務直接控制，從而導出了宰相協助皇帝直轄六部諸司的金元一省制和明清閣部制。魏晉南北朝到盛唐的制定法運動也就此走向衰敗。

作者的研究爲我們提供了一個重新審視中古歷史演進的視角，也爲我們有關中古時代政治、社會變化的研究增加了新的層面。法律地位提高和魏晉南北朝時期的多元化或有關係。儒家處於潛流，貴族權對君權有所平衡，佛教强調的因果報應（類似法律的邏輯）籠罩在社會的各個角落，多種族的人口結構也需要一個相對一視同仁的法律體系。在這樣的背景下，《律》《令》的地位被抬高。但是這是中國古代歷史的"異峰突起"，並不是常態。一旦多元化走向終結，儒家思想復興，儒家禮法對法律多有侵蝕，法典的地位就走向衰敗，立法權主要由王言（敕例）來完成。唐宋之際法律體系的變化，也和當時的社會、思想、宗教的變遷緊密聯繫在一起，標誌著多元化的、世界主義的中古文明，走向了民族主義、儒家處於絶對主導地位的宋明清時代。

〔作者孫英剛，浙江大學歷史學系教授〕

《中外論壇》2021 年第 3 期
2021 年 9 月，第 217－236 頁

唐代禮法秩序再思考
——以高明士《中國中古禮律綜論：法文化的定型》《中國中古禮律綜論續編：禮教與法制》爲中心

楊曉宜

一、前　　言

傳統中國法制思想與制度之發展，先秦時期奠定法律思想、制定成文法典，隨著出土文書的發現，秦漢時期律令典籍重現於世，得以窺知中國早期傳統法典的内容綱要。歷經東漢末戰争頻仍、大帝國統治分崩離析，魏晉南北朝時期加入漢文化、胡文化等多元法制思想，延續了秦漢法典特色，開啓另一個法制史發展的新面貌。所謂“中國中古時期”，指東漢末、魏晉南北朝至隋唐，歷經多個朝代、多元的文化思想，法制發展特色值得關注。如樓勁先生提出中古時期“制定法運動”，真正的變革就是曹魏時期編《新律》，重新整頓“律”，繼而西晉《泰始令》的改變和法典化，另編《故事》與律令協調，保障律令的穩定性和嚴肅性。① 魏晉南北朝帶動制定法運動，影響隋唐法文化的定型與法典編纂。如隋唐法典篇目順序與結構，《魏律》《泰始律》《梁律》都將賊、盜、詐僞、毀亡等一般犯罪行爲置於前半部，而《北齊律》《隋律》和《唐律》皆置於後半部，在規範個人犯罪行

① 樓勁：《魏晉南北朝隋唐立法與法律體系：敕例、法典與唐法系源流》第 12 章《中古“制定法運動”與“法律儒家化”歷程》，北京：中國社會科學出版社，2014 年，第 629—749 頁。

爲方面,唐律延續《泰始律》的律令體系,篇目結構主要效法《北齊律》,融合了不同文化與法律思想。此改變要點結合皇帝統治秩序觀在法典上的改變,篇章安排越趨於統治重要性之輕重的特色,著重在皇權的維護、治官、治民與國防。①

法典編纂背後離不開當朝文化思想與法律邏輯架構,以唐代禮法秩序爲思考綫索,參考高明士先生《中國中古禮律綜論》與《中國中古禮律綜論續編》,可重新審視中國中古時期的禮法問題。此兩本專書結合中華法系特色,闡述中國中古時期的法律思想、文化、制度、教育等,通過全面性的視角使讀者瞭解中古時期的法制與禮文化的關係。高明士先生爲台灣大學歷史學系名譽教授,留學日本東京大學,師從池田温先生,長期研究隋唐禮制、法制、教育文化等,甚而擴展至東亞文化圈的討論,奠定深厚的研究實力。高先生在台灣創立"唐律研讀會",結合傳統中國禮文化與法律思想,輔以現代法概念,帶領中青年學者、學生研讀唐宋法典,培育隋、唐、宋之法制史研究群體。② 在此研究背景下,出版數十部重要學術著作。

本文例舉近期出版之禮律研究著作,綜合討論高先生"禮法秩序"之建構與反思。其一爲《中國中古禮律綜論: 法文化的定型》,分爲簡體字版(北京: 商務印書館,2017 年)與繁體字版(臺北: 元照出版有限公司,2014 年),本文采用商務印書館 2017 年版。高先生建構中國中古時期"法文化定型"的諸多面向,從中古禮律的法制化到隋唐禮制、法制,充分討論法文化的構成要件與歷史發展背景。其二爲《中國中古禮律綜論續編: 禮教與法制》(臺北: 元照出版有限公司,2020 年),拓展研究視角,結合學校教育的討論,以禮法爲基礎,進一步説明隋唐時期禮律的發展經過。在禮教方面,從鄉飲酒禮、下馬碑的設立、書院祭祀空間等,分析隋唐時期乃至東亞文化圈的學校教育、禮文化之空間建構,帶來耳目一新的研究

---

① 楊曉宜:《唐代司法官員的法律秩序觀——以法典行用與斷案場域爲中心》,台灣大學歷史學系 2017 年博士學位論文,第 35—37 頁。

② 唐律研讀會概略爲四階段: 第一階段爲 1994 至 2011 年研讀《唐律疏議》。第二階段伴隨著《天一閣藏明鈔本天聖令校證附唐令復原研究》的出版,2007 至 2009 年研讀《天聖令》。第三階段爲 2014 至 2017 年,研讀唐代判文,再次集結各方研究成員,通過唐代判文的解讀與細緻分析,從而開啓法制史另一個研究面向。第四階段從 2017 年開始研讀《宋刑統》中所載唐末五代的敕節文,將目標放在唐律的繼受與演變,尤以重視唐宋之際法制體系的變化。參考楊曉宜《近十年(2008—2018)台灣有關唐代法制史研究概況與展望》,《中國唐代學會會刊》第 24 期,2018 年,第 162—164 頁。

觀點。本文以高先生兩本專著爲主軸，在禮、律、教育、秩序觀等面向，討論魏晉至隋唐禮法文化之變遷與延續，可謂跨朝代且涉及多元歷史研究課題。

二、《中國中古禮律綜論》及其續編

《中國中古禮律綜論：法文化的定型》分爲上、中、下三篇，共有十六章，詳盡討論中古時期的禮律發展與法文化之確立。上篇爲“中古禮律的法制化”，説明中古時期的制禮、禮主刑輔的確立、東亞法文化中的“平”、皇家宗廟的祭祀禮儀、武則天與婦女地位的討論、義合與義絶等。中篇爲“隋唐禮制的探討”，綜論隋代制禮作樂、唐武德到貞觀禮的成立、敦煌官方的祭祀禮儀。下篇爲“隋唐法制的探討”，包含唐律研究、家與家長、《貞觀律》中的捕亡律與斷獄律、永徽東宫諸府職員令、《天聖令》與唐宋變革、唐代《法例》等。最後爲附録，整理台灣近五十年法史學研究趨勢。高明士先生在“導論”指出中國中古的禮律就是儒學的實踐，主要成分爲德、禮、政、刑。廣義而言，德禮爲國家社會倫理的道德秩序，政刑爲國家社會組織的政治秩序；狹義上，以禮代表德禮，以律代表政刑，[①]從國家組織到個人法益，乃至文化活動的組成皆包含其中。以禮建立差序，以禮制定律令，以此設教，使法變成倫理化、道德化。高氏以禮律爲基礎，討論“家與社會”“國與天下”之組成，達成治平理想，君臣共建禮律秩序。[②]

“法文化的定型”可謂本書論述主軸，討論中古時期法文化的歷史演變與確立，即法典儒家化之特色。瞿同祖先生認爲傳統法的内部組成，如法律思想、法律内容、法律對人民的影響等，以“統治者理念”爲核心，將禮法結合的法律精神，在於確立三綱五倫的統治方式，[③]誠如高明士先生提到“禮主刑輔、失禮入刑”的立法原則，配合喪服制確立身分差别，制定不同身分的犯罪行爲與處罰，可謂“律令法典的儒教化”。[④] 高氏通過中國立法原則的角度，分析法文化與法

① 高明士：《中國中古禮律綜論：法文化的定型》，北京：商務印書館，2017 年，第 1—2 頁。

② 高明士：《中國中古禮律綜論：法文化的定型》，第 7—9 頁。

③ 瞿同祖：《法律在中國社會中的作用：歷史的考察》，氏著：《瞿同祖法學論著集》，北京：中國政法大學出版社，1998 年。

④ 高明士：《律令法與天下法》，臺北：五南圖書出版股份有限公司，2012 年。

思想之内涵。先論述漢唐之間立法原理由“禮刑合一”到“禮主刑輔”的過程，此階段正是非定型的法文化，唐代以後法文化才真正定型。雖是未定型之法文化，但來源是上古時期“明德慎罰”及“德爲禮之本”的概念，防止犯罪先由禮教入手，以治心爲始，正是德禮的基礎。此概念影響漢代儒者，如董仲舒《春秋決獄》用經義斷獄，以德禮爲主，刑罰爲輔的概念，乃是對孔孟學説的具體落實，更是傳統法文化的立法張本。後漢和帝時，陳寵奉命整理律令，以禮刑相爲表裏，失禮則入刑，這就是典型的禮刑合一論，其原則爲“務從寬恕”，正是儒家經典之基本精神。兩漢禮刑合一原理的運用，到西晉泰始律令制定，明顯改爲“禮主刑輔”原理，可謂儒家化的法典，具有恤刑寬仁的精神；隋唐時期，“禮主刑輔”原理更加完備，法制上確立以禮爲常經、刑爲變則的原則。高氏主張法律有一套儒家化的發展與規則，尤以儒家學者爲核心的編撰理念，使傳統法典具有儒家思想、禮教精神的特色。①

延續法文化定型的論點，高明士先生結合“禮教”與“法制”兩大主軸，另出版《中國中古禮律綜論續編：禮教與法制》一書，共有九章，附録三篇。禮教篇方面，關注學校制度與禮儀的展現，由此呈現“禮”的落實空間與神聖性，如執行學禮中的鄉飲酒禮、謁聖禮、謁聖試、書院祭祀空間，以及下馬碑形構的聖域空間。“禮”原爲抽象概念，通過禮儀的實行與教育活動，建構出神聖性空間。下馬碑是聖域的起點，禮教意義大於法律禁制，亦是教育學術活動追求的歷史累積成果。學校設有孔廟，凸顯儒學教育的力量，配合廟制建立祭祀制度，學校在王城之内，另外設立“聖域”，也是傳統讀書人的庇護所。② 此外，從中古時期官學祭祀活動到宋代書院的祭祀空間都具有教育作用。法制篇方面，延續《中國中古禮律綜論：法文化的定型》之論點，再論“失禮入刑”形構的禮秩序，從“家之家長、尊長角色”“學之師生關係”“軍禮”等觀察點，分析如何將禮納入法律，並將失禮行爲視爲違法，再配合刑罰的運用，以達到教化功用，進一步説明禮制

① 高明士：《中國中古禮律綜論：法文化的定型》第2章《法文化的定型：禮主刑輔原則的確立》，第31—74頁。

② 高明士：《中國中古禮律綜論續編：禮教與法制》第2章《謁聖禮、謁聖試與下馬碑——東亞科舉與聖域的另一章》，臺北：元照出版有限公司，2020年，第69—97頁。

與學校教育、家族的對應關係。禮是遵循天地的自然法則,規範人間秩序;律是將人間秩序予以强制化。[①]

"法制篇"也論及唐代身分制社會,包含政治身分的等差秩序,"丁中制"的落實,或以年紀,或以身高作爲界定標準。另有社會身分的等差秩序,傳統五倫(父子、君臣、夫婦、長幼、朋友),即血緣與非血緣(義合)族群之區别。在身分制社會中,户籍是重要的認定標準,如《唐律疏議・名例律》55 條有關唐代籍年與貌定等官方統整户籍的規定。唐代户籍三年一造,由縣衙記録、整理,至州衙依式勘造,再送尚書省。運用豐富的敦煌吐魯番文書與《法例》所載實例,研究唐代如何進行"貌閲",配合租税制度與丁中制,通過户籍徵收徭役與田税。[②] 最後從敕禮與律令位階問題討論"唐宋變革",晉唐律令制是政治法制化,教化意義大於刑治,律文簡約,令典系統化,具穩定性與强制性。唐代後半期因政局改變,爲適應多變環境與社會,敕格節文成爲權宜法制,以格敕代行律令,發揮臨時應變之功效,條文繁密。宋代延續格敕實際應用的特色,加上君臣重視法律,時常頒行法典。[③] 此可與《"天聖令學"與唐宋變革》一文相呼應,[④]高氏推論唐宋變革下限應是在《天聖令》《天聖編敕》頒行時,即宋仁宗天聖十年(1032),呈現出唐令與宋令的差異性,許多唐令被删除,不再行用,改用新令,視爲唐宋變革論之重要依據。

綜論《中國中古禮律綜論》及其續編兩本專著内容,如下圖"唐代禮法秩序結構圖",呈現其結構與思考邏輯:以唐代皇帝、皇權爲最高主體,建構大帝國的統治理念與秩序觀。在禮法基礎上,唐代的禮法秩序由内而外可分爲三大主軸:一爲國與家的對内秩序;二爲學禮中的聖域空間;三爲對外秩序。第一主軸爲"對内秩序",有國、家之分,涉及禮與法的規章制度,從基層社會到中央皇權建構唐帝國的統治秩序。高明士先生從皇家宗廟祭祀象徵"國"的意義,討論到"家"的基本構成。"家"是帝國最基本的組成,統治者通過

① 高明士:《中國中古禮律綜論續編:禮教與法制》第 5 章《再論禮律——以"失禮入刑"爲例》,第 125—171 頁。

② 高明士:《中國中古禮律綜論續編:禮教與法制》第 8 章《唐代的籍年與貌定》,第 245—258 頁。

③ 高明士:《中國中古禮律綜論續編:禮教與法制》第 9 章《敕禮與律令位階問題探討——兼論"唐宋變革"在法制的意義》,第 259—324 頁。

④ 高明士:《中國中古禮律綜論:法文化的定型》第 15 章《"天聖令學"與唐宋變革》,第 514—545 頁。

“禮”規範身分之親疏差異，再經由“法”落實賦税、户籍、丁中制、刑罰等制度。《唐律中的家和家長責任》[①]説明國家通過家長進行個人人身支配，配合户籍制度與管理，實施國家統治原理。父權家長制是由國法賦予其權利，同時擔負著義務和責任，在唐律中可見“家人共犯止坐尊長”、祭祀祖先、教養子孫、申報户口、賦税服役、主婚權等，多少受到國家法律的制約。這套家長制也配合地方行政的管理機制，尤其是户籍管理、人口調查、賦税等，都是由基層縣衙、村正、里正、鄉正調查與整理，再送交州衙。從中央到地方的管理機制，呈現出禮法秩序的構成與實踐，由上至下，層層遞進。若有司法糾紛，也是由州縣負責審理，重大案件再交由中央刑部和大理寺作最後判決。唐帝國的對內秩序主要是由户籍的“家”形成的社會體系，配合地方官吏與行政機構的管理，實踐禮、法的規範。

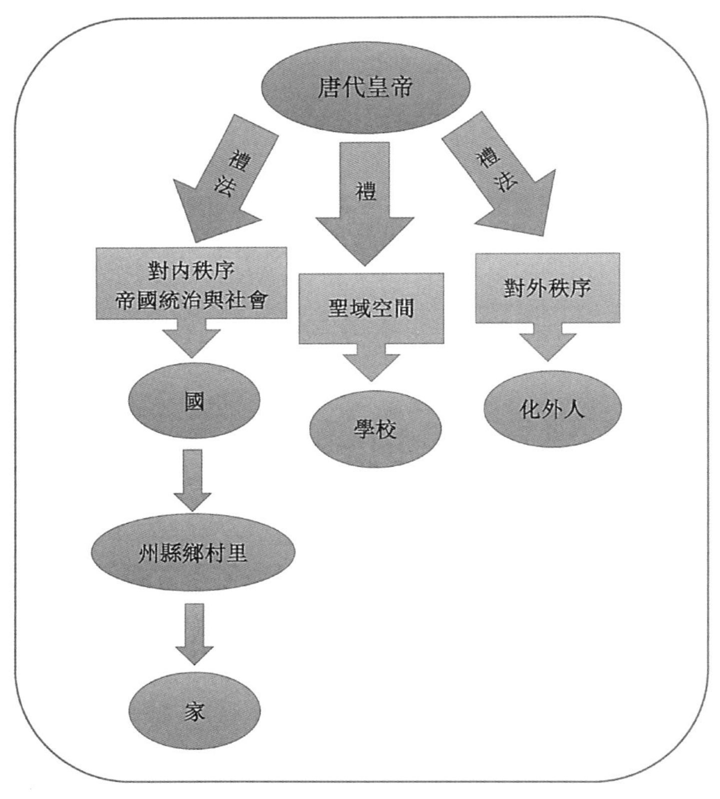

圖 1　唐代禮法秩序結構圖

① 高明士：《中國中古禮律綜論：法文化的定型》第 12 章《唐律中的家與家長責任》，第 413—450 頁。

國家統治的對内秩序强調禮法實踐的成效,將理想具體化,通過法的執行,配合家長制與地方行政管理來落實。中古時期的中國除了將禮法的理想用以實踐政治統治,也包含教化中的禮規範。禮之表現主在教化,《中國中古禮律綜論續編》另立"禮教篇",集中討論中古時期對於學禮、禮教的實踐,這是過去法制史研究較少關注的部分。高氏以學校教育爲論述主軸,提出"聖域"空間的説法,此爲第二主軸,實爲新穎也值得重視。學校扮演教化的角色,主體爲"禮"的實踐,涉及"法"的部分較少。如分析隋唐鄉飲酒禮的建制過程,以此作爲生徒業成向中央貢士的禮儀,將鄉飲酒禮與貢舉制結合。此外,唐太宗以後將廟學制推行至地方基層,確立以聖廟爲學校中心地的制度,也越加重視以聖廟爲主的祭祀之禮。[①] 中古時期的禮教文化也影響東亞科舉文化與聖域的形成,高先生實地考察中國大陸、中国台灣,韓國、日本、越南等地的孔廟或宗教聖地,發現不少下馬碑踪迹。從下馬碑開始進入學校大門、教學場所、祭祀中心,皆視爲"聖域"所在,此禮教文化可謂東亞文化圈形構的共同點之一。[②] 聖域空間從官方學校發展到書院,漢武帝設立五經博士、興太學,學習經書與禮儀,舉行釋奠之禮,祀聖師周公、孔子,而後移除祀周公之禮,確立供奉儒者的文廟體系。東晉孝武帝在國子學西邊建孔子廟,即廟學制首見。北齊開始將廟學制推行地方,真正確立是在唐太宗貞觀四年(630),廟學制推行到地方官學的州學與縣學,此制延續至清代。北宋初期書院也出現廟學制,宋代書院因接受政府贈書與學田,使私學書院具有半官方性質,進一步將廟學制帶入書院。祭祀聖師、聖賢的教化活動,使教育理想具體化,也具有人格教育與文化傳承的歷史意義。[③] 中古時期聖域空間的確立,不同於國家統治之下的對内秩序,它的構成主體是禮與教化,著重在行禮與教學活動的結合,落實"禮"的規範。

第三主軸爲"對外秩序",如《唐律疏議·名例律》規定"化外人"身分,若同

---

① 高明士:《中國中古禮律綜論續編:禮教與法制》第 1 章《論隋唐學禮中的鄉飲酒禮》,第 43—68 頁。

② 高明士:《中國中古禮律綜論續編:禮教與法制》第 2 章《謁聖禮、謁聖試與下馬碑——東亞科舉與聖域的另一章》,第 69—97 頁。

③ 高明士:《中國中古禮律綜論續編:禮教與法制》第 3 章《書院祭祀空間的教育作用》,第 99—111 頁。

爲化外人相犯,依本俗法斷之;若爲異類相犯,依唐律斷之。高先生認爲隋唐皇帝在立法上展現民族和諧的法理,即天下人都是中國皇帝臣民,藉由人倫關係表現出和諧性。尊重蕃夷之國的風俗,不改變其習性、俗法,在中國境内相犯,也有相對應的司法機制。[①] 在《律令法與天下法》一書,高先生有較清楚地闡述中古時期對外秩序的建構,分析傳統中國令典的發展與傳承過程,隨之出現七、八世紀東亞法文化圈,其共相就是“以禮入律”。律令法適用於中國本土,即律令格式制度的建立,實施個别人身統治;而中國以外的天下,因古代經典的傳承與影響,有另一套政治秩序的運作原理,又可稱爲“天下法”,主要實施君長人身統治。此論述架構將唐帝國納入天下統治的概念,法典秩序觀分爲國内法與國外法兩種,隨著經典流傳形成中華法系。《中國中古禮律綜論》有幾篇論文提及東亞共同的禮法文化,如“平”在東亞傳統政法中的運用,在《三國史記·百濟本紀》《舊唐書·東夷·百濟國傳》《高麗史》《日本書紀》或越南頒行法典(以唐律爲參考藍本)中可看到“和平”是東亞政刑共同的理想境界。[②] 此外,高氏運用日本的法律文獻比對唐代法律的影響,分析日本《令集解》所見唐代《法例》實例,其中二例屬於唐代《永徽令》的《户令》内容,[③]由此可知唐代律令傳入日本,法律判例亦是如此,甚至用於解釋令文的依據,可謂東亞文化圈在法律發展上的共同特色。

高明士先生從三大主軸討論中國中古時期的禮法秩序,論述框架清楚、思考邏輯縝密,精細地論證史料,運用多元史料,包含敦煌吐魯番出土文獻、墓誌資料、其他外文文獻等,配合實地考察與研究,充分展現其研究實力。綜論兩本專著架構與内容,不論是史料考證或思辨邏輯推理等,均展現出高水準的分析能力,應給予相當高的評價。整體而言,高明士先生兼具多元研究視角,試圖建構與以往不同的論述架構與詮釋角度,結合禮制史、法制史與學校教育史,開啓中國中古史研究的新面向。

---

① 高明士:《中國中古禮律綜論:法文化的定型》第 2 章《法文化的定型:禮主刑輔原則的確立》,第 67—71 頁。

② 高明士:《中國中古禮律綜論:法文化的定型》第 3 章《東亞傳統法文化的理想境界——“平”》,第 95—102 頁。

③ 高明士:《中國中古禮律綜論:法文化的定型》第 16 章《關於唐代〈法例〉書》,第 554—562 頁。

三、唐代禮法秩序之建構

以“中國中古禮律綜論”爲研究主軸，既可呈現“禮”與“律”的特色，也能將相關課題并入討論，就“綜論”而言實爲適當。《中國中古禮律綜論》及其續編，乃是高明士先生長期研究中國禮制史與法制史的成果結晶，數十篇論文集結成兩本專書，内容相當豐富。但集結多篇論文的過程中，不免出現重複性的論述内容，加上“禮律”爲研究宗旨，數篇文章前述皆是以此爲開端，容易有重複的問題。如《中國中古禮律綜論》在《導論》中已説明中國中古時期的禮律爲儒學的實踐，明確勾勒出研究主題，後面數篇文章可根據此論點開展相關論述，將“禮律”的基本論述略作删減。又如《中國中古禮律綜論續編》在《導論》中已清楚説明傳統法文化的情理平恕，以及律令與禮刑的關係，爲讀者建構完整的論述架構，後面篇章也可將相關部分略爲删減，則讀者閱讀時能更清楚抓到本書重點。

在禮律(法)問題上，[①]綜觀兩書强調“禮爲理想、法爲實踐”，高氏强調禮的重要性大於法。中古時期法典有儒家化的傾向，將“禮”納入法典，或有“禮主刑輔”的論點等，但在法典的編纂與落實上，法的重要性爲何？禮占有主導地位嗎？傳統中國法典的内容組成與思想爲何？對此，張中秋先生認爲傳統中國法即“道德原理”，它融合儒、法、道三家的思想，德禮爲儒家，刑罰爲法家，昏曉陽秋爲道家。核心理念就是“道”，它是德的表現，兩者相輔相成。在法律的論證中，指出三大論點：(1) 法律追求善治，以教祇德，以博愛的精神制定、貫徹法律。(2) 三綱五常包含仁、義、禮、智、信之五德，“仁”體現出慎刑與恤刑的寬宥制度；“義”表現利他的道德意味；禮代表“禮法合一”，即天理→情理→法理的合一；“尊智”表明身分差别，同罪不同罰；“信”表示法律的誠實信用。(3) 結合情理法的傳統法特質，説明人們對傳統法的認識與評價。張氏比較中、西方對於道德、秩序的看法，從和諧社會出發，分析中國的群體社會觀與西方個體自我追

① 在本文論述中將“律”視爲“法”，稱爲禮法秩序。

求的差異性。傳統中國强調道德的本質,使法生善性,内含仁義精神,使傳統中國法追求整體利益與社會和諧,成爲其終極目標。[①] 傳統中國法典不僅有禮與法的組成,也包含"道"的思想,達到長治久安的"和諧",高先生在書中也特别提到和諧社會的概念。

若法典具有禮、法、道的綜合思想,在禮與法之間,孰輕孰重?"禮法秩序"所指爲何?高明士先生認爲傳統法文化是儒學的實踐,禮是核心思想,是貫通整部法典的普遍性規則。梁治平先生認爲"禮法"是道德化的法律、法律化的道德,是法律與道德合一的混合物。它只有一種判斷標準,就是善與惡,故法律實際只是賞善懲惡,全部的社會生活通通被包含在其中,稱爲"禮法秩序"。[②] 此外,高氏在《再論禮律》提到"失禮入刑",[③]可比對張氏對於"出禮入刑"提出的兩大現象,[④]一爲道德訓誡具有法律的威勢,雖附加於刑罰以實踐道德,實際上所要求的是人心而非行爲,取消人們選擇惡的自由,如春秋決獄的審理方式;[⑤] 二爲法律規範道德的職能,以《名公書判清明集》爲例,提出官府在引用法條作判決時,也會運用道德規範,如婦女財産問題、立繼與否的家産分配、聽訟陋習的禁絶(主在息訟)等,在成文法底下仍有變通的空間。

禮是道德的展現,通過法律來實踐。高明士先生提出中國中古時期是"禮主刑輔"原則的確立期,可見其對於"禮"的重視,尤其是禮在法律、學校教育、國家統治等方面的重要影響。但禮與法的運用與實踐究竟爲何?如何思考"禮主刑輔"?對此,黄源盛先生强調"禮本刑用"的概念,禮是刑的精神真諦,刑以禮爲指導原則,刑又以强制手段維護禮的尊嚴,不完全是"禮主刑輔"。黄氏比較

① 張中秋:《傳統中國法的道德原理及其價值——以〈唐律疏議〉爲分析中心》,黄源盛主編:《唐律與傳統法文化》,臺北:元照出版有限公司,2011 年,第 393—418 頁。

② 梁治平:《尋求自然秩序中的和諧:中國傳統法律文化研究》第 9 章《禮法文化》,第 249—284 頁;同書第 10 章《禮與法:道德的法律化》,第 285—312 頁;同書第 11 章《禮與法:法律的道德化》,第 313—360 頁,臺北:臺大出版中心,2011 年。

③ 高明士:《中國中古禮律綜論續編:禮教與法制》第 5 章《再論禮律——以"失禮入刑"爲例》,第 125—171 頁。

④ 梁治平:《尋求自然秩序中的和諧:中國傳統法律文化研究》第 11 章《禮與法:法律的道德化》,第 313—360 頁。

⑤ 梁治平:《尋求自然秩序中的和諧:中國傳統法律文化研究》第 10 章《禮與法:道德的法律化》,第 285—312 頁。

偏向"儒學法律化"的論點,儒者奉儒家爲正統,編法典時將禮的規範納入法條之中,"禮"由儒家言之,實爲一切"規範"的總稱。如罪刑因身分而異、據禮釋律的運用,可看到法條所規定的"合理",就是"合禮教"的依據。"禮本刑用"的基本精神可分爲(1) 義務本位:維持社會的和諧良善關係。(2) 家族主義:注重倫常禮教,融合家族禮制思想。(3) 男權中心:夫與妻之間身分的差别。(4) 道義責任:如三赦、三宥,即恤刑特質的表現。不僅强調禮的重要性,在於揉合禮與刑相輔的方式,並藉此突顯倫常規範與道德規範。①

傳統中國法的特色是"禮刑並行",所謂"禮"就是一種社會的規範或秩序的維持者,通過法典將"禮"具體化,闡明統治者與法律運用之間的關係。馬若斐(Geoffrey MacCormack)先生試圖跳脱"法律儒家化"的框架,"儒家思想"與"禮"是社會長期發展的結果。② 法律條文的形成有其歷史背景,因社會的需要或習俗産生各項規定,絶非單純地某一學説所能控制。禮本刑用的概念清楚界定法律與禮教之間的關係,統治者在執行刑罰時所具有的權威性,通過法律的手段達到長治久安的社會秩序,法律是治國的運用,而德禮是道德實踐的名義,兩者並行,相互影響。

隋唐時期是否確立"德主刑輔"(或禮主刑輔)的原理? 根據《隋書·刑法志》曰:"始乎勸善,終乎禁暴,以此字人,必兼刑罰。"③所謂"德刑並行",先以德禮宣導教化,若無法有效控管社會秩序,再予以刑罰的手段。"始乎勸善""必兼刑罰","德刑"彼此間只有先後順序,而没有明顯看到主從之分。若爲德主刑輔的原則,那理當是以德禮之根本與影響層面爲重,而刑法只是一種輔助工具,居於德禮之次的地位,從《隋書·刑法志》所述"德"與"刑",似乎兩者地位相當,只是運用手法的先後次序。此處僅就《隋書·刑法志》之法律書寫而言,並不完全推翻其他史料對於"德主刑輔"的觀點,《刑法志》以法律爲中心的書寫模式,呈現出禮刑並行之情況實屬無誤。

① 黄源盛:《唐律中的禮刑思想》,氏著:《漢唐法制與儒家傳統》,臺北:元照出版有限公司,2009 年,第 177—212 頁。

② 馬若斐:《重估由漢至唐的"法律儒家化"》,柳立言主編:《中國史新論:法律史分册》,臺北:聯經出版公司,2008 年,第 103—140 頁。

③ 《隋書》卷 20《刑法志》,北京:中華書局,1973 年,第 695 頁。

綜合而言，關於中國中古時期奠定的禮主刑輔原則與禮法秩序值得關注。高先生釐清禮與法之間的關係，强調禮的規範與思想，結合“禮主刑輔”的立法原則討論法典編纂與落實的影響。綜觀唐律條文與《刑法志》書寫模式，禮法之間孰輕孰重，難以清楚表明。在法典編纂中，可看到“禮本刑用”的特色，甚至法的重要性不亞於禮，所謂“和諧社會”也須通過法律來實踐。若從實用性的角度來看，法不見得低於禮，而禮也不一定占有完全主導地位。與其説“禮主刑輔”，或許更接近“禮刑並行”，没有所謂輕重之分，或許也没有何者爲主、何者爲輔之别。

四、對外秩序與化外人的法律問題

“化外人”的法律問題涉及唐代國際關係與不同國籍身分等課題，部分現代法學者認爲這是國際關係的歷史問題，但從歷史學角度來看，也涉及唐代的天下觀與禮法秩序。高明士先生從化外人的法律規定，闡述隋唐皇帝在立法上展現民族和諧的法理。唐律將化外人相犯的狀況，身分界定分成同類化外人（屬人主義）、異類化外人（屬地主義），猶如現代法規定，根據不同狀況予以懲罰。然而，唐律對於化外人的規定主要是因“民族和諧”的禮規範與天下觀嗎？還是法的意義與實用性比較多呢？

根據《唐律疏議・名例律》“化外人相犯”條：“諸化外人，同類自相犯者，各依本俗法；異類相犯者，以法律論。”①本條規範化外人在唐境内違法，司法官員可視狀況進行適當的審判。若爲同類化外人違法，則依據他們自己的習俗法規斷案；若違法者屬於不同國籍的化外人，則根據唐律斷案。關於唐代“化外人”身分界定與司法審判有三要點：（1）化外人在政治關係上是分屬於各“蕃夷之國”之君長，而非直屬於中國皇帝。直屬於中國皇帝者乃中國郡縣之民，他們是“化内”之人。（2）化外人保有自己的風俗，不受中國皇帝的教化。（3）化外人有自國的法律並受自國法律管轄，即“俗法”或“本俗法”。就編户齊民的角度思

① 《唐律疏議》卷 6《名例律》“化外人相犯”條，北京：中華書局，1983 年，第 133 頁。

考，化外人屬蕃夷國之人，其人乃"别立君長"，並無户籍，唐律是依據中國的户籍判斷化内人與化外人。在唐律中，化内與化外之分是"緣邊關塞"所構成的國境，唐律的相關規定與司法執行僅限於"國内"，即郡縣域内。① 結合"唐代禮法秩序結構圖"可知，禮法秩序之下分爲對内秩序與對外秩序，以中國皇帝的教化作用爲區分標準，所謂化内就是國内，以家爲單位形成的基層社會，配合地方行政機構的管理系統與户籍制度。而"化外"不只是非教化之内的人民，從實際的治政觀點來看，乃指非編户齊民之下的人民。由此觀之，本條結合禮之規範，具有教化與否、深淺的區分，實質上是國家制度與法律執行對象的限制，若爲同類化外人相犯則以其本俗法斷之。高氏言此爲民族和諧性的法理，比較著重在禮的理想表現，但法條本身更多的是司法操作上的實用性與合理性。

在唐代，同類相犯者依其國家的法律定罪，唐代官員面對化外人的犯罪問題，是否要了解他國法律内容？還是交由專門單位負責？目前史料尚無法確切表明各國俗法如何在唐帝國境内使用。但從宋代朱彧《萍州可談》所載史料可推測相關史實：

> 廣州蕃坊，海外諸國人聚居，置蕃長一人管勾蕃坊公事，專切招邀蕃商入貢，用蕃官爲之，巾袍履笏如華人。蕃人有罪，詣廣州鞫實，送蕃坊行遣，縛之木梯上，以藤杖撻之。自踵至頂，每藤杖三下折大杖一下。蓋蕃人不衣褌袴，喜地坐，以杖臀爲苦，反不畏杖脊。徒以上罪，則廣州決斷。②

若海外諸國人在廣州犯罪，交由蕃坊的蕃長審理，其中以穆斯林群體爲大宗，輕罪由蕃長斷罪定刑，可采用其本俗法，處以藤杖撻之。徒罪以上的案件，須交由廣州官衙審理。宋代化外人犯罪有輕、重罪之分，重罪者仍由地方官府審理，所用之法可能不是本俗法，而是宋法。

---

① 甘懷真：《從〈唐律〉化外人規定看唐代國籍制度》，《早期中國史研究》第3卷第2期，2011年。

② 朱彧：《萍州可談》卷2《守山閣》，《百川學海·丁集》，民國十六年武進陶氏覆宋咸淳左圭原刻本，第3—1～3—2頁。

唐代是否有此可能，我們不得而知。唐代外國人頻繁進入中國，如唐代有蕃客、域外商人、留學生、傳教者、外國人奴婢。爲因應所需，唐代應當設有專門機構負責他國法律的審理，可能有類似“蕃坊”的組織。掌管地方或中央的司法機構，也可能有安排熟悉他國法律的官員或翻譯人員，協助處理化外人的司法案件。在吐魯番出土文獻中，可看到譯語人在司法審理時參與翻譯的工作，處理化外人法律上的諸多問題。如《唐貞觀二十三年杜崇禮等辯辭爲綾價事》殘卷，記載杜崇禮在高昌縣與少數民族交易的過程中，因貨物價格問題而被官府勘問。又如《麟德二年五月高昌縣勘問張玄逸失盜事案卷》，案件當事人春香是奴婢，她被認爲是竊盜案的嫌疑犯，因突厥人身分，不通漢語，官府派出譯語人翟浮知，文書上有其畫押的指節痕迹。①

五、户籍制度與唐代社會秩序

《中國中古禮律綜論》及其續編在對內秩序方面，多篇論文提到“家”與“户籍制度”是帝國組成的基本要件，配合個別人身支配與禮規範，將每個人放在適當的位置，禮對於“社會”的影響就是人間秩序之規範。高明士先生强調在禮法之下，家中的家長、尊長須負擔一定的權利與義務，他們也被納入國家法律管制的一部分。爲了强化對於每個家的管理，除了法典規範，也有户籍制、丁中制等配套措施。對此，書中特别指出“貌閲”對於人丁管理的實施，如身高或年紀的界定方式等，高先生引用敦煌吐魯番文獻，舉出貌閲實例，提供讀者豐富的史料背景，清楚呈現貌閲如何運作、如何觀測人丁外表與實際年齡等。“敦煌文書所見籍帳貌定事例一覽表”，②清楚呈現唐代人在户籍與實際外表上的差異，推估出可能的真實年齡，對於唐史研究與社會秩序管理有很大的貢獻。唐代户籍除了用以徵税、人口管理、徵調服役，也包含地方治安的維護，其中“貌閲”就是一例，尤其是追捕犯罪人口或逃亡人口，追捕官吏須訪問坊正、村正、里正或鄉正，通過户籍資料搜捕逃犯，對於司法審理與地方治安有相當重要的影響，非僅是

① 陳若愚：《評〈永徽律〉“化外人相犯”條》，《成都理工大學學報(社會科學版)》2019年第5期。
② 高明士：《中國中古禮律綜論續編：禮教與法制》第8章《唐代的籍年與貌定》，第253頁。

户籍管理與丁中制的配合。

《唐律疏議·捕亡律》和《捕亡令》有追捕罪犯的法律規定，唐代緝捕犯罪者與逃亡者時，須有官方認可，發布緝捕令，即追捕罪犯之公文書。《天聖令》之復原唐令 2 規定："諸有賊盜及被傷殺者，即告隨近官司、村坊屯驛。"①若爲逃亡者或寇賊，"諸因及征防、流移人逃亡及欲入寇賊者，經隨近官司申牒"。② 當地有發生賊盜出没或一般犯罪案件等，須馬上通知附近官衙或里、村、坊，再由官衙審核後，發布緝捕令。《捕亡令》中的"申牒"，是由下往上發布行政公文書，由地方基層之鄉里向縣衙發布公文，或是縣衙向州府發布。上級單位審核通過後，再由基層人員負責追捕罪人。③《天聖令》之復原唐令 1 規定：

> 諸囚及征防、流人、移鄉人逃亡及欲入寇賊者，經隨近官司申牒，即移亡者之家居所屬及亡處比州比縣追捕。承告之處，下其鄉里村坊，令加訪捉。若未即擒獲者，仰本屬録亡者年紀、形貌可驗之狀，更移比部切訪。④

先向地方官府發出緝捕令，由官府派遣人員執行追捕。緝捕者根據緝捕内容，如查核户籍資料進行緝捕，到移亡者之家居所屬及亡處，比州、比縣追捕。

在追捕逃犯時，須結合州縣官衙與地方行政組織，通過户籍資料"貌定簿"所載個人外貌特質、年齡、性别、居住地址、同户居住者等，判定何者爲逃亡者，進而執行司法工作。如吐魯番出土文書之《唐趙須章等貌定簿(?)》：⑤

① 天一閣博物館、中國社會科學院歷史研究所天聖令整理課題組校證：《天一閣藏明鈔本天聖令校證(附唐令復原研究)》"復原唐捕亡令 2"，北京：中華書局，2006 年，第 550 頁。

② 《天一閣藏明鈔本天聖令校證(附唐令復原研究)》"復原唐捕亡令 1"，第 549 頁。

③ 楊曉宜：《唐代的捕亡制度》，新北：花木蘭文化出版社，2012 年，第 78—83 頁。

④ 《天一閣藏明鈔本天聖令校證(附唐令復原研究)》"復原唐捕亡令 1"，第 549—550 頁。另可參照仁井田陞《唐令拾遺·捕亡令第二十八》(東京：東方文化學院東京研究所，1933 年，第 728 頁)開元二十五年(737)："諸囚及征人、防人、流人、移鄉人逃亡及欲入寇賊者，經隨近官司申牒，即移亡者之家居所屬，及亡處比州、比縣追捕。承告之處，下其鄉、里、村、保，令加訪捉。若未即擒獲者，仰本屬，録亡者年紀、形貌可驗之狀，更移比部切訪。"

⑤ 唐長孺主編：《吐魯番出土文書》第 6 册《唐趙須章等貌定簿(?)》，北京：文物出版社，1983 年，第 446—448 頁。本件紀年已缺，推測是總章元年(668)到咸亨三年(672)之間。

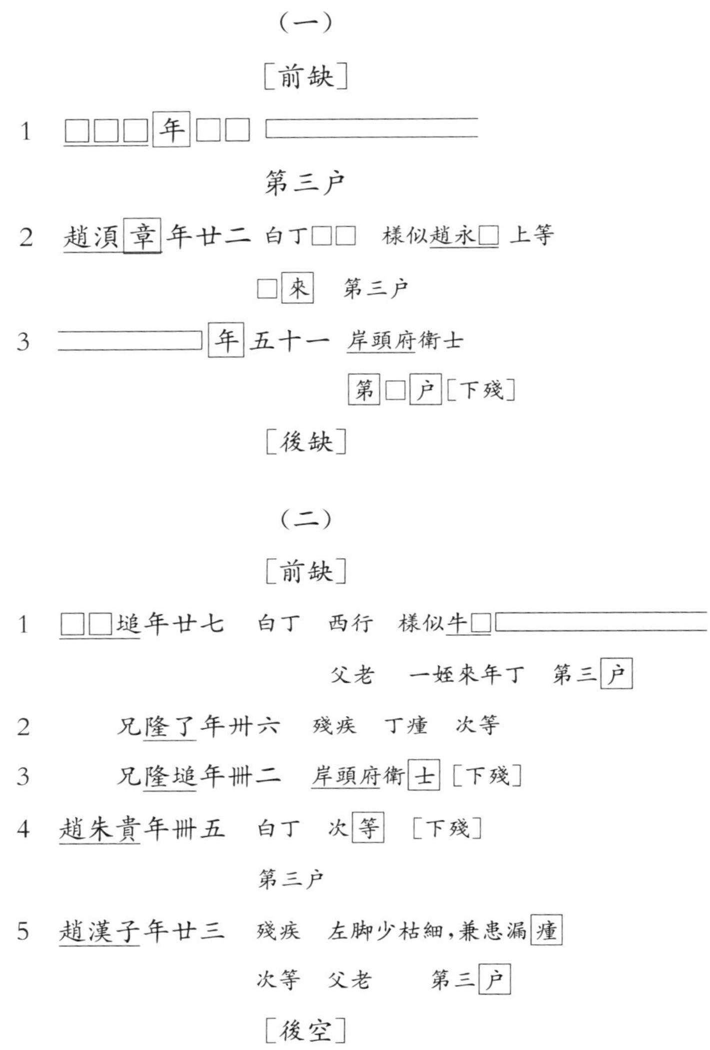

《吐魯番出土文書》所載“貌定簿”，記録相關人等資料，如户等、年齡、外貌、身體特徵、擔任職務、其他親屬資料等，連當事人的外貌，如樣似哪位，都有清楚的比對對象。殘疾之身的界定也有明確標準，如趙漢子的殘疾狀況爲“左脚少枯細，兼患漏瘇”。唐代緝捕者藉由地方官府提供之户籍資料、貌定簿，配合緝捕令所述當事人樣貌、年齡、居住地等，緝捕者可立即前往當事人可能出現之處，進行掩捕或訪捉。當發布緝捕令之後，唐代規定：“承告之處，下其鄉、里、村、坊，令加訪捉。”①將緝捕

① 《天一閣藏明鈔本天聖令校證(附唐令復原研究)》“復原唐捕亡令1”，第549—550頁。

内容公諸於基層行政單位,再由執法人員進行追捕。緝捕者根據户籍資料,於可疑之處進行訪問、查核、比對的方式,將罪犯緝捕歸案,有"訪捉"之意。[①]

綜合而言,唐代户籍規範了户與户長的法律責任與權利義務,配合籍年與貌定,將個人管理納入國家法律之中,是對内秩序的構成基礎。誠如高氏所述,貌閲乃因應丁中制,彼此環環相扣。唐德宗實行兩税法以後,改以資産爲標準,由個人人身統治轉爲户别統治的方式,對於刑案紀録也具有重要意義。高氏著重於户籍制與人身統治的因應措施,這套體制也可用於執行司法,如《捕亡律令》規定的緝捕方式,在没有相片的時代,如何依靠户籍與貌閲來界定人的特質,值得關注。現今社會使用人臉辨識來管理人口,早在漢唐時期已采用類似方式管理人丁或户籍,對於社會治安的維護有著重要歷史意義。

六、唐代學禮與聖域空間

《中國中古禮律綜論續編:禮教與法制》共有四章討論禮教問題,綜觀書名的研究主軸爲禮律,然"禮教篇"涉及學校教育、外在空間、祭祀活動、科舉考試等,主要是"禮"的部分,"法"的討論較少。因此,在"唐代禮法秩序結構圖"中,本文僅列出"禮"的影響,而没有法律。根據研究主軸來看,"禮教篇"是否適合列入本書,值得商榷,若是另立專書討論禮教與學校制度,其核心理念會較聚焦與清晰。

關於隋唐時期的鄉飲酒禮和學校祭祀空間的活動,高明士先生清楚闡述中國中古時期學校舉行禮儀的方式,書中所列多爲官方學校,實行對象爲國子監學生、州縣學生等,至宋初半官方性質的私學書院才漸漸帶入"廟學制"。在教育場所舉行禮儀可視爲謁聖賢的神聖空間,也是教學活動之一。除了官學行禮,其他私學有行禮的可能嗎?若私學有"行禮"儀式,可視爲聖域或神聖空間的一部分嗎?高先生在書中提到"聖域空間"理論僅用於官學,因刑律規定的受

① 楊曉宜:《唐代的捕亡制度》,第84—86頁。

業師不包含私學教師,所以書院或私學講所並不適用。但書院的先賢祠仿文廟而建,也有聖廟的存在,在一般人心中是神聖之地。[①] 若學校有行禮活動,甚至設有祭祀中心,不論官學或私學,此聖域空間或神聖之地如何界定? 是根據當朝禮法規定? 抑或是人心與文化傳統所形成抽象的神聖性?

《文苑英華·師學門》記載"聚徒教授"之唐代判文可作爲思考點,[②]判題:"甲聚徒教授,[③]每春秋享射,以素木瓠葉爲俎豆。"[④]本判之"享射"類似"鄉射禮",[⑤]由鄉大夫等地方官教民禮讓、敦化民俗,兼顧薦賢舉士。[⑥] 鄉射禮一般在官方學校進行,[⑦]常與鄉飲酒禮同時進行。本判題的設定是根據漢代劉昆的故事背景,這和唐代私學教授學徒的風氣有關,[⑧]私家講學的團體組織在中唐時期仍有影響,雖然規模變小,但在教學、科舉、授業、著録方面等,扮演著傳授功用。魏晉以後師道凋零,至唐代更甚,私家講學的學術團體配合科舉之用,仍發揮一定影響力,成爲當時的學風特色。[⑨] 其中"師道"與德禮教育的衰弱是值得重視的問題,這和唐代學風、政治有所關聯。本判列爲"師學門",著重於尊師重

① 高明士:《中國中古禮律綜論續編:禮教與法制》第2章《謁聖禮、謁聖試與下馬碑——東亞科舉與聖域的另一章》,第83—84頁。

② 楊曉宜:《唐判研讀舉隅(一)——以〈文苑英華·判〉"師學門""刑獄門""爲政門"爲例》,《中國古代法律文獻研究》第11輯,2017年,第250—260頁。

③ 本判典故出自《後漢書》卷79上《劉昆傳》(北京:中華書局,1965年,第2549—2550頁):劉昆於王莽時期,教授弟子五百餘人;每春秋饗射,常備列典儀。劉昆懼禮廢,故以素木瓠葉爲俎豆,桑弧蒿矢,射則歌菟首之詩。每有行禮,縣宰皆率吏屬觀之,王莽以爲劉昆聚徒私行大禮,有僭上之心,故縶之入獄,後因王莽敗亡得免。建武年間,教授於江陵,在弘農太守任内大行仁化之治,更教授皇太子及諸王小侯五十餘人,桃李滿天下。

④ 李昉等編:《文苑英華》卷509《師學門·聚徒教授判》,北京:中華書局,1966年,第2606頁。

⑤ 鄉射禮的核心活動是三番射,兩組射手之間的三輪比射。司射從州學中挑選六名德才兼備的學生,將射藝相近者兩兩配合爲一組,一共三組。每番比射,射手各發射四支箭。而後爲旅酬,是射禮的餘興節目,從身分高的人開始,依次向下進酬酒。最後二位受酬者站在西階上,依尊卑之序向堂下的衆賓酬酒,直到全部輪遍。堂上堂下的音樂或間或合,歌奏不已,盡歡而止。參顧濤:《中國的射禮》,南京:南京大學出版社,2013年。

⑥ 杜佑《通典》卷77《禮典·軍禮二·天子諸侯大射鄉射》(北京:中華書局,2012年,第2104頁):"鄉射,地官鄉大夫各掌其鄉之政,正月之吉,受教法於司徒。"

⑦ 鄉射禮的地點是在州的學校"序"。射位在序的堂上,地上畫兩個空心的十字。侯,設在堂正南方三十丈遠的地方,侯的左前方有一曲圓形的皮制小屏,是報靶者的藏身之處,叫做乏。一切準備完畢後,司射彙報於賓,賓宣布射禮開始。參顧濤:《中國的射禮》,第85—89頁。

⑧ 關於唐代私學類型,高明士分爲四大類型:一、以私學爲終生志業者,此類爲數少。二、先從事私學,後進入官宦身分者。三、任官兼任私學教授者。四、因官場不順,而教授私學。參氏著:《中國中古的教育與學禮》,臺北:臺大出版中心,2005年,第424—425頁。

⑨ 高明士:《中國中古的教育與學禮》,第434—443頁。

道、德禮教育、勤勵學習的態度與培養，帶有濃厚的儒學氣息與重視禮的規範。

關於私學聚徒教授的實例，魏晉隋唐時期皆有之。如《隋書·包愷傳》："大業中，爲國子助教。……聚徒教授，著録者數千人。"①《舊唐書·曹憲傳》："仕隋爲祕書學士。每聚徒教授，諸生數百人。當時公卿已下，亦多從之受業。"②《舊唐書·王義方傳》："博通五經，而謇傲獨行。……秩滿，家於昌樂，聚徒教授。"③私家講學者具有深厚的學識背景，如博通五經、精諸家學説、世以儒術顯、篤志好學等特質，師者的個人風範吸引衆多學徒聞名而來。若私學講授學業，舉行射禮、鄉飲酒禮等行爲，唐代官方是否有所限制？若允許行禮，則私學也是"禮"規範之下的神聖空間嗎？雖然唐代設定的學禮、廟學制等，理論上僅限於官方學校，但在私學逐漸發展的背景之下，以及唐判呈現的可能現象，聚徒教授、行禮是有存在的可能。宋代書院雖爲私人講學場所，隨著廟學制的引進，逐漸形成神聖空間。倘若如此，唐宋時期私學行禮與教學的活動空間，可否納入"禮法秩序"的結構内，這部分值得商榷。

綜合而論，高明士先生《中國中古禮律綜論》及《中國中古禮律綜論續編》，清楚描繪出中國中古時期禮律等相關問題，尤其在其思維架構之下，禮與法如何結合、運用，禮又如何實踐在學校的教育空間，通過跨朝代、跨領域的討論，爲我們提供精采的思考點。禮有其理想的一面，法有其務實與實踐的一面。此兩本專著之内容詳盡豐富，爲中國法制史與禮制史奠定深厚的研究基礎。高先生善用多元史料的比較分析，針對每條文獻資料都是謹慎、細心地處理，包含歷史考證、字詞解釋、歷史意義的詮釋等，都有相當精彩的論證内容。從宏觀的視角觀察漢唐之間的禮律變化，提供讀者更廣闊的思考空間，也爲學術研究社群立下楷模，值得學界的重視與進一步思索。

後　記

高明士先生長期致力於歷史學研究，開辦唐律研讀會二十多年，培育許多

① 《隋書》卷75《儒林傳·包愷傳》，第1716頁。
② 《舊唐書》卷189上《儒學傳上·曹憲傳》，北京：中華書局，1975年，第4945頁。
③ 《舊唐書》卷187上《忠義傳上·王義方傳》，第4874頁。

中、青年學者,他們在台灣各大專院校或學術機構任職,共同耕耘隋唐史與中國法制史等研究領域,爲歷史學界注入一股新動力。筆者 2006 年始,參加高先生舉辦的"唐律研讀會",歷經大學部、碩士班、博士班的學習路程,因接觸唐律研讀會,碩士論文與博士論文皆以唐代法制史研究爲主,從唐律研究到司法官員的審判,都是研讀會長期關注的課題,十多年來深受高先生的啓蒙與指導,受益良多。高先生認真、謹慎的研究態度,一直是研讀會成員的學習榜樣,我們嚴謹地研讀每一條唐律、宋代天聖令,用心處理每則史料,謹慎地詮釋歷史的發展歷程,這些研究基礎皆來自高先生長久以來的治學精神與指導。

《中國中古禮律綜論》及《中國中古禮律綜論續編》是高先生在唐律研讀會的經驗與成果,爲學界提供豐富的研究視角。筆者懷著學習的態度閱讀兩本專著,以此爲思考點延伸出其他研究課題,如《捕亡律令》、唐判解讀等討論,都是過去參加研讀會的學習成果。本文以"唐代禮法秩序再思考"爲題,站在前輩學者的研究基礎上,從不同世代的角度與其對話交流,希望呈現出唐律研讀會世代傳承的精神。

〔作者楊曉宜,上海師範大學人文學院古籍所講師〕

動　態

《中外論壇》2021 年第 3 期
2021 年 9 月，第 239－265 頁

論中田薰的東洋法制史研究*

趙　晶

若要論及近代日本法制史學的發展脈絡，必然繞不開其中的樞紐性人物——中田薰。從研究著述角度言，他共發表論文 105 篇，先後集結爲著作 9 種，即《德川時代の文學と私法》（半狂堂，1923 年；後改題爲《德川時代の文學に見えたる私法》，明治堂，1925 年；創文社，1956 年）、《法制史論集》第 1—4 卷（岩波書店，1926 年、1938 年、1943 年、1964 年）、《庄園の研究》（彰考書院，1948 年）、《村及び入會の研究》（岩波書店，1949 年）、《古代日韓交涉史斷片考》（創文社，1956 年）、《續〈南留別志〉》（自家版，1958 年），[①]論域以古代至明治的日本法制史爲主，旁及中國及其周邊民族、朝鮮半島、印度、德國、法國、英國、希臘、羅馬、埃及、巴比倫、亞述、伊斯蘭等，可見其筆力之健、視域之闊；[②]從學術

* 本文爲教育部哲學社會科學研究後期資助項目“日本東洋法制史學史初編”（項目編號：18JHQ064）的階段性成果。在資料的搜集上，得到徐師世虹教授以及吉原丈司、中田裕子等先生大力相助，特此申謝。

① 具體篇目可參見中田薰：《法制史論集》第 4 卷《著作文獻目録》，東京：岩波書店，1964 年初版，1971 年再版，第 311—315 頁。

② 高柳真三：《中田先生を偲ぶ》，《法制史研究》（東京）第 18 號，1968 年，第 205 頁；石井良助：《日本法制史学 88 年——東京大学における》，《國家學會雜誌》第 81 卷第 1、2 合并號，1968 年，第 123 頁；石井良助：《中田先生の業績について》，中田薰：《法制史論集》第 4 卷，第 317—327 頁；石井良助：“中田薰”，国史大辞典編輯委員會：《国史大辞典》第 10 卷，東京：吉川弘文館，1989 年，第 603 頁。其中，《日本法制史学 88 年——東京大学における》涉及宮崎道三郎以下東京大學法制史學科的發展歷程，是石井氏退官之際的最終講義，在發表之後，石井氏又將與中田氏相關的部分單獨抽出，補訂爲《中田先生の業績について》一文，收入再版的《法制史論集》第 4 卷。

路徑上言,他與三浦周行分别設帳於東京帝國大學與京都帝國大學,東西對峙,被認爲是法制史研究法科派與文科派的代表性人物。中田氏受德意志法學的影響,長於概念運用、體系建構;三浦氏長於考證,注重時代背景的考察,主要貢獻在於律令的文獻學研究。① 從教育業績上言,中田氏在東京帝國大學執教三十餘年,先後負責比較法制史講座(後改名爲西洋法制史講座)、法制史講座,並一度分擔羅馬法講座,在法學部與文學部開設日本法制史講義、西洋法制史講義等,②爲日本的法制史研究培養了六位傑出人才,即日本法制史學者金田平一郎、高柳真三、石井良助,中國法制史學者仁井田陞,羅馬法學者原田慶吉、西洋法制史學者久保正幡,其中原田氏學兼春木一郎與中田氏兩門,而久保氏又曾師從原田氏,也可視爲中田氏的再傳。③

關於中田氏的生平、業績,中、日學界皆有相關概述之作。④ 如前所述,他"學兼八宗",貫通日本、東洋、西洋三大法制史領域,⑤目前的概述之作多集中

① 三浦周行:《續法制史の研究》,東京:岩波書店,1925年,第180—181頁;瀧川政次郎、小林宏、利光三津夫:《律令研究史——学会動向》,《法制史研究》(東京)第15號,1965年,第168頁。

② 高柳真三:《中田先生を偲ぶ》,《法制史研究》(東京)第18號,1968年,第204頁;井ケ田良治:《中田薰》,潮見俊隆、利谷信義編:《日本の法學者》,東京:日本評論社,1975年,第221頁。

③ 久保正幡:《中田薰先生の遺されたもの》,《圖書》第254號,1970年,第26—27頁。

④ 如久保正幡:《中田薰先生の遺されたもの》,《圖書》第254號,1970年,第26—29頁;高柳真三:《中田先生を偲ぶ》,《法制史研究》(東京)第18號,1968年,第204—213頁;石井良助:《日本法制史学88年——東京大学における》,《國家學會雜誌》第81卷第1、2合并號,1968年,第114—124頁;石井良助:《中田先生の業績について》,《法制史論集》第4卷,第317—327頁;石井良助:《中田博士の法制史の比較研究法について》,《國家學會雜誌》第82卷第7、8合并號,1969年,第135—157頁;井ケ田良治:《中田薰》,《日本の法學者》,第219—240頁;石井紫郎:"中田薰",永原慶二、鹿野政直編著:《日本の歷史家》,東京:日本評論社,1976年,第116—125頁;石井良助:"中田薰",《国史大辭典》第10卷,第603頁;古澤直人:"中田薰",尾形勇主編,岸本美緒編:《歷史學事典》第5卷《歷史家とその作品》,東京:弘文堂,1997年,第384—385頁;何勤華:《日本法律史學家中田薰》,何勤華主編:《二十世紀百位法律家》,北京:法律出版社,2001年,第398—400頁;趙晶:《近代以來日本中國法制史研究的源流——以東京大學與京都大學爲視點》,《比較法研究》2012年第2期,第61頁;胡文宇:《中田薰法律思想及其對近代日本法律史學科建立的影響》,《亞洲研究》(韓國)第22期,2018年,第203—227頁。

⑤ 在日本,法史學被劃分爲日本法制史、東洋法制史(中國法制史)和西洋法制史。西洋法制史包括狹義的"西洋法制史"和"羅馬法學",前者是中世紀以後的西洋法制史,後者是以羅馬爲中心的古代地中海世界的法制史。而且所謂"西洋法制史",也並非是將西洋世界之法作爲一個整體加以研究,而是在英國、法國、德國等國别法制史研究的基礎上,間或采用與他國進行比較的方法進行研究。參見世良晃志郎:"法史學",《社會科學大事典》編集委員會編:《社會科學大事典》第17卷,東京:鹿島研究所出版会,1970年,第13頁。

於他的日本法制史研究,而關於其東洋法制史研究,部分學者僅在討論唐令復原、[1]古代律令體系沿革、[2]先秦的賞罰思想[3]等時略有涉及。筆者曾簡單勾勒過日本近代以來東洋法制史研究的"五代"學人譜系,宮崎道三郎是第一代,中田氏踵躡其後,爲第二代,[4]又曾撰文討論了宮崎氏在這一領域的學術業績,[5]爲進一步展現這一學術脈絡的發展,在此前研究的基礎,擬對中田氏的東洋法制史研究業績再作申論。

一、生　　平

中田氏於 1877 年 3 月 1 日出生,1897 年[6] 7 月於仙台第二高等學校畢業後,進入東京帝國大學法科大學就讀,1900 年 7 月畢業於政治學科,進入大學院,在宮崎道三郎的指導下,研究日本法制史。當時的明治政府致力於國史編修、史料整理事業,無論是專門修史機構的成立、改編,還是地方史料搜集工作的推進,使得有關中世法的史料大量積聚於東大,這爲中田氏將目光聚焦於"鐮

① 如池田温:《〈唐令拾遺補〉編纂をめぐって》,唐代史研究會編:《律令制——中國朝鮮の法と國家》,東京:汲古書院,1986 年,第 100—105 頁;《唐令と日本令(一)》,《創価大学人文論集》第 7 號,1995 年,第 147—149 頁。

② 如徐世虹:《百年回顧:出土法律文獻與秦漢令研究》,《上海師範大學學報(哲學社會科學版)》2011 年第 5 期,第 70—71 頁;《秦漢法律研究百年(二)——1920 至 1970 年代中期:律令體系研究的發展時期》,徐世虹主編:《中國古代法律文獻研究》第 6 輯,北京:社會科學文獻出版社,2012 年,第 82 頁。

③ 胡文宇:《中田薰法律思想及其對近代日本法律史學科建立的影響》,《亞洲研究》(韓國)第 22 期,2018 年,第 210—211 頁。應當指出的是,此文以中田氏的"法律思想"爲題眼之一,實則所論極爲駁雜無序,作者對中田氏成果的閱讀也相當有限,如將中田氏討論的中國先秦時期關於賞罰的諸子之説,直接視爲其"對中西兩種法律文化的認識"之一,且認定這些"已經爲後世日本法律史學的研究提供了豐富的理論依據和詳實的材料支撑",實在不知所謂。

④ 趙晶:《日本東、西兩京東洋法制史學的"雙子星座"》,《文匯報・文匯學人》第 332 期,2018 年 3 月 2 日,第 5 版。

⑤ 趙晶:《論宮崎道三郎的東洋法制史研究》,《法制史研究》(臺北)第 32 期,2017 年,第 267—284 頁。

⑥ 或误作"1898 年(明治三十一年)",如井ケ田良治:《中田薰》,《日本の法學者》,第 219 頁;何勤華:《日本法律史學家中田薰》,《二十世紀百位法律家》,第 398 頁。現據高柳真三之文改,參見氏著:《中田先生を偲ぶ》,《法制史研究》(東京)第 18 號,1968 年,第 204 頁。

倉時代的法制”創造了良好的條件。[①] 1902年4月,中田氏在攻讀研究生的同時,出任法科大学助教授;又因《國家學會雜誌》主編美濃部達吉的提携,[②]一年之内在該刊上連續發表了《日本庄園の系統》(第20卷第1—2號,1906年)和《王朝時代の庄園に関する研究》(第20卷第3—12號,1906年),這種經歷與業績表現可謂前所罕見。

在學術起步之初,中田氏不僅在這些日本法制史的研究中貫徹了比較法的意識,而且還將比較法制史作爲一個獨立的研究方向。揆其原因,至少有二:其一,他在大學畢業後,於神田的舊書店讀到英譯本孟德斯鳩的《論法的精神》,由此產生了對法律歷史和比較法制史的興趣;[③]其二,其師宮崎氏自德國留學歸來,先從事中、日法制的比較研究,後來又以東洋語言的比較研究切入日本法制史,對他產生了更爲直接的影響。[④] 就一般的比較法制史而言,中田氏發表了《古代亞細亞諸邦に行はれたる神判》(1904年)、《古代亞細亞諸邦に行はれたる神判補考》(1907年)二文;在日、中律令的比較研究上,他曾發表《唐令と日本令との比較研究》(1904年);此外,他還從朝鮮語開始,陸續將比較的範圍擴展至阿伊努語、滿蒙語、琉球語等,由此解明日本古代法制用語,陸續發表《郡村の語源に關して専門大家の御教示を乞ふ》(1904年)、《再び郡村の語源に就て》(1904年)、《こほり(郡)むら(村)なる語の原意》(1905年)、《四たび郡村の語源に就て》(1905年)、《韓國古代村邑の稱呼たる啄評、邑勒、檐魯及須祇の考》(1905年)、《韓國古代村邑の稱呼に就て白鳥博士に答ふ》(1905年)、《可婆根(姓)考》(1905年)、《我が太古史に見えたるアイヌ語の神名》(1906年)、《我古代の法制關係語》(1907年)等系列論文,與白鳥庫吉等歷史語言學者展

① 石井良助:《日本法制史学88年——東京大学における》,《國家學會雜誌》第81卷第1、2合并號,1968年,第115頁;石井良助:《中田先生の業績について》,《法制史論集》第4卷,第318頁;古澤直人:“中田薫”,《歷史學事典》第5卷《歷史家とその作品》,第384頁。

② 石井良助:《日本法制史学88年——東京大学における》,《國家學會雜誌》第81卷第1、2合并號,1968年,第115頁;石井良助:《中田先生の業績について》,《法制史論集》第4卷,第318—319頁。

③ 石井良助:《日本法制史学88年——東京大学における》,《國家學會雜誌》第81卷第1、2合并號,1968年,第116頁;石井良助:《中田先生の業績について》,《法制史論集》第4卷,第320頁;井ケ田良治:《中田薫》,《日本の法學者》,第219頁。

④ 中田薫:《宮崎先生法制史論集·序言》,東京:岩波書店,1929年,第4頁。

開激烈的論戰。可惜的是，此後的出國留學打斷了中田氏這一研究進程。

自1908年3月開始，他在英、德、法三國留學三年，並於1910年11月獲得法學博士學位，1911年6月回國，同年11月升任法科大學教授，負責比較法制史講座（進入大正時代，則改爲西洋法制史講座）；1922年4月，接替退休的宮崎氏，負責法制史講座並兼任西洋法制史講座，又因春木一郎於同年出國訪學而分擔了羅馬法講座。在課程講授方面，他於1921年開始講授日本法制史，當年爲私法史，翌年則講公法史，由此往復輪替。其門生石井良助曾言，自明治以來，以"日本法制史"爲題的書籍雖有出版，但多重公法而輕私法，即使論及私法，也多將重點置於法典編纂，甚少涉及財産法，又或是詳於古代而略於近世。即使是宮崎氏在東大的授課，時代上止於平安末期，至其晚年，也只是部分延伸到鐮倉時代，無法全面呈現日本法制史，直至中田氏的私法史與公法史講授，成體系地展現了明治以前日本法制史的全貌。① 此外，中田氏還以同樣的方式講授西洋法制史，即逐年輪流講解德國法與法國法。

雖然不同於以往的講授内容在日本法制史學史上具有重要意義，但中田氏始終拒絕出版日本法制史講稿。其理由是，德國的法制史學傳統已延續百年以上，學者與成果衆多，但法制史的概説書却屈指可數，日本法制史學誕生未久，還没有到撰寫概説類著作的階段。如有閑暇，一方面可大量閱讀古文書，另一方面則應盡可能地撰寫論文。在其學生看來，宮崎氏對於學問的潔癖，在中田氏身上亦有另一種呈現。② 也正因如此，中田氏才取得了相當豐碩的研究成果。

在日本法制史研究領域，他原本長年關注中世法制，然而1923年9月1日的關東大地震，導致法學部研究室所藏史料以及中田氏置於研究室的個人所藏史料全部燒毁，所以此後他的研究重心就轉移到日本近世、近代法制上。③ 雖

① 石井良助：《日本法制史学88年——東京大学における》，《國家學會雜誌》第81卷第1、2合并號，1968年，第118頁；石井良助：《中田先生の業績について》，《法制史論集》第4卷，第321—322頁。

② 石井良助：《日本法制史学88年——東京大学における》，《國家學會雜誌》第81卷第1、2合并號，1968年，第118—119頁；石井良助：《中田先生の業績について》，《法制史論集》第4卷，第322頁。

③ 石井良助：《日本法制史学88年——東京大学における》，《國家學會雜誌》第81卷第1、2合并號，1968年，第119頁；石井良助：《中田先生の業績について》，《法制史論集》第4卷，第322—323頁；石井良助："中田薰"，《国史大辞典》第10卷，第603頁。

然他在教學上兼顧公法史與私法史，但其研究聚焦於私法，極少言及國家制度、公法。參照古澤直人的概括，中田氏這一時期的日本法制史研究可大别爲三類：以“日本的‘家’的歷史”爲問題意識的家族與親族法研究、以“土地私有制的歷史”爲核心的物權法研究，以及“德政”（指從鐮倉時代末期到室町時代，幕府爲解決下層階級的生活困境而發布的廢除債務合同的政令）等債權法研究。[①] 當然，無論是研究哪一時段的日本法制史，比較法的意識依然貫穿始終。以《日本中世の不動産質》爲例，其研究對象是日本中世法，但該文的第一章是“日耳曼法系的不動産質”，分述了德國法、法國法、英國法的情況，以便與日本中世法進行比較。[②]

在純粹的比較法制史領域，他也陸續發表過一些論文，廣涉法國、德國、古希臘、古羅馬、巴比倫、中國、印度、埃及等，如《獨佛中世法に於ける債務と代當責任との區别》（1911 年）、《佛蘭西に於ける自由法説》（1913 年）、《ハンムラビ法典とモーゼ法との比較研究》（1913 年）、《佛蘭西のParageと日本の總領》（1913 年）、《東西封的後見制の比較》（1917 年）、《馬端臨の四裔考に見えたる比較法制史料》（1919 年）、《西部亞細亞の古法律斷簡三種》（1926 年）、《唐宋時代の家族共産制》（1926 年）、《埃及古代の女》（1929 年）、《寡婦殉葬の習俗》（1929 年）、《ザロイコスとカロンダス》（1930 年）、《アッシリア法書及びヒッタイツ法典》（1931 年）、《唐代法に於ける外國人の地位》（1934 年）、《カウチルヤの“政治論”》（1934 年）等。

在教學與科研之餘，中田氏還曾於 1927—1930 年間出任東京帝國大學法學部部長。直至 1937 年 3 月，他屆齡退休，但此後依然筆耕不輟，又陸續撰寫、發表了《古法雜觀》（1951 年）、《ROSTRAの上に立ちて》（1964 年）、《法と歌と音樂》（1964 年）等。事實上，當時他的資料環境又發生了一次大變故，參考書籍全部毁失於 1945 年 5 月的東京大轟炸中。[③] 完全可以想見，他是在如何艱難

---

① 古澤直人：“中田薰”，《歷史學事典》第 5 卷《歷史家とその作品》，第 384 頁。實際上，中田氏對《法制史論集》四卷的編排也體現了這一點：第一卷爲“親族法、繼承法”，第二卷爲“物權法”，第三卷爲“債權法及雜著”，第四卷爲“補遺”。

② 中田薰：《日本中世の不動産質》，《國家學會雜誌》第 31 卷第 3 號，1917 年；收入氏著：《法制史論集》第 2 卷，東京：岩波書店，1938 年，第 321—392 頁。

③ 中田薰：《村及び入會の研究・序言》，東京：岩波書店，1949 年。轉引自久保正幡：《中田薰先生の遺されたもの》，《圖書》第 254 號，1970 年，第 29 頁。

的條件下完成這些論著的。

基於上述貢獻，他自 1925 年起被選爲帝國學士院會員，又於 1946 年被授予文化勛章，還曾於 1946—1947 年間作爲貴族院敕撰議員，參與日本國憲法的審議。1967 年 11 月 21 日，中田氏與世長辭，享年 90 歲。

二、比較法制史視域下的東洋法制史研究

石井良助認爲，中田氏法制史研究的特徵在於，在研究日本法制史之際，注重與外國法制史的比較。這種比較研究可大別爲兩個類型：

其一，歷史性比較，即對存在親緣關係的兩種或諸種法制進行比較。這種方法在中田氏之前就已被學人運用，並非其特色所在。其法可分爲兩個子類：

a. 個別性比較：以一國爲中心的比較，可視爲該國法制研究的一種方法，如比較日本與中國的律令法，由此凸顯日本律令的意義及其特徵，進而揭示日本社會的特徵。

b. 綜合性比較：將同一法系内的各國法制進行比較，如綜合比較羅馬法系、日耳曼法系中的各國法制。

其二，一般性比較或對照性比較，即對無歷史性親緣關係的法制進行比較。這被認爲是中田氏比較研究法的特色所在。根據其目的，此法也可細分爲三個子類：

c. 進化論式對照法：通過對照各國、各民族的古代法或法制史，揭示法律發展的一般性規律。

d. 世界史式對照法：將人類社會的發展劃分爲數個階段，從而比較同一階段的各國法制，如比較日本和德國的中世封建法。

e. 一般的對照法：以某國或某民族的法制史爲研究對象，通過探尋外國法或外國法制史中法的結構或變遷的類型，將它們與作爲研究對象的法制進行對照，從而闡明這一國家或民族法制的特徵，亦可使這一歷史上較爲難解的法制，在與其他類型相互對照之後，變得易於理解。

在石井氏看來,中田氏使用的比較研究法主要是第e種,即其目的還是在於闡明日本法制並使日本古代的制度易於被理解;但亦不乏第c、d種的研究,如《古法と觸穢》(1917年)、《代位相続法沿革一斑》(1918年)運用了進化論式對照法,而《古代亞細亞諸邦に行はれたる神判》(1904年)、《古代亞細亞諸邦に行はれたる神判補考》(1907年)、《馬端臨の四裔考に見えたる比較法制史料》(1919年)著力於比較原始或蒙昧時代的法制,《王朝時代の庄園に関する研究》(1906年)、《"コムメンダチオ"と名簿捧呈の式》(1906年)、《佛蘭西のParageと日本の總領》(1913年)、《東西封的後見制の比較》(1917年)則將封建時代的日本與欧陸進行比较,皆可謂是世界史式對照法。①

參照石井氏的上述劃分,中田氏的東洋法制史研究亦可區分爲歷史性比較與一般性比較兩大類。就前者而言,中國法被視爲日本法的母法,通過中、日異同的比較,闡明法制之源流,由此彰顯日本的特色所在;就後者而言,以中國法爲代表的東洋法制與西洋法制同時被臚列出來,共同作爲參照系的一環而存在。以下分而述之。

(一)歷史性比較中的中國法制史研究

1. 日、唐令比較

日本古代繼受唐代法制建立起自己的律令體系。在中國,因《唐律疏議》的傳世而使世人得窺唐代法律體系之一面,唐令則整體亡佚,僅有吉光片羽散見於各種史料;而在日本,《大寶律》《養老律》等皆已殘損,但藉由《令義解》《令集解》等注釋書使得《養老令》的面貌得以相對完整地呈現。正因如此,日、唐之間律令條文的異同、因法律移植而産生的源流關係等,都因缺乏可比對的一方而陷入困境。有鑒於此,在日本,輯佚日本律或唐令的努力,代不乏人。如戶田保遠所撰《和漢合律疏》,就從《法曹至要抄》《政事要略》《金玉掌中抄》《令義解》《令集解》《法曹類林》《裁判至要抄》等典籍中輯出日本律的條文,並比較唐律與日本律的異同。廣池千九郎在大阪書肆購入此書後,進一步擴大史料範圍,利用《萬葉集》《類聚三代格》《大寶令注釋》《年中行事秘抄》等繼續輯佚日本律條

① 石井良助:《中田博士の法制史の比較研究法について》,《國家學會雜誌》第82卷第7、8合并號,1969年,第135—157頁。

文，撰成《倭漢比較律疏》；[①]又如松下見林早在日本元禄年間（1688—1703）就從《唐律疏議》中輯出唐令遺文 115 條，開唐令復原之先河。[②]

作爲近代日本法制史研究之先驅，宮崎道三郎一直倡導復原唐令，中田氏秉承師志，進入大學院後，在研究鐮倉時代法制的同時，還曾著手這一事業，[③]並於 1901 年 7 月中旬完成《唐令拾遺》的初稿，同年 9 月上旬完成修訂。[④] 自該書稿本"凡例"可知，他利用的漢籍、和書共 10 種，分别是《唐律疏議》《大唐六典》《通典》《唐會要》《舊唐志》《令義解》《令集解》《令御抄》《三代格》《和名鈔（箋注）》（即《和名類聚抄》），共復原唐令 22 篇、313 條，詳情分列如下表：

表 1　中田薰《唐令拾遺》稿本的具體情況

篇　名	復原條數	頁數	篇　名	復原條數	頁數
祠令第八	七條	二	關市令第二十二	一一條	三
户令第九	二九條、補遺五條	二四	醫疾令第二十三	五條	三
選舉令第十	五條、補遺四條（未完，參照《六典》卷二）	四	獄官令第二十四	三一條	一五
考課令第十一	一四條、補遺八條	一二	營繕令第二十五	七條	三
宫衛令第十二	四〔五〕條	二	喪葬令第二十六	七條	三
軍防令第十三	一〇條、補遺二條	四	雜令第二十七	一一條	四
儀制令第十五	一六條、補遺二條	八	封爵令（開元令無此篇）	四條	二
公式令第十七（分爲上下）	二九條、補遺三條	一四	禄令（同上）	四條	三

① 趙晶：《論廣池千九郎的東洋法制史研究》，《法制史研究》（臺北）第 30 期，2016 年，第 335—336 頁。

② 侯振兵：《日本静嘉堂文庫藏松下見林〈唐令（集文）〉考述》，桂濤主編：《中國古代法律文獻研究》第 14 輯，北京：社會科學文獻出版社，2020 年，第 114—145 頁。

③ 中田薰：《序》，仁井田陞：《唐令拾遺》，東京：東方文化學院東京研究所，1933 年，第 1—2 頁。

④ 以下關於這一稿本的叙述，皆參見池田温：《〈唐令拾遺補〉編纂をめぐって》，《律令制——中國朝鮮の法と國家》，第 100—105 頁；《唐令と日本令（一）》，《創価大学人文論集》第 7 號，1995 年，第 147—149 頁。

（續表）

篇　名	復原條數	頁數	篇　名	復原條數	頁數
田令第十八	三五條、補遺一條	一七	學令(同上)	八條	四
賦役令第十九	二〇條、補遺二條	一二	捕亡令(同上)	三條	二
廄牧令第二十一	二二條	九	假寧令(同上)	三條	一

對此，中田氏的説明如下："官品令第一應據《舊唐志》增補；職員令全部省略；衣服令第十四、鹵簿令第十六、倉庫令第二十以及樂令未完，故不載；篇名據《六典》卷六所載《開元令》，《開元令》所無者，另附於卷末。"而自上表可知，其中八篇令文另附"補遺"條文27條。據池田温統計，這些令文采自《令集解》者10條、《令義解》者1條、《唐律疏議》者7條、《唐會要》者9條，是中田氏修訂初稿的兩個月内，再次檢核相關史料所作的增補。此外，每一條文之首標有相關符號，中田氏亦有説明："（武）"指武德令；"（永）"指永徽令；"（開）"指開元令；"（唐）"意爲該條被史料標爲唐令，但所屬何令不詳；"（補）"意爲該條未被史料標爲唐令，是推定而來；"________"則標記根據其他書籍或以意補入的字句。

中田氏自謂這一工作半途而廢，未竟全功，而由其門生仁井田陞最終撰成的《唐令拾遺》，利用史料75種，復原條文715條，所得成就自是遠超這一稿本。然而，從上述稿本的體例等可知，仁井田氏基本延續了其師的復原思路，而中田氏爲門生完成《唐令拾遺》做出鋪墊性工作，卻畢生絶口不提這一早年之作，[①] 皆顯現其不遺餘力地提携後學的可貴精神。

對於一般讀者而言，雖然這一稿本取閲不易，但作爲其成果的一部分，中田

① 仁井田氏在爲《唐令拾遺補》設計卷首圖版時，曾列有"中田博士　唐令拾遺原稿"一項，可惜在他生前並未完成此書，"原稿"的具體情況也無從瞭解。直至1983年3月，在東京大学出版会重印仁井田氏《唐令拾遺》《唐宋法律文書の研究》《中國身分法史》三大著的紀念會上，仁井田氏的部分遺物得到展示，其中就包括這本中田氏自己手寫的稿本。後由仁井田夫人寄贈東京大學東洋文化研究所，由該所圖書室作爲貴重書保存。參見池田温：《〈唐令拾遺補〉編纂をめぐって》，《律令制——中國朝鮮の法と國家》，第100—101頁；《唐令と日本令(一)》，《創価大学人文論集》第7號，1995年，第148頁。

氏所撰《唐令と日本令との比較研究》有助於一窺全豹。[①] 該文以材料較爲豐富且在法律經濟史上最爲重要的《户令》《田令》和《賦役令》爲研究對象，以日本《養老令》的條文爲基準，從《唐律疏議》《唐六典》等[②]唐代史籍中輯出對應的唐令條文，進行逐一對比，析出日、唐之間的異同。除三篇令文的比較研究外，該文的"序論"部分還概括交代了唐令的總體立法進程、日本繼受唐令的母本、唐令篇目、該文的行文凡例，分别提出如下看法：自《武德令》以下，大部分令典的刊定僅作少量的枝節修改，可能只有永徽、開元（二十五年）二令的修改幅度較大；日本大化二年改新之詔依據的是唐《武德令》或《貞觀令》，《近江令》《大寶令》的制定可能參考了武德、貞觀、永徽、麟德、乾封、儀鳳、垂拱七令，《養老令》的考察藍本可能是《神龍令》《太極令》、開元初年與四年之令；在日本《養老令》的篇目中，之所以有五篇（學令、繼嗣令、禄令、假寧令、捕亡令）未見於《唐六典》所載唐令篇目，可能是因爲《唐六典》所載乃《開元四年令》的篇目，與《永徽令》和《開元二十五年令》有别，當然，没有獨立篇目並不意味著這些條文也被删除了，可能被插入其他令篇之内；該文輯佚唐令的思路有三，分别是(a) 史料所見唐令條文，很多並未標記哪年之令，往往僅稱"唐令"，也很難判斷其年代，唯《唐律疏議》所引唐令可斷爲《永徽令》；(b) 若是與《養老令》相當的唐令條文同時見載《唐六典》與其他史料，則以《唐六典》文字來校補其他史料之闕，其中《唐六典》的條文可視爲《開元四年令》；(c) 唐令的條文排列順序以日本令爲依據。

應當説，中田氏的這篇鴻文不僅論及唐令復原的基本方法，而且還牽扯一些學界頗多争論的主題，如日本歷次修令參考的唐令藍本、[③]唐令篇目的變化、[④]《唐

① 中田薰：《唐令と日本令との比較研究》，《國家學會雜誌》第 18 卷第 212—214 號，1904 年；收入氏著：《法制史論集》第 1 卷，東京：岩波書店，1926 年，第 640—697 頁。

② 《宋刑統》於 1918 年被整理出版"國務院法制局本"，1921 年被整理出版"嘉業堂本"，中田氏於 1924 年方才得見，因此在論文初刊時未加利用，在收入《法制史論集》時才補入。參見中田薰：《法制史論集》第 1 卷，第 648 頁。

③ 如坂上康俊在 2009 年還曾撰文討論《永徽令》是《大寶令》的藍本、《開元三年令》是《養老令》的藍本之一等。參見氏著：《日本に舶載された唐令の年次比定について》，《史淵》第 146 號，2009 年，第 1—16 頁。

④ 相關學術史，參見趙晶：《唐宋令篇目研究》，徐世虹主編：《中國古代法律文獻研究》第 6 輯，北京：社會科學文獻出版社，2012 年，第 315—322 頁；後經修訂，收入氏著：《〈天聖令〉與唐宋法制考論》，上海：上海古籍出版社，2014 年，第 15—25 頁。

六典》所載之制究竟是《開元四年令》還是《開元二十五年令》、[①]《唐律疏議》是永徽律疏還是開元律疏等。[②] 正因如此，仁井田氏在《唐令拾遺》中每每標舉、引用此文，甚至被瀧川政次郎引爲"厚此薄彼"的典型："在《唐令拾遺》中，凡是借鑒中田薰博士研究之處，即使是細枝末節，也會表示謝意，而借鑒我的研究之處，則毫不言及，僅在對我的研究提出異議時才會予以引證。"[③]即使如此，瀧川氏參與撰寫的《律令研究史》（該部分的執筆者是小林宏）也毫無保留地指出，中田氏的律令研究中，此文最能彰顯其學風，是唐令復原的初次嘗試之作，具有重要意義。[④] 當然，毋庸諱言的是，與同期的研究成果相比，中田氏的"序論"在史料的豐富度、論證的綿密度、觀點的創新度上均遜色於佐藤誠實的《律令考》。[⑤]

除此之外，中田氏還有兩篇論文涉及日、唐令的比較：

其一，立足《户令》應分條，首先分别解析唐令、《大寶令》、《養老令》的相應條文，然後從嫡庶子繼承份額、嫡繼母繼承份額、女子繼承權、功田功封繼承法、夫婦財産制、同財共居、存日處分等七個方面，比較唐、日令以及兩種日本令的差異，如唐令與《大寶令》在根本原則上的區别是，前者貫徹諸子均分主義，而後者采用嫡庶異分主義；若將《大寶令》與《養老令》進行比較，則《養老令》減少了嫡子繼承的份額，並承認了嫡、繼母以及女兒的繼承權。[⑥] 就日本古代令制所見遺産繼承法而言，此文被認爲是最詳盡的研究，特别是極爲細緻地區分出舊、

---

① 相關學術史，參見趙晶著，辻正博譯：《唐令復原における典據史料の検証——〈大唐開元禮〉を中心に》，《東方學》第133期，2017年，第55頁；後增補爲《唐令復原所據史料檢證——以〈大唐開元禮〉爲中心》，《文史哲》2018年第2期，第126頁。

② 相關學術史，參見岳純之：《仁井田陞等〈《故唐律疏議》製作年代考〉及其在中國的學術影響》，《史林》2010年第5期，第183—187頁。

③ 瀧川政次郎：《唐兵部式と日本軍防令》，《法制史研究》（東京）第2號，1952年，第74頁。

④ 瀧川政次郎、小林宏、利光三津夫：《律令研究史——学会動向》，《法制史研究》（東京）第15號，1965年，第162頁。

⑤ 佐藤誠實：《律令考》，《國學院雜誌》第5卷第13、14號，第6卷第1、2、3號，1899—1900年；收入瀧川政次郎編：《佐藤誠實博士律令格式論集》，東京：汲古書院，1991年，第115—150頁。相關内容的評述，亦可參見趙晶：《近代以來日本中國法制史研究的源流——以東京大學與京都大學爲視點》，《比較法研究》2012年第2期，第60頁。

⑥ 中田薰：《養老戸令應分條の研究》，《法學論叢》第13卷第1號，1925年；收入氏著：《法制史論集》第1卷，第43—83頁。

新兩條令文在内容上的差異,十分重要。[①] 而對於唐代繼承法來説,此文將應分條劃分爲三個段落,細繹其法意,且還與羅馬法和日耳曼法相比較,認爲唐令區分"兄弟亡"與"兄弟俱亡"兩種情形,在前者,允許所亡兄弟之子行代位繼承,這與羅馬法相同,而在後者,則允許所有的兄弟之子均分其祖遺産,與日耳曼法相同,可謂取其中道。

其二,從《養老令・職員令》神祇官條所載大祐(判官)之職掌"糾判官内"出發,詳細討論唐代的四等官制,指出唐代官制的通例是長官、通判官、判官爲"職事之官"或"連判之官",而主典並無判事之權,另有勾檢官充當監督角色,但也存在例外,如在尚書省官制中,作爲判官的丞在"判事"之外還兼顧"糾正省内"之責,作爲判官的郎中以及員外郎與專任勾檢官的都事分擔勾檢事務(可細分爲"勘""舉[正]""察"三種),由此反觀日本養老年間的官制,其他方面移植自唐代通例,唯獨前述判官"糾判官内"的職掌,應理解爲"糾正"與"判事"兼顧,與唐代尚書都省左右丞的職掌相當,是將唐制之變例通則化的結果。[②] 該文細緻勾勒了日本古代如何模仿唐代而釐定官制的過程,通過唐、日官制的比較,指出日本官制的矛盾與缺失,相比於此前國學背景下的律令學者所做的職官制度研究,可謂是開闢了新的路徑。[③]

2. 唐代法制的其他側面

除了圍繞令條展開的日、唐法制比較外,中田氏還對唐代法制的其他側面展開過論述,其思路依然是"比較"。

如在關於日本莊園的成名作中,他首先討論的是唐代以前的莊園,從上古至西周的土地公有主義和財産平等主義及其背後的道德主義開始,漸次交代春秋戰國土地私有制的勃興、兩漢土地兼并的盛行以及政府奬勵農耕的無效對策、西晉推行董仲舒首倡的占田限定之策、北魏在此基礎上制定的均田法、隋唐

① 瀧川政次郎、小林宏、利光三津夫:《律令研究史——学会動向》,《法制史研究》(東京)第15號,1965年,第163頁。

② 中田薰:《養老令官制の研究》,《國家學會雜誌》第51卷第1號,1937年;收入氏著:《法制史論集》第3卷(上),東京:岩波書店,1943年,第594—626頁。

③ 瀧川政次郎、小林宏、利光三津夫:《律令研究史——学会動向》,《法制史研究》(東京)第15號,1965年,第163頁。

對均田制的沿襲及其日益嚴峻的制度困境，最終描述了唐代均田制崩潰後、以"莊"爲代表的大地主所有制的實施狀況，認爲與歐洲法蘭克王國時代的情況相同。至於日本的莊園，雖然可能是移植唐制的結果，但與唐代的莊園作爲一種純粹的經濟性土地制度不同，它還有法律上免除租税("不輸")的特權，這是研究日本古代莊園時需要特别留意之處。① 在唐代莊園的論述部分，中田氏並未滿足於泛泛而談，引據的史料也不限於制度性文獻，廣及各種唐宋筆記，可謂旁徵博引，體現了他在唐宋文獻上的功力。

又如關於唐宋時代的家族共産的研究，其實與前述唐令應分條密切相關，二文的發表時間也前後相接。中田氏開篇首先討論的是世界範圍内各個地區與民族在不同歷史時期的家族共産制度，分别論及古代羅馬、日耳曼民族、法蘭克王國時期的歐陸、印度、南斯拉夫民族等，認爲兄弟及其子孫等旁系親屬之間的共産是行之最久的家族共産制，父子共産制可能是受到前者的影響才發展起來的，家族共産制在原則上以同居共食爲前提，作爲家長的共産管理者一般是年長的男子，且父祖作爲家長時，其管理權與家長權結合，效力最强，至於共産的形態，一般是没有預先確定份額的共同共有，行事處分權需全體共有人同意；然後逐一列舉中國史籍所見自西漢以來家族同居共財的事例，又梳理了唐宋乃至元明清時期的法律規定，逐一剖析這一共産法律關係中的各個元素(共産親屬的範圍、共産的管理者、共産的處分及其共同債務、共産的分割、共有財産及共有份額、同籍及同居與共財)，指出無論是同居共財還是别籍異財，家庭内部父子同居共財應是通例，且四代(祖、父、子、孫)以内的同居共爨也並非特例，而是民間尋常的生活狀態；最後細繹日本《養老令》中《户令》應分條、《雜令》家長條、《户令》户主條，指出雖然這些條文都移植自唐代，但經過日本立法者的改造(或直接修改文字規定，或保留原文但采用名同實異的解釋)，説明當時的日本家庭並非唐代那樣的共産之家，而是以家父專有主義、家父别財主義爲基礎的非共産之家，且户主、家長的身分强調的是正嫡子孫，絶不可能出現中國以

① 中田薰:《日本莊園の系統》,《國家學會雜誌》第 20 卷第 1、2 號,1906 年;收入氏著:《法制史論集》第 2 卷,第 20—40 頁。

伯叔兄姊等旁系尊長充任家長的情況。[①] 該文在具體的法條解釋上雖不無可議之處(如第 1345—1346 頁認爲永業田、口分田、賜田等國家分配給個人的土地,從性質上説不屬於家族共産,而是個人獨有的財産;又如將因王事没落外蕃不還者的"身分之地"排除出共産範圍,視爲獨有財産等),但所論涉及中國古代家族法的核心問題,影響頗大,尤其是經由其門生仁井田氏、戴炎輝等申説,[②]一度成爲學界定論,此後又引起仁井田氏與中田氏的再傳弟子滋賀秀三的激烈争論,如在前者看來,"同居共財"的家族是一種生活上彼此幫助的經濟互助集團,家長的專權會隨著經濟條件和環境條件的變化而改變;而後者否定這種"共有"關係,認爲家族是奉祀男系祖先的祭祀集團,家産是爲祭祀所用、爲家長所專有,别的家庭成員並無任何權利。這種持論上的分歧大概源自二者不同的學術旨趣,仁井田氏立足於"接近社會經濟學的私法/公法交界的領域",而滋賀氏則"站在離開公法而保持自立性的私法的領域"。[③]

再如關於唐代來華的蕃人胡商,中田氏也進行過專門研究。因爲從唐代史籍可知,這些外國人頻繁出入唐境,或傳教,或經商,在當時頗受歡迎,那麽依照唐朝的法律,他們擁有何種法律地位,就是比較法制史上令人頗感興趣的話題了。他在羅列蕃人胡商在唐朝的種種活動之後,就對其法律地位作了詳細考察,其看法可歸納如下:第一是權利能力,即在法律允許的範圍内,胡商可與中國政府互市、與一般民衆進行私人交易、互相締結契約,經過許可,亦可與中國人通婚,但不許購置産業和奴婢、不能携所娶漢婦歸國;第二是適用的法律,即外國人涉訟案件在法律適用上兼采屬人主義與屬地主義,而依據當時阿拉伯商人等的記録,回教徒之間的訴訟會有特别審判機構予以處理,至於是否存在針

① 中田薰:《唐宋時代の家族共産制》,《國家學會雜誌》第 40 卷第 7—8 號,1926 年;收入氏著:《法制史論集》第 3 卷(下),第 1295—1360 頁。

② 除中田氏在該文補記(《法制史論集》第 3 卷[下],第 1360 頁)中提及的仁井田氏《唐宋時代の家族共産と遺言法》和《唐宋法律文書の研究》、戴炎輝《近世中国及び台灣の家族共産制》外,仁井田氏另有《中国身分法史》(東京:東京大学出版会,1983 年)、《中國の農村家族》(東京:東京大学出版会,1952 年)兩本專著以及收入《補訂中國法制史研究:奴隸農奴法·家族村落法》(東京:東京大学出版会,1980 年)的數篇專論,都不斷闡發乃師之説。

③ 田仲一成:《我心目中的先師——仁井田先生的生平與學術活動》,《古今論衡》第 19 期,2009 年,第 117—121 頁。

對其他外國人的特別審判機構,則難以斷言,不過有案例顯示,當時的胡商相當信賴中國的法律與司法;第三是遺産繼承,即在唐代的式、敕等法律中,存在不少與胡商客死唐境後的財産處理相關的規定,也可在史籍中找到相應的個案予以佐證,而且根據阿拉伯商人的記録,因課税所需,唐代地方官府有登記胡商身分信息的帳簿,而且還會發給外蕃旅客記録詳備的通行證,這都便於查明死商的身分,以便處理身後的遺産;第四是宗教信仰與喪葬習俗,即唐廷對此采取相當開放、包容的姿態,如"既是鄉法,當身自行不須罪科"。最後,中田氏感慨,唐朝所采取的這種内外人平等主義,在歐洲要晚至近代才成爲法律原則,在中世紀時,歐洲各國或將滯留國内的外國人强制變成自己的隸屬民,或全部、部分地没收外國人在本國境内的遺産,這種排他主義與唐朝有天淵之别。[①] 雖然目前有關唐代化外人的研究成果已有一定積累,[②]但此文頗有首開風氣之功,所用史料並未局限於漢文,充分發揮了中田氏熟悉多語種材料的優勢。

3. 律令法體系

無論是唐代中國,還是古代日本,律令都是最爲主要的法律形式,也是國家統治的基本工具。如果説上述研究的側重在於律令承載的規範内容,那麼中田氏晚年的關注點則聚焦於律令的規範屬性、相互關係以及精神内核。

在最先發表的《古法雜觀》中,他概括性地指出,隋唐的獨裁政治是通過律令得到推行的,日本一開始從韓國引入漢字、佛教,但並未繼受律令制,是因爲當時没有建立起能够維持律令的中央强權。這種獨裁專制政治是人治主義政治,其取得治績需要依靠明主、賢臣,一旦政治下滑,堪稱完備的律令體系也會隨之崩解,唐朝與日本皆是如此。由此,他首先著手追踪中國律令體系發展、沿革的歷史過程,提出了許多影響深遠的鋭見:如春秋時期的"刑書"(法典)與"治象之法"(教令書,即單行令)的二分,是後世律、令二分的前身;"刑書"是規定重大犯罪與刑罰的根本法,而"教令之書"則是因應隨時所需而頒布的補充

① 中田薰:《唐代法に於ける外國人の地位》,杉村章三郎編:《筧教授還曆祝賀論文集》,東京:有斐閣,1934 年;收入氏著:《法制史論集》第 3 卷(下),第 1361—1392 頁。

② 部分研究成果的引述,可參見甘懷真:《從〈唐律〉化外人規定看唐代國籍制度》,《早期中國史研究》第 3 卷第 2 期,2011 年,第 1—32 頁。

法;蕭何在中國法制史上的最大功績就是編纂了律、令兩大法典,其中律是刑罰典,令有干支令、事項令之分,干支令是後帝以甲、乙、丙分編的方式,依照其規範的重要性,依序彙編前帝頒布的各種單行詔令而成的集合體,而事項令則是收入干支令中的各種單行令之名稱,至於内容上,律、令依然還是正與副、幹與枝的關係;西晉以後,律、令在内容上出現分化,令成爲名副其實的"教令法",其主要規範對象是國家行政機關,兼具行政法規與强制性民事法規的性質,不過因爲"違令有罪則入律"的原則,令也只是在表面上獨立於律,實質上還是補充律的副法。其次,他將春秋開始出現的霸道政治、秦朝以來的專制政治與王道政治作了比較,指出前者以法治統御人民,後者以德治教化人民,當然霸道、專制政治也不絶對排斥德治,只不過這種德治只是維持獨裁政治的手段而非絶對目的;又通過梳理戰國以降刑名學、律令學的發展歷程,説明這種獨裁政治與這種完善律令之學的發達相始終,因此所謂"教令法"並非以德化主義爲基礎的民衆教化法,無論是律還是令,無論在中國還是在日本,它們都只是維持自家政權所必需的政策工具,其主旨是否定人民自由,與西洋諸國以自由爲内容的法律截然相反。① 以上所述只是該文與中國法制史相關的部分,②其主體内容及其核心論旨還是回歸日本法制史,即日本古代法制的根本精神與中國無異。

鑒於上述論述存在未盡之處,中田氏此後又重新檢討、搜集史料,撰成一篇百餘頁長文,以"先秦時期賞罰法的理論與實踐""漢代以後律令的分化過程"這一上、下篇的形式,論述中國的律令法體系。③ 以下分而述之。

在上篇中,他首先分春秋、戰國兩個時期來考察"賞罰論",春秋部分主要分爲王道派和霸道派,戰國部分則分爲大道派(莊子、慎子、尹文子)、霸道派(申不害、商鞅、韓非子)。其核心看法如下:

a-1. 在王道派的論述中,中國古代的政治是以賞、罰爲主軸進行運作的,

① 中田薰:《古法雜觀》,《法制史研究》(東京)創刊號,1951年;收入氏著:《法制史論集》第4卷,第1—67頁。

② 與中國法制史相關的這一部分曾被單獨,先行發表,即中田薰:《中国律令法系の發達について》,《比較法研究》第1卷第4號,1950年;收入氏著:《法制史論集》第4卷,第68—90頁。

③ 中田薰:《〈中国律令法系の發達について〉補考》,《法制史研究》(東京)第3號,1953年;收入氏著:《法制史論集》第4卷,第91—242頁。

賞罰大權爲君主獨占，其中“刑”比“賞”更加受到重視，且刑罰的使用通常以道德爲背景。

a-2. 對於霸道派而言，法治是治道之本，輕視賞罰所具有的教化價值，偏重功利性的工具面，將它視爲統御人民的政策手段，其代表性人物管仲的法理論與賞罰論的核心要義包括法必須被嚴格遵守、只有嚴格守法才能維護君主獨裁、爲保持法之嚴正而須禁止私議、法令賞罰必須本乎道德。

a-3. 在莊子看來，雖然法是正名分、護秩序的治國手段，但禮法賞罰都是治道之末。

a-4. 慎子也以賞罰爲法之本質。此外有三點令人感興趣，一是“立天子以爲天下，非立天下以爲天子”，二是“法雖不善，猶愈於無法，所以一人心也”，三是用“投鈎以分財”“投策以分馬”來比喻法律，强調公平、去私。

a-5. 尹文子的學説有兩個特徵，其一是“法術”與“刑名”的結合，其二是以“術”和“勢”作爲法律行用的手段，不過相較於韓非子，其名分術勢説尚不徹底，至於其具體的法理論，以老子的大道學説爲基礎，以法治作爲道治的輔助手段，即在“道不足以治”時才能依次用法、術、權、勢，“有爲之治”終歸難及“無爲之化”，而他所謂的“法”同樣也是專屬於君主的賞罰之權，只不過在勸善罰惡的功用之外，還有調整貧富不均的作用。

a-6. 申不害是受到老子思想影響的現實派法術家，謳歌獨裁政治，將賞罰視爲法的功能，要求君主嚴格遵守法律。

a-7. 商鞅學派的核心論點是人性好生惡死，這是賞罰的基礎，所以要重罰而輕賞、少賞，要求法規詳密、爲民衆所周知、徹底丢棄仁義道德、治國唯法（包含君主應嚴格守法、不得任私議而亂法、以强力推行嚴刑且一視同仁），主張賞罰的功能不僅在於表彰有功有能之人、懲罰奸邪之徒，還應獎勵告奸，並達到貧富均一的效果，其政法論的最高目標就是富國强兵，這種法至上主義、反道德主義、重刑主義、農戰主義等發展出來的帝王獨裁政治，最終爲秦始皇所實現。

a-8. 韓非子之説多本於法家前輩，少見個人發明，是法術論的集大成者，其主要看法包括法以賞罰爲本，要徹底拋棄仁義，唯法而治，在輕罪重刑的同時，要少賞、厚賞（與商鞅有别），賞罰之權需由君主獨占，須嚴格監督官僚，以免大權旁落，至於其法理論中值得特別關注的是刑名論，將刑名與法術更加緊密聯結起來。

總之，上述王道派與法術派的思想在漢代以後依然兩相對立、剛柔並濟，尤其是法術派的思想爲歷代政治家、法律家所重視，其對實際立法的影響或許不在律令方面，而在於作爲副法的"科"等法源中。

接著，他對春秋戰國時期各國的法令進行了系統梳理。首先提出了理解政法與賞罰關係的三個前提，其一是奉法守職的原則，即官僚奉行君主的命令並忠實地執行；其二是法的實質性特徵，即法令是君主頒給臣僚，作爲他們執行國政的準則，全是公法，只是間接起到保護民衆權益的功能；其三是法的形式性特徵，即法令直接或間接地以刑罰爲强制執行之保障，是刑罰法。

在此之後，他在"刑罰法"之下，根據法令規範的内容，分列官吏法、地方行政法、倫理法（維持淳風美俗之法）、治安法、産業法、賦役法、軍法、雜法（隨專制君主的自身嗜好而肆意頒布的規範）；在"慶賞法"之下，分列賞罰兼有之法、懸賞法、純粹的賞令（賞功令、示民以信之令）；又以一些具體實例，解釋了所謂的"無賞罰法"（既無賞、亦無罰的單純命令），由此説明，即使是慶賞法和無賞罰法，背後依然以刑罰爲實施之保障，霸政時代是刑罰萬能的時代。最後，他將這些法分爲"刑書"與"教令"兩大類，指出無論是賞還是罰，都並存於這兩類法律之中，並再次申説二者之間的主副、幹枝關係。

在下篇中，他逐次討論漢代以後的法律形式，即漢代的律典、令典、比及科、軍法、章程及傍章、章句、故事，曹魏的律典、令典、科，西晉的律典、令典、科，西晉以後的律典、令典、科及格、式。其核心論點撮要如下：

b－1. 漢代律典是由春秋戰國時期的"刑書"發展而來，其中李悝《法經》存疑，商鞅改法爲律之事亦乏確證，六篇之分或是戰國末期的法律家所爲。漢律九章内容錯雜，由此産生條文重新整合與歸類、新增篇目的需求，在現實中以制定單行令和單行律的方式加以滿足，而九章律被稱爲"正律"。從整體上來説，漢律依然是國務執行的準則，直接或間接地以刑罰作爲强制實施的保障，從性質上説還是刑罰法，不過其中藴含著向非刑罰法"令"轉化的因子。

b－2. 漢代的令包括干支令和事項令（特別令書）。就干支令的編纂方式而言,並非是將每代前帝的詔令分别編修成一套單獨的令典,而是在最初編纂的令典各篇中陸續追加插入新的詔令,也並非將前帝生前所有的詔令都編修入典,而是只收録帶有"著令"文字的詔令,這種做法大概在東漢後期或曹魏時發生變化,改爲皇帝的詔令在發布之時就編入令典;就事項令的編纂步驟而言,首先是官吏將與自己職務相關的詔令集録爲"挈令"(官修還是私撰,不明),然後在"挈令"的基礎上,對干支令典中所收的詔令加以整理、修補,再編纂單行的特别令書,這是隨著干支令典内容不斷增多而分化出來的;干支令典分化的另一途徑,是將令條修補、改變之後,變成單行律書,實現律、令之間的轉化;從規範性質上言,漢令兼有賞、罰兩種法律效果,延續了此前的特性。

b-3. 漢代的"比"是在斷罪無律令正條的情況下,經特别奏請,允許比附類似條文而形成的"類例";科則是"比"的集成,是經三公議定、皇帝下詔頒布的補充律令的副法;"軍法"包含賞功罰罪以及懸賞等内容;"章程"是曆法及度量衡制度;"傍章"並非法律,是補充法律的禮法,被後世稱爲"漢儀",開歷代禮典修纂之先河;律令章句是明法家利用經書和古典注釋,解釋律令條文的意見,也爲司法裁判所引用,應被稱爲"儒家法";"故事"是與"科""比"類似的適用律令的慣例集。

b-4. 曹魏律典在表面上是編修舊律而成,實質上是將漢律、令、單行律、科條等網羅起來,重新增删、編排的綜合性立法,試圖解決漢律龐雜、適用不便的難題,其立法技術的進步也是漢代以來法學空前發展的結果;令典則一分爲三,"郡令"與地方制度相關,"尚書令"與中央政府相關,"軍中令"與軍事相關,此外還有特别的單行令;曹操爲漢相時曾頒布過"甲子科",此後可能還制定過新科或修改過舊科,作爲律令的副法。無論是律還是令,從性質上説依然是刑罰法,但也都包含賞法。

b-5. 西晉的立法貫徹律爲"肅正法"、令爲"教諭法"的根本方針,通過律、令轉化等方式,將律典變成純粹的刑書,令典變成非刑罰法(含賞法),將"科"作爲律的副法。因此晉令的部分篇目由漢代干支令及單行詔令轉化而來,部分條文則由漢魏律令所定某一犯罪的構成要件轉化而來,而相應的刑罰則保留在律文中。

b－6. 西晉之後,各朝都在泰始律、令的基礎上持續修法制典,它們的篇目屢有增删、分合,亦可呈現律、令轉化的過程,直至唐代方告定型;在此期間,作爲律令的比附之法“科”逐漸受到重視,北魏以後改名爲“格”,而隨著律、令性質的分化,從理論上説,“格”既包含“律比”(比附律條),也有“令比”(比附令條),但以“律比”爲主,是對律、令這兩種根本法典進行隨時修補的法律形式;至於“式”作爲具有特定内容的法律形式,始於西魏《大統式》,中華法系固有的“律令格式”體系至隋代終於得到確立,隨著唐代中後期“格後敕”的出現,宋代又轉變爲“敕令格式”體系。

這篇宏論是中田氏諸多成果中難得的純中國法制史論文,但作爲上述《古法雜觀》的深化思考,它依然處在比較法制史的延長綫上。然而,就其對於中國法制史學的意義而言,該文將法律思想史和法源史勾連起來,縱論先秦至唐宋,引述賅博,論證綿密,尤其是在秦漢法源史的論述中,隨處可見對沈家本、程樹德等的商榷之説,試圖超越前人,廓清秦漢律令的性質、形式、結構及相互關係,可謂精彩紛呈,“含有諸多謎團的漢令性質,經此系列論考,得到了劃時代的闡明”,[①]法科派對於法律體系的敏感性亦由此可窺一斑。當然,其不足之處也相當明顯。如内田智雄曾指出,上下兩篇之間的内在聯繫較爲鬆散;尤其是上篇,所用史料未經嚴格的文獻學考證、批判,不宜一律視爲“春秋時代”的文本;對於學派的劃分,既然没有采用傳統標準,那麽理應從思想家的立場、思想史上的定位等角度闡明分類的合理性。[②]

(二) 一般性比較中的東洋法制史研究

參考前述石井氏之説,歷史性比較並非中田氏學術的特色所在,其超人的外語能力在一般性比較中更能顯現出優勢。雖然這種比較的核心關注點基本是日本,但也會將中國及其周邊地域作爲一個參照對象。以下按照前述一般性比較的分類,略作評介。

---

① 滋賀秀三:《中國法制史論集——法典と刑罰》,東京:創文社,2003 年,第 406—407 頁注 21。此一評價的漢譯文,照録自徐世虹:《百年回顧:出土法律文獻與秦漢令研究》,《上海師範大學學報(哲學社會科學版)》2011 年第 5 期,第 71 頁。

② 内田智雄:《中国の法制史について:中田薫博士の〈《律令法系の發達について》補考〉にちなんで》,《同志社法學》第 7 卷第 5 號,1956 年,第 10—12 頁。

馬端臨的《文獻通考·四裔考》搜羅了與中原漢族政權有所往來的其他民族的地理、歷史、法制、風俗等相關史料，中田氏認爲，以比較法制史的眼光來看，其中保留了許多有趣的、關於原始人或半開化民族的事實，爲歐美研究者所不知，可謂"未知的新史料"。因此，他立足《文獻通考》，旁及其他漢文史料，鈎稽出中國境内及其周邊民族的相關習慣（法），並結合世界其他地區的不同民族（歐洲、非洲、北美洲、澳大利亞以及西伯利亞、印度、波斯、阿拉伯、猶太人等）的相關風俗，予以解説、比較。所論具體内容共計20項，分別是掠奪婚（未經同意就搶奪，或介於未獲同意就搶奪和搶奪後出賠償金以獲得同意之間，或以掠奪爲婚姻儀式）、買賣婚（與交付聘財有別，且有男買女、女買男兩種）、勞役婚（買賣婚的變種，或以此充當聘財）、翁婿避忌（掠奪婚的消極影響，如女婿至妻家不拜父母，或岳母送女至夫家，女婿避而出逃）、夫妻牽手以成婚禮、男子成婚後與父母分財別居、未婚男女集體聚會以擇偶、母權制、夫妻婚後在娘家住到産子、夫婦婚後各自別居、入寮（男女婚後須在女家附近所建婚房中暫居，在一定期限後返回夫家）、同姓婚（含只能同姓相婚、允許同姓相婚、禁止同姓相婚三種）、收繼婚、兄弟共妻（孩子歸長兄）、淫女貞婦（女子可在婚前隨意與人發生性行爲，且以性夥伴多爲榮，婚後則需從一而終）、女市（在龜兹之例中，頗難判斷公開的女子買賣是否以嫁娶爲目的）、丈夫與妻子同卧待産的儀式、烹食與輕賤老人、刑法（復仇與贖罪、以倍贓處罰盗罪、對奸罪的處罰、報應刑、示衆刑、廢除死刑、肉刑、象刑、其他奇特的刑罰）、神判（飲藥、沸鍋取物）。①

上文對於"神判"未予多論，原因是中田氏曾在15年前發表過專文，以日耳曼法爲參照對象，討論古代亞洲各地區的神判，利用的文獻主要是中國與日本的史料，也徵引歐洲學者的研究著作。因爲西方法制史學者普遍認爲印度是全世界最流行神判的地方，所以他的論述也以印度爲核心展開，首先概括古代印度成文法規定的八種神判（與日耳曼法相比，只缺雙方決鬥式神判），如火神判（握著燒紅的鐵丸，在地上畫圈，或用舌頭舔燒紅的鐵棒，以手掌或舌頭有無被燙傷爲判斷）、水神判（將人淹没在水中，以能否憋氣超過一定時限爲判斷）、稱

① 中田薫：《馬端臨の四裔考に見えたる比較法制史料》，《法學協會雜誌》第37卷第11—12號，1919年；收入氏著：《法制史論集》第1卷，第698—738頁。

神判(用秤稱量體重兩次,前後相比,輕者無罪,重者或相等者有罪)、毒神判(吃下特殊毒藥,以中毒與否爲判斷)、神水神判(將詛咒過的惡魔像浸入水中並吞服,以兩三周内有無患病遭災等爲判斷)、嚼米神判(限於盗竊罪,咀嚼神前供奉的白米並吐在無花果或樺樹葉上,以口中是否出血或牙齦是否有傷爲判斷)、沸油神判(徒手從煮沸的油鍋裏撈錢,以是否受傷且有無撈起錢幣爲判斷)、抽籤神判(取兩塊木片,一塊以黑色畫上正神之像,另一塊以白色畫上邪神之像,誦讀咒文並供以黑白二花後,置於容器中,以抽到哪塊木片爲判斷)。當時印度各種法典規定的方法、程序或有差别,民間習慣也可能對此有所變造,但核心要義不脱上述八種;然後逐一列舉西藏的探湯神判、阿拉伯的鐵火神判、希伯來的吞水神判、波斯的鐵火神判,馬來半島和越南等地的水神判、沸油神判、雙方決鬥神判、天獄神判(將原被告關在小石塔内禁閉,以數日後是否發病爲判斷)、探湯神判、鐵火神判、鰐魚或猛獸神判、嚼米神判等;至於東亞,他認爲受儒家感化力的影響,中國和朝鮮目前鮮見神判制度的實證,而日本在上古時期一度流行(盟神探湯和毒蛇神判),此後因儒家思想傳入,千餘年絶迹,又因佛教繁榮,神秘主義復興,至足利時代再度出現(如訴訟中的起請文),戰國以後則頗爲盛行(湯起請、鐵火、神水、取鬮)。[①] 三年後,他又重啓這一話題,補充了琉球的毒蛇神判,日本的參籠起請、强文、鬮取、村起請、落書起請的實例以及湯起請的方式。[②]

上述三文被石井氏認爲是運用"世界史式對照法"的典型研究,以西洋法系爲主要參照對象,在相同的歷史發展階段内,與包括中國在内的東洋各國、各民族進行比較。中田氏的另一比較方法是"進化論式對照法",如他通覽印度、波斯、希臘、羅馬、猶太、阿拉伯、伊斯蘭、日本等宗教思想與法律制度,闡述宗教上的污穢與清净觀念,並選取犯罪穢(因犯罪而産生污穢)、民衆穢(因個人犯罪或其他罪惡導致整個國家、民衆感染污穢)、出産穢(産婦、嬰兒因生産而沾染污穢)、死亡穢(尸體帶來的污穢)及其除穢之法,論述它們與法律的關係、對法律

① 中田薰:《古代亞細亞諸邦に行はれたる神判》,《法學協會雜誌》第22卷第3號,1904年;收入氏著:《法制史論集》第3卷(下),第922—934頁。

② 中田薰:《古代亞細亞諸邦に行はれたる神判補考》,《法學協會雜誌》第25卷第9—10號,1907年;收入氏著:《法制史論集》第3卷(下),第935—957頁。

的影響。就犯罪穢的清除而言,除科以俗法上的刑罰外,還需實施神法上的悔罪,而隨著歷史的發展,後者逐漸爲前者所吸收,刑罰慢慢具備了宗教上除污去穢的意義;就出産穢而言,在嬰兒降世之後,因身染污穢,需在清除期限之後,才能決定是否取名,作爲是否納入家族、賦予完全人格的標誌,並以此理解《儀禮》"子生三月則父名之,死則哭,未名則不哭"的中國傳統;就死亡穢而言,印度基於清除污穢産生的喪穢期及其儀式,與中國基於哀戚死者而産生的喪服禮制高度相似,由此推論印度因宗教觀念濃厚,所以喪穢期吸收了哀戚期,而中國因儒家的倫理教化,使得喪服所代表的哀戚期吸收了喪穢期。若從全世界宗教與法律進化的歷程來看,宗教上對犯罪穢的清除逐漸與刑罰混同並最終被取代,嬰兒的除穢觀念也逐漸與命名、賦予人格的儀式相分離,喪穢觀念與哀戚情感混同所産生的喪期制逐漸排除了除穢觀念,由此可知法律的進化趨勢是法律自身逐漸清除觸穢的觀念;[①]又如他曾逐一臚列巴比倫法、猶太法、印度法、希臘法、羅馬法、日耳曼法、法國法、德國法、英美法、中國法、日本法中有關代位繼承的規定,其中將中國唐代繼承劃分爲爵位繼承(不適用代位繼承)和財産繼承,又將財産繼承劃分爲普通財産繼承和食封繼承,普通財産繼承區分兄弟之中一人早逝和兄弟俱亡兩種情況,若兄弟俱亡,則由所有的孫子輩均分祖父遺産,與德國中世的制度相同;後者不論是何種情況,都是由死者的兒子繼承父親的份額,與羅馬法相同。而到了明代,文武官員襲蔭法一改唐代襲爵的規定,允許代位繼承,這就符合全世界範圍内代位繼承逐漸擴張適用的總體趨勢。[②]

至於中田氏最具特色的"一般的對照法",目力所及,似乎只有一篇札記中的第二節以中國的喪服制爲核心,與古日耳曼法的"從兄弟制"(Vetterschaftssystem)相比較,其結論是在中國古代的親族法中,存在與古日耳曼法 Vetterschaftssystem 一樣的兄弟制,而中國古代的親等計算法也與古日耳曼法的原理完全相同。[③]

① 中田薫:《古法と觸穢》,《國家學會雜誌》第31卷第10—11號,1917年;收入氏著:《法制史論集》第3卷(下),第1189—1236頁。

② 中田薫:《代位相続法沿革一斑》,《法學協會雜誌》第36卷第12號,1918年;收入氏著:《法制史論集》第1卷,第321—350頁。

③ 中田薫:《古法制三題考》,《國家學會雜誌》第26卷第6號,1912年;收入氏著:《法制史論集》第1卷,第23—38頁。

石井紫郎認爲,兩個被比較的對象既有相似之處,也有不同的地方,中田氏似乎有意忽略了不同的一面,强調二者的相似性或同一性,這可能與他受德國法史學强烈影響的學問素養有關,即執著於近代式的分類邏輯和法教義學的概念構成,如以非 A 即 B 的思維定性某些法律現象,否定又 A 又 B 的可能性;又如認爲抽象概念可以涵攝具有共通性的法律現象,從而遮蔽了現象之間的差異性。[①] 但無論如何,上述有限的研究實例所展現出來的中田氏超邁前人的學術視野,迄今仍令後學如我等欽佩不已。

三、結　　論

中田氏曾評價自己的老師宮崎氏如仙人一般,其門生石井良助則認爲中田氏恐怕是具有古武士風采的最後的東大法學部教授。[②] 應當説,這一評價確實十分恰當,若非有極其堅毅的性格以及對自己的嚴苛要求,恐怕很難取得如此驚人的學術業績。

他曾分享過自己早年的研究經驗: 大學畢業後進入大學院,開始莊園研究,白天在學校裏調查研究古文書,晚上就在家中閱讀德國法制史之書。[③] 這種工作習慣似乎始終没有改變,如石井紫郎曾言,在中田氏的履歷中,除了評議員、學部長以及附屬圖書館相關的工作外,看不到其他任何職務,每天上午十點半左右進研究室,直至傍晚,一直埋頭於日本法史相關的研究,而回家之後,就從事西洋史相關的工作,全身心地投入到個人研究與學生指導上,對於學校以外的活動、研究會組織等都毫無興趣。[④] 正因如此,他還能在擔任法學部長、處理繁劇公務之餘,連續完成並發表《明治初年に於ける村の人格》(1927 年)、

① 石井紫郎:《中田薰》,《日本の歴史家》,第 120—123 頁。

② 石井良助:《日本法制史学 88 年——東京大学における》,《國家學會雜誌》第 81 卷第 1、2 合并號,1968 年,第 123 頁;石井良助:《中田先生の業績について》,《法制史論集》第 4 卷,第 327 頁。

③ 石井良助:《日本法制史学 88 年——東京大学における》,《國家學會雜誌》第 81 卷第 1、2 合并號,1968 年,第 116—117 頁;石井良助:《中田先生の業績について》,《法制史論集》第 4 卷,第 320 頁;石井良助:《中田博士の法制史の比較研究法について》,《國家學會雜誌》第 82 卷第 7、8 合并號,1969 年,第 136 頁。

④ 石井紫郎:《中田薰》,《日本の歴史家》,第 116 頁。

《明治初年の入會權》(1928年)兩篇大作,當時的他已屆知天命之年;而且他曾大力推動東京大学退休制度的出臺(領先於日本其他大學),在他退休前數年,東大校内開始出現延遲退休論(涉及養老金等問題),中田氏則宣稱即使延長退休年齡,自己也打算年滿60歲即退,並在退休時謝絶了名譽教授稱號,[①]體現了毫不戀棧、一心問學的精神。

久保正幡曾總結中田氏的遺産有三:弟子、藏書與著書。弟子與著述已如前述,此處僅就藏書再作申言。如前所述,中田氏的藏書有兩次較大的毁損,具體書目及數量很難得知。然而,僅就東京大学法学部研究室之"中田先生舊藏比較法制史文庫"來説,他曾於1944年3月手訂目録,分列"日耳曼、德意志法及其法制史,英吉利法制史,意大利法制史,斯拉夫民族法制史,法蘭西法制史、法蘭西法,寺院法,羅馬法,希臘法,希臘與拉丁作者(Auctores Graeci et Latini),楔形文字法,猶太法,學術用聖經譯本及注釋書類,阿拉伯法,回教法,埃及法,波斯、亞美尼亞法,印度法,蒙古法,比較法、原始法、原始社會,法律哲學、政治論,歷史地理、考古及雜,東洋語學關係書"等項,總計890部西文書(部分毁於戰火)。[②] 也只有如此廣闊的閲讀範圍,才能形成其獨具特色的比較法制史研究風格。

當然,他的研究也不可避免地留有時代的局限性。如日本近代以來的法史學研究深受德國法史學的影響,而德國法史學本身又受到當時德國公法學的影響,嚴格區分"法之用"與"政之用",而且這一"法之用"又體現了當時德國法律實證主義的思維,是一種極爲狹窄的概念,因此中田氏的法史學具有强烈的静態制度史色彩。第二次世界大戰以後,這種古典式的法史學受到了方法論上的批判。而這一批判受到風靡當時法學界的法社會學的影響,在歷史唯物論的指導下,學界普遍開始重視"社會、經濟的背景",畢竟法律是反映經濟基礎的上層建築。[③] 雖然這一反思指向的是中田氏的日本法制史研究,但其風格自然也體

① 石井良助:《日本法制史学88年——東京大学における》,《國家學會雜誌》第81卷第1、2合并號,1968年,第121、124頁;石井良助:《中田先生の業績について》,《法制史論集》第4卷,第325頁;石井良助:"中田薰",《国史大辞典》第10卷,第603頁。

② 久保正幡:《中田薰先生の遺されたもの》,《圖書》第254號,1970年,第27頁。

③ 參見石井紫郎:"日本法史學",《社會科學大事典》第17卷,第15頁。

現在東洋法制史研究上，而且即使是在二戰之後，他對東洋法制史的關注也依然集中在以律令爲核心的法源史上，這就是狹義的"法之用"。而他的得意門生仁井田陞雖然一開始也側重於律令研究，但很快就受到法社會學的影響，以飽滿的熱情投入中國的農村與會館調查，並積極介入當時的時代區分論戰，這都體現出日本法史學範式的轉型。

〔作者趙晶，中國政法大學法律古籍整理研究所教授〕

圖書在版編目(CIP)數據

中外論壇. 2021年. 第3期 / 劉中興主編. —上海：上海古籍出版社，2021.9

ISBN 978-7-5732-0057-0

Ⅰ.①中… Ⅱ.①劉… Ⅲ.①中國歷史—古代史—文集 Ⅳ.①K220.7-53

中國版本圖書館CIP數據核字(2021)第226528號

中外論壇·2021年第3期

劉中興　主編

上海古籍出版社出版發行

(上海市閔行區號景路159弄A座5F　郵政編碼201101)

(1) 網址：www.guji.com.cn

(2) E-mail：guji1@guji.com.cn

(3) 易文網網址：www.ewen.co

上海展强印刷有限公司印刷

開本787×1092　1/16　印張17　插頁2　字數252,000

2021年9月第1版　2021年9月第1次印刷

ISBN 978-7-5732-0057-0

K·3041　定價：58.00元

如有質量問題，請與承印公司聯繫

電話：021-66366565